労働事件
立証と証拠収集
改訂版

ロア・ユナイテッド法律事務所

編著

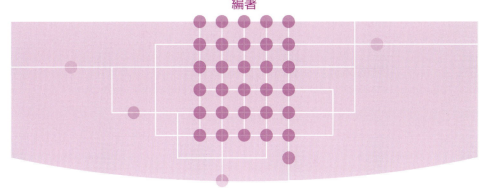

創耕舎

❖ 改訂版はしがき ❖

　我が国が抱える労働問題は、男性か女性か、正規か非正規かによる労働環境のあり方が、固定的かつ顕著に異なるものとなっており、柔軟性が極めて少ない状態にあること、そして、このような偏りによる様々な問題により、欧州との比較においては、異常な長時間労働も放置されたまま、全体として生産性の低い働き方の社会になっているということである。

　このような状況の中、我が国における労働事件の現状を見てみると、全国の地方裁判所の平成29年における労働関係民事通常訴訟事件（3526件）と労働審判事件（3369件）の新受件数は毎年3000件を超える事件数に推移しているのが現状であり、これらの問題を抱えたままでは、少子高齢化が進み、総人口の減少による労働生産人口の減少が顕著となり、国際競争力が低下するほか、現在ある豊かさの水準も保つことが難しくなり、労働紛争もより複雑化していくことが考えられる。

　『労働事件　立証と証拠収集』（以下、「本書」という。）は、平成27年1月に紛争類型別及び争訟手続別の立証手続の一指針となる実務解説書として発刊された。それ以降、労働者派遣法の改正、①働き方改革の総合的かつ継続的な推進、②長時間労働の是正と多様で柔軟な働き方の実現等、③雇用形態にかかわらない公正な待遇の確保の3つの柱からなる「働き方改革関連法案」の可決・成立など、我が国における労働環境は、国際競争力を高める方策がとられる上で、まさに変革の時を迎えているとともに、今後、より複雑な労働紛争が提起されていくことが予想される。

　これらの法改正を織り込み、また各項目のバージョンアップを行い、4年ぶりに改訂し刊行するものとする。

　最後に、本書改訂の企画、刊行全般についても、株式会社創耕宇野功様、当事務所の担当の吉野麻耶氏をはじめとする皆さんに色々とお骨折り頂いたことに御礼申し上げる。

　令和元年6月

編者代表　ロア・ユナイテッド法律事務所

代表パートナー弁護士　岩出　　誠

❖ 凡 例 ❖

1 法令名略語

本文（ ）内の法令名は、次に掲げる略語を用いた。

育児介護	育児休業、介護休業等育児又は家族介護を行う労働者の福祉に関する法律
行　訴	行政事件訴訟法
均　　等	雇用の分野における男女の均等な機会及び待遇の確保等に関する法律
均 等 則	雇用の分野における男女の均等な機会及び待遇の確保等に関する法律施行規則
憲	日本国憲法
厚 労 告	厚生労働省告示
個別紛争	個別労働関係紛争の解決の促進に関する法律
障害雇促	障害者雇用促進法
情報公開	行政機関の保有する情報の公開に関する法律
著　作	著作権法
特　許	特許法
パート有期	短時間労働者及び有期雇用労働者の雇用管理の改善等に関する法律
非　訟	非訟事件手続法
不　競	不正競争防止法
弁 護 士	弁護士法
民　訴	民事訴訟法
民 訴 規	民事訴訟規則
民訴費用	民事訴訟費用等に関する法律
民　調	民事調停法
民 調 規	民事調停規則
民　保	民事保全法

民 保 規	民事保全規則
労 委 規	労働委員会規則
労 基	労働基準法
労 災	労働者災害補償保険法
労 組	労働組合法
労 契	労働契約法
労 告	労働省告示
労 審	労働審判法
労 審 規	労働審判規則
労 調	労働関係調整法
労 派	労働者派遣事業の適正な運営の確保及び派遣労働者の就業条件の整備等に関する法律
労 保 審	労働保険審査官及び労働保険審査会法
労保審令	労働保険審査官及び労働保険審査会法施行令

2 裁判例

裁判例は、「判決」→「判」、「決定」→「決」と略し、裁判例の出典については、次に掲げる略語を用いた。

民 集	大審院民事判例集
	最高裁判所民事判例集
知財集	知的財産権関係民事・行政裁判例集
無体集	無体財産関係民事・行政裁判例集
労 民	労働関係民事裁判例集
判 時	判例時報
判 タ	判例タイムズ
労経速	労働経済判例速報
労 旬	労働法律旬報
労 判	労働判例

凡　例

3　文献略語

(1)　単行本

赤い本・上	公益財団法人日弁連交通事故相談センター東京支部『民事交通事故訴訟　損害賠償額算定基準　上巻　平成31年版』（公益財団法人日弁連交通事故相談センター東京支部、平成31年）
岩出・実務講義上・下	岩出誠『実務労働法講義（第3版）上巻・下巻』（民事法研究会、平成22年）
岩出・大系	岩出誠『労働法実務大系』（民事法研究会、平成27年）
梶村＝深沢・和解・調停	梶村太市・深沢利一『〔補訂版〕和解・調停の実務』（新日本法規規出版、平成19年）
最高裁・執務資料	最高裁判所事務総局行政局『労働審判手続に関する執務資料（改訂版）』（法曹会、平成25年）
佐々木ほか・労働関係訴訟	佐々木宗啓ほか『類型別労働関係訴訟の実務』（青林書院、平成29年）
菅野ほか・労働審判	菅野和夫ほか『労働審判制度—基本趣旨と法令解説（第2版）』（弘文堂、平成19年）
菅野・労働法	菅野和夫『労働法（第11版補正）』（弘文堂、平成29年）
白石・労働関係訴訟	白石哲『裁判実務シリーズ1　労働関係訴訟の実務（第2版）』（商事法務、平成30年）
東弁・マニュアル	東京弁護士会労働法制特別委員会編著『新労働事件実務マニュアル（第4版）』（ぎょうせい、平成29年）
茗茄＝近藤・書式調停	茗茄政信・近藤基『書式　和解・民事調停の実務（全訂八版）』（民事法研究会、平成24年）
八木＝関・民事保全上	八木一洋＝関述之編著『民事保全の実務（第3版増補版）（上）』（金融財政事情研究会、平成27年）
山口・審理ノート	山口幸雄ほか編『労働事件審理ノート（第3版）』

（判例タイムズ社、平成28年）

ロア・労働争訟　　　　ロア・ユナイテッド法律事務所『実務解説労働争
　　　　　　　　　　　　訟手続法』（青林書院、平成24年）

(2)　雑誌・判例評釈

季　労　　　　季刊労働法
ジュリ　　　　ジュリスト
曹　時　　　　法曹時報
労　政　　　　労政時報
労　判　　　　労働判例

❖ 執筆者一覧 ❖

ロア・ユナイテッド法律事務所

〒105-0001　東京都港区虎ノ門1-1-23　虎ノ門東宝ビル9階
TEL　03-3592-1791（代）　FAX　03-3592-1793
URL　http://www.loi.gr.jp

〈メルマガ登録のお勧め〉

　ロア・ユナイテッド法律事務所では、本書における証拠収集のみならず、人事労務全般に亘る諸問題について、メルマガ登録をしていただいた方に、原則隔月開催の人事労務セミナーのご案内を含めて、毎月メルマガを発信させていただいております。下記登録用ページからお申し込みをお待ちしております。

http://www.loi.gr.jp/mailmagazine/

【編集代表】

岩出　誠（いわで　まこと）

　千葉県柏市出身、東京大学大学院法学政治研究科修了（労働法専攻）。ロア・ユナイテッド法律事務所代表パートナー弁護士（昭和52年登録・東京弁護士会）。元厚生労働省労働政策審議会労働条件分科会公益代表委員。現在、千葉大学法科大学院客員教授、元青山学院大学客員教授、明治学院大学客員教授、首都大学東京法科大学院非常勤講師、東京地方裁判所調停委員、元人事院職員福祉局補償課精神疾患等認定基準研究会委員。

〈主な著作・論文等〉

　『労使関係の法律相談（第3版）』（共著）〔有斐閣、平成11年〕、『注釈労働組合法（上・下）』（共著）〔有斐閣、平成15年〕、『注釈労働基準法（上・下）』〔有斐閣、平成15年〕、『社員の健康管理と使用者責任』〔労働調査会、平成18年〕、『実務労働法講義（第3版）（上・下）』〔民事法研究会、平成22年〕、『労働法実務大系』〔民事法研究会、平成27年〕ほか多数。

【執筆者】

村林　俊行（むらばやし　としゆき）

　中央大学法学部法律学科卒業。ロア・ユナイテッド法律事務所パートナー弁護士（平成9年登録・東京弁護士会）。東京弁護士会副会長、東京弁護士会リーガル・アクセス・センター運営委員会委員長（平成29年度～平成30年度）、青山学院大学大学院ビジネス法務専攻講師（平成18年度～平成30年度）。

〈主な著書〉

　『有期契約社員の無期転換制度　実務対応のすべて』（編著）〔日本加除出版、平成30年〕、『労災民事賠償マニュアル』（共著）〔ぎょうせい、平成30年〕、『所有者不明の土地取得の手引（改訂版）』（共著）〔青林書院、平成31年〕ほか多数。

石居　　茜（いしい　あかね）

　同志社大学大学院法学研究科修了。ロア・ユナイテッド法律事務所パートナー弁護士（平成14年登録・東京弁護士会）。

〈主な著書〉

　『労政時報相談室Q&A精選100』（共著）〔労務行政、平成24年〕、『実務解説　労働争訟手続法』（共著）〔青林書院、平成24年〕、『Q＆A人事・労務リスクマネジメント実務全書』（共著）〔民事法研究会、平成25年〕ほか多数。

木原　康雄（きはら　やすお）

　早稲田大学法学部卒業。ロア・ユナイテッド法律事務所パートナー弁護士（平成15年登録・東京弁護士会）。

〈主な著書〉

　『Q＆A人事・労務リスクマネジメント実務全書』（共著）〔民事法研究会、平成25年〕、『メンタルヘルスの法律問題～企業対応の実務～』（共著）〔青林書院、平成26年〕、『労災民事賠償マニュアル』（共著）〔ぎょうせい、平成30年〕、『人材サービスの実務』（共著）〔第一法規、平成31年〕ほか多数。

村木　高志（むらき　たかし）

　早稲田大学法学部卒業。ロア・ユナイテッド法律事務所パートナー弁護士（平成17年登録・東京弁護士会）。

〈主な著作〉

　『アルバイト・パートのトラブル相談Q&A』（共著）〔民事法研究会、平成29年〕、『労災民事賠償マニュアル』（共著）〔ぎょうせい、平成30年〕、『最新整理　働き方改革関連法と省令・ガイドラインの解説』（共著）〔日本加除出版、平成31年〕ほか多数。

岩野　高明（いわの　たかあき）

　早稲田大学法学部卒業。弁護士（平成19年登録・東京弁護士会）。

〈主な著書〉

　『実務解説　労働争訟手続法』（共著）〔青林書院、平成24年〕、『「労政時報」相談室Q＆A精選100』（共著）〔労務行政、平成24年〕、『Q＆A労働法実務シリーズ／7　雇用機会均等法・育児介護休業法（第2版）』（共著）〔中央経済社、平成25年〕、『メンタルヘルスの法律問題〜企業対応の実務〜』（共著）〔青林書院、平成26年〕ほか多数。

難波　知子（なんば　ともこ）

　首都大学東京社会科学研究科法曹養成専攻修了。弁護士（平成20年登録・東京弁護士会）。東京都港区法律相談員。

〈主な著書〉

　『実務Q&Aシリーズ　懲戒処分・解雇』（共著）〔労務行政、平成29年〕、『労災民事賠償マニュアル』（共著）〔ぎょうせい、平成30年〕、『人事労務担当者の疑問に答える平成30年改正労働基準法』（共著）〔第一法規、平成30年〕ほか多数。

中村　仁恒（なかむら　よしひさ）

　早稲田大学法科大学院修了。弁護士（平成27年登録・東京弁護士会）。東京弁護士会労働法制特別委員会委員。

〈主な著書〉

『実務Q&Aシリーズ　懲戒処分・解雇』(共著)〔労務行政、平成29年〕、『実務Q&Aシリーズ　募集・採用・内定・入社・試用期間』(共著)〔労務行政、平成29年〕、『証拠収集実務マニュアル　第3版』(共著)〔ぎょうせい、平成29年〕のほか、「企業実務」等専門誌への寄稿多数。

髙木　健至（たかぎ　けんじ）

北海道大学大学院法学研究科法律実務専攻修了。東京弁護士会中小企業法律支援センター委員・同労働法制特別委員会元幹事。

〈主な著書〉

『実務Q&Aシリーズ　懲戒処分・解雇』(共著)〔労務行政、平成29年〕、『有期契約社員の無期転換制度実務対応のすべて』(共著)〔日本加除出版、平成30年〕、『労災民事賠償マニュアル』(共著)〔ぎょうせい、平成30年〕、『働き方改革関連法と省令・ガイドラインの解説』(共著)、〔日本加除出版、平成31年〕、ほか多数。

織田　康嗣（おだ　やすつぐ）

中央大学法科大学院修了。弁護士（平成29年登録・東京弁護士会）。東京弁護士会労働法制特別委員会幹事。

〈主な著書〉

『Q&A働き方改革法の解説と企業の実務対応』(共著)〔ロギカ書房、平成30年〕、『人事労務担当者の疑問に答える平成30年改正労働基準法』(共著)〔第一法規、平成31年〕、『最新整理働き方改革関連法と省令・ガイドラインの解説　残業時間の規制、有休取得の義務化、同一労働同一賃金等、企業に求められる対応』(共著)〔日本加除出版、平成31年〕ほか多数。

山﨑　貴広（やまさき　たかひろ）

早稲田大学法科大学院修了。弁護士（平成29年登録・東京弁護士会）。東京弁護士会労働法制特別委員会幹事。

〈主な著書〉

『Q&A働き方改革法の解説と企業の実務対応』（共著）〔ロギカ書房、平成30年〕、『人事労務担当者の疑問に答える平成30年改正労働基準法』（共著）〔第一法規、平成31年〕、『最新整理働き方改革関連法と省令・ガイドラインの解説 残業時間の規制、有休取得の義務化、同一労働同一賃金等、企業に求められる対応』（共著）〔日本加除出版、平成31年〕ほか多数。

中野　博和（なかの　ひろかず）

中央大学法科大学院修了。弁護士（平成30年登録・東京弁護士会）。

目次

改訂版はしがき

凡　例

執筆者一覧

第1章　総　論

第1節　証拠・資料の重要性 ……………………………… 2

第1　証拠の有無・強度が決め手 …………………………… 2

第2　要件事実・間接事実の事実認定における証拠調べ ………… 2

第3　証拠・資料 …………………………………………… 2

第4　証拠方法と利用上の留意点 …………………………… 3

　　1　証拠方法の種類 ……………………………………… 3

　　2　証明力の相違への配慮 ……………………………… 3

　　3　陳述書作成と利用への留意 ………………………… 3

第5　労働事件における証拠収集での留意点 ………………… 4

　　1　証拠の偏在 …………………………………………… 4

　　2　証人確保の困難 ……………………………………… 4

　　3　ICレコーダーの反訳文等の利用上の留意点 ………… 5

　　4　民事訴訟法による証拠収集権の拡充その効率的な利用 ……… 6

第2節　法律相談における注意点 ………………………… 8

第1　依頼者志向での証拠探索の必要性 …………………… 8

第2　証拠上困難な法律相談への対応における基本的スタンス ……… 8

第3　法律相談の面談前の事前調査依頼 …………………… 9

第4　依頼者の手持ち証拠への客観的・合理的かつ厳正な判断の必要

　　と配慮 ………………………………………………… 10

　　1　依頼者の手持ち証拠への客観的・合理的かつ厳正な判断の必要 …… 11

　　2　依頼者の手持ち証拠不採用時への配慮 ………………… 11

i

目　次

　　第5　証拠入手方法の助言上の留意点・・・・・・・・・・・・・・・・・・・・・・・・・・・ 12

　　　　1　証言に頼る危険の説明・・・・・・・・・・・・・・・・・・・・・・・・・・・・・・・・・ 12

　　　　2　時系列表作成依頼とその点検・・・・・・・・・・・・・・・・・・・・・・・・・ 12

　　　　3　パソコンやサーバー内記録の入手・・・・・・・・・・・・・・・・・・・・・ 12

第3節　証拠の収集方法・・・・・・・・・・・・・・・・・・・・・・・・・・・・・・・・・・・・・・・ 14

　　第1　はじめに・・ 14

　　第2　証拠・資料の請求・・・・・・・・・・・・・・・・・・・・・・・・・・・・・・・・・・・・・・ 14

　　　　1　当事者間での請求・・・・・・・・・・・・・・・・・・・・・・・・・・・・・・・・・・・・ 14

　　　　2　各関係機関等への請求・・・・・・・・・・・・・・・・・・・・・・・・・・・・・・・ 15

　　第3　弁護士会照会制度・・・・・・・・・・・・・・・・・・・・・・・・・・・・・・・・・・・・・ 16

　　　　1　弁護士法に基づく照会制度・・・・・・・・・・・・・・・・・・・・・・・・・・ 16

　　　　2　制度趣旨・・・ 16

　　　　3　照会申出の方法・・・・・・・・・・・・・・・・・・・・・・・・・・・・・・・・・・・・・ 16

　　　　4　照会を受けた者の報告義務・・・・・・・・・・・・・・・・・・・・・・・・・ 17

　　　　5　銀行口座について・・・・・・・・・・・・・・・・・・・・・・・・・・・・・・・・・・・ 17

　　第4　当事者照会制度・・・・・・・・・・・・・・・・・・・・・・・・・・・・・・・・・・・・・・・ 17

　　　　1　民事訴訟法における当事者照会制度・・・・・・・・・・・・・・・ 17

　　　　2　当事者照会の実施時期等について・・・・・・・・・・・・・・・・・・ 18

　　　　3　照会の対象となる事項及び照会の方法について・・・・・・ 18

　　　　4　照会への回答について・・・・・・・・・・・・・・・・・・・・・・・・・・・・・・ 18

　　　　5　回答が得られない場合・・・・・・・・・・・・・・・・・・・・・・・・・・・・・・ 18

　　第5　証拠保全・・ 19

　　　　1　証拠保全とは・・・・・・・・・・・・・・・・・・・・・・・・・・・・・・・・・・・・・・・ 19

　　　　2　証拠保全手続・・・・・・・・・・・・・・・・・・・・・・・・・・・・・・・・・・・・・・ 19

　　　　3　労働事件において証拠保全手続が利用される具体的なケース
　　　　　の例・・ 20

　　第6　調査嘱託・鑑定嘱託・文書送付嘱託・・・・・・・・・・・・・・・・・・ 20

　　　　1　調査嘱託・・・ 20

　　　　2　鑑定嘱託・・・ 21

　　　　3　文書送付嘱託・・・・・・・・・・・・・・・・・・・・・・・・・・・・・・・・・・・・・・ 21

第7　文書提出命令‥‥‥‥‥‥‥‥‥‥‥‥‥‥‥‥‥‥‥‥‥‥‥‥‥‥ 22

　　1　文書提出命令の手続の概略‥‥‥‥‥‥‥‥‥‥‥‥‥‥‥‥‥ 22

　　2　文書提出義務‥‥‥‥‥‥‥‥‥‥‥‥‥‥‥‥‥‥‥‥‥‥‥‥ 22

　　3　労働事件において文書提出命令の対象となる文書‥‥‥‥‥ 23

　　4　文書提出命令が問題となった裁判例‥‥‥‥‥‥‥‥‥‥‥ 24

第8　情報公開法に基づく開示請求‥‥‥‥‥‥‥‥‥‥‥‥‥‥‥‥ 25

　　1　情報公開制度‥‥‥‥‥‥‥‥‥‥‥‥‥‥‥‥‥‥‥‥‥‥‥ 25

　　2　労働事件における情報公開制度の利用‥‥‥‥‥‥‥‥‥‥ 26

　　3　情報公開制度の利用に関する裁判例‥‥‥‥‥‥‥‥‥‥‥ 26

第9　個人情報保護法に基づく開示請求‥‥‥‥‥‥‥‥‥‥‥‥‥ 27

　　1　行政機関等における個人情報保護制度‥‥‥‥‥‥‥‥‥‥ 27

　　2　開示請求制度‥‥‥‥‥‥‥‥‥‥‥‥‥‥‥‥‥‥‥‥‥‥‥ 28

　　3　労働事件における開示請求制度の利用‥‥‥‥‥‥‥‥‥‥ 28

第2章　労働関係訴訟における事件内容類型別要件事実と証拠

第1節　採用・就職 ‥‥‥‥‥‥‥‥‥‥‥‥‥‥‥‥‥‥‥‥‥‥‥ 30

第1　内　　定‥‥‥‥‥‥‥‥‥‥‥‥‥‥‥‥‥‥‥‥‥‥‥‥‥‥‥ 30

　　1　内定とは‥‥‥‥‥‥‥‥‥‥‥‥‥‥‥‥‥‥‥‥‥‥‥‥‥ 30

　　2　内定取消‥‥‥‥‥‥‥‥‥‥‥‥‥‥‥‥‥‥‥‥‥‥‥‥‥ 30

　　3　内定取消による地位確認請求または損害賠償請求の要件事実‥‥ 30

　　4　証拠の収集‥‥‥‥‥‥‥‥‥‥‥‥‥‥‥‥‥‥‥‥‥‥‥‥ 31

　　5　内定取消の裁判例‥‥‥‥‥‥‥‥‥‥‥‥‥‥‥‥‥‥‥‥ 31

第2　試用期間‥‥‥‥‥‥‥‥‥‥‥‥‥‥‥‥‥‥‥‥‥‥‥‥‥‥ 35

　　1　試用期間とは‥‥‥‥‥‥‥‥‥‥‥‥‥‥‥‥‥‥‥‥‥‥ 35

　　2　本採用拒否‥‥‥‥‥‥‥‥‥‥‥‥‥‥‥‥‥‥‥‥‥‥‥‥ 35

　　3　本採用拒否による地位確認請求の要件事実‥‥‥‥‥‥‥‥ 35

　　4　証拠の収集‥‥‥‥‥‥‥‥‥‥‥‥‥‥‥‥‥‥‥‥‥‥‥‥ 36

　　5　試用期間の裁判例—能力不足による本採用拒否‥‥‥‥‥‥ 36

目　次

第2節　労働時間 ････････････････････････････････ 39

第1　時間外労働・休日労働・深夜労働 ･･････････････ 39

 1　時間外労働 ･･････････････････････････････････ 39

 2　休日労働 ･･･････････････････････････････････ 39

 3　深夜労働 ･･･････････････････････････････････ 40

第2　賃金単価 ･･･････････････････････････････････ 40

 1　労働基準法で定める割増賃金の時間単価 ･･････････ 40

 2　割増賃金単価から除外される賃金 ･･････････････ 40

 3　割増賃金時間単価の算定 ･･･････････････････････ 42

第3　割増賃金請求訴訟の要件事実 ･･･････････････････ 42

第4　証拠の収集 ･････････････････････････････････ 42

第5　裁判例（民事訴訟法246条援用による時間外労働の和解的認

 定等）･･･ 43

第3節　賃金・賞与・退職金 ････････････････････････ 47

第1　賃金・賞与・退職金 ･････････････････････････ 47

 1　労働基準法上の賃金―定義 ･･･････････････････ 47

 2　賃金債権の消滅時効 ･･････････････････････････ 47

 3　賃金支払の5原則 ･･･････････････････････････ 47

第2　賃金・賞与・退職金請求の要件事実 ･･･････････ 50

第3　証拠の収集 ･････････････････････････････････ 50

 1　賞与について ･･････････････････････････････ 51

 2　退職金について ･･･････････････････････････････ 51

第4　裁判例 ･････････････････････････････････････ 51

 1　賞与について ･･････････････････････････････ 51

 2　退職金について ･･･････････････････････････････ 52

第4節　配転・出向・転籍 ･･････････････････････････ 53

第1　配　転 ･････････････････････････････････････ 53

 1　配転・配転命令権 ･･･････････････････････････ 53

 2　配転命令無効による地位確認請求の要件事実 ･･････ 53

iv

3　証拠の収集･････････････････････････････････54

　　　4　配転命令に関する裁判例･･････････････････55

　第2　出向・転籍････････････････････････････････57

　　　1　出向・転籍････････････････････････････････57

　　　2　出向命令無効による地位確認請求の要件事実･････････････57

　　　3　転籍命令無効による地位確認請求の要件事実･････････････58

　　　4　証拠の収集･････････････････････････････････59

　　　5　裁判例･････････････････････････････････････59

第5節　競業避止義務････････････････････････････61

　第1　競業避止義務･･････････････････････････････61

　　　1　競業避止義務とは･････････････････････････61

　　　2　競業避止義務違反に基づく営業差止請求、損害賠償請求･････61

　　　3　競業避止義務違反を理由とする退職金の一部または全部の不

　　　　支給･･62

　第2　要件事実･････････････････････････････････････62

　第3　証拠の収集･････････････････････････････････63

　　　1　要件1について･････････････････････････････63

　　　2　要件2について･････････････････････････････63

　　　3　要件3・4について･･･････････････････････････63

　第4　競業避止義務の裁判例･･････････････････････63

第6節　営業秘密・職務発明等の労働知財･･････････66

　第1　営業秘密････････････････････････････････････66

　　　1　不正競争防止法上の位置付け･･･････････････66

　　　2　保護される営業秘密･･･････････････････････66

　　　3　不正利用･････････････････････････････････68

　　　4　一般的な職務経験の場合･･･････････････････69

　　　5　営業秘密持出しによる損害賠償ないしは差止請求の要件事実･･69

　　　6　証拠の収集･･･････････････････････････････69

　第2　職務発明････････････････････････････････････70

　　　1　人事労務管理における知的財産権･･･････････70

目　次

　　　2　成立要件・・72

　　　3　職務発明の効果・・・73

　　　4　補償金請求の要件事実・・・・・・・・・・・・・・・・・・・・・・・・・・・・・・・・・75

　　　5　証拠の収集・・75

　第3　職務著作・・76

　　　1　職務著作とは・・・76

　　　2　職務著作の効果・・76

　　　3　職務著作権に基づく損害賠償請求（民709条）もしくは差止請求
　　　　　（著作112条）の要件事実・・・・・・・・・・・・・・・・・・・・・・・・・・・・・・77

　　　4　証拠の収集・・77

　　　5　裁判例・・78

第7節　メンタルヘルス・・・・・・・・・・・・・・・・・・・・・・・・・・・・・・・・・・・・・81

　第1　メンタルヘルスをめぐる問題・・・・・・・・・・・・・・・・・・・・・・・・・・・81

　　　1　はじめに・・81

　　　2　争　訟・・81

　第2　労災保険給付の申請・・・・・・・・・・・・・・・・・・・・・・・・・・・・・・・・・・・81

　　　1　精神障害の労災の認定基準・・・・・・・・・・・・・・・・・・・・・・・・・・・・81

　　　2　労災保険給付受給要件・・・・・・・・・・・・・・・・・・・・・・・・・・・・・・・・・83

　　　3　証　拠・・・84

　第3　損害賠償請求・・・84

　　　1　訴訟物等・・84

　　　2　要件事実・・85

　　　3　証拠の収集・・・86

　第4　休職制度に関連する問題・・・・・・・・・・・・・・・・・・・・・・・・・・・・・・・87

　　　1　休職制度とは・・・87

　　　2　要件事実・・90

　　　3　証拠の収集・・・91

第8節　セクハラ・パワハラ・マタハラ・・・・・・・・・・・・・・・・・93

　第1　概　要・・・93

　　　1　セクシュアル・ハラスメント・・・・・・・・・・・・・・・・・・・・・・・・・93

vi

2	パワー・ハラスメント・・・・・・・・・・・・・・・・・・・・・・・・・・・・・・・・・	94
3	マタニティ・ハラスメント・・・・・・・・・・・・・・・・・・・・・・・・・・・	95

第2　争訟方法・・・ 96

第3　損害賠償請求・・ 97

  1　訴訟物・・ 97

  2　要件事実・・・ 97

  3　ハラスメントの違法性・・・・・・・・・・・・・・・・・・・・・・・・・・・・・・・・ 98

  4　損害について・・ 100

  5　証拠の収集・・ 101

第4　被害者・加害者地位確認等請求・・・・・・・・・・・・・・・・・・・・・・・・・ 102

  1　懲戒解雇・・・ 102

  2　配　　転・・・ 104

  3　要件事実及び証拠・・・・・・・・・・・・・・・・・・・・・・・・・・・・・・・・・・・ 104

第9節　雇用差別（男女・国籍・信条・社会的身分・組合等）・・・ 105

第1　雇用契約において生じる差別・・・・・・・・・・・・・・・・・・・・・・・・・・・ 105

第2　男女差別・・・ 106

  1　男女差別の禁止・・・・・・・・・・・・・・・・・・・・・・・・・・・・・・・・・・・・・ 106

  2　証拠の収集・・ 106

  3　裁判例・・ 107

第3　国籍、信条、社会的身分等・・・・・・・・・・・・・・・・・・・・・・・・・・・・・ 108

  1　国籍、信条、社会的身分による差別の禁止・・・・・・・・・・・・・ 108

  2　証拠の収集・・ 108

  3　裁判例・・ 108

第4　組合差別・・・ 109

  1　組合差別の禁止・・・・・・・・・・・・・・・・・・・・・・・・・・・・・・・・・・・・・ 109

  2　証拠の収集・・ 109

  3　裁判例・・ 110

第5　その他・・・ 110

  1　雇用形態による不合理な差別の禁止・・・・・・・・・・・・・・・・・ 110

  2　証拠の収集・・ 111

vii

目 次

　　3　裁判例・・・111

第10節　懲戒処分・・・・・・・・・・・・・・・・・・・・・・・・・・・・・・・・・・112

第1　総　論・・112

　　1　懲戒処分とは・・・・・・・・・・・・・・・・・・・・・・・・・・・・・・・・・・・・・・112

　　2　懲戒処分の有効要件・・・・・・・・・・・・・・・・・・・・・・・・・・・・・・112

第2　要件事実と証拠収集・・・・・・・・・・・・・・・・・・・・・・・・・・・112

　　1　請求原因・・112

　　2　使用者の抗弁・・・・・・・・・・・・・・・・・・・・・・・・・・・・・・・・・・・・113

　　3　労働者の再抗弁・・・・・・・・・・・・・・・・・・・・・・・・・・・・・・・・・114

　　4　使用者からの再々抗弁・・・・・・・・・・・・・・・・・・・・・・・・・・115

第3　地位保全及び賃金仮払い仮処分・・・・・・・・・・・・・・・115

第11節　退職・解雇・・・・・・・・・・・・・・・・・・・・・・・・・・・・・・・・・116

第1　退　職・・116

第2　合意解約・・・・・・・・・・・・・・・・・・・・・・・・・・・・・・・・・・・・・・・116

　　1　合意解約とは・・・・・・・・・・・・・・・・・・・・・・・・・・・・・・・・・・・116

　　2　要件事実と証拠収集・・・・・・・・・・・・・・・・・・・・・・・・・・・・116

第3　辞　職・・117

　　1　辞職とは・・・117

　　2　要件事実と証拠収集・・・・・・・・・・・・・・・・・・・・・・・・・・・・118

第4　解　雇・・119

　　1　解雇とは・・・119

　　2　普通解雇・・119

　　3　整理解雇・・122

第12節　非正規雇用・・・・・・・・・・・・・・・・・・・・・・・・・・・・・・・・・124

第1　非正規労働者・・・・・・・・・・・・・・・・・・・・・・・・・・・・・・・・・・・124

第2　期間満了に伴う雇止め・・・・・・・・・・・・・・・・・・・・・・・・124

　　1　総　論・・・124

　　2　要件事実と証拠収集・・・・・・・・・・・・・・・・・・・・・・・・・・・・125

第3　期間途中の解雇・・・・・・・・・・・・・・・・・・・・・・・・・・・・・・・127

　　1　総　論・・・127

viii

2　要件事実と証拠収集 ・・・・・・・・・・・・・・・・・・・・・・・・・・・・・・・・・・・・128

第13節　不当労働行為 ・・131

第14節　労働災害・後遺障害関係 ・・・・・・・・・・・・・・・・・・・・・・・・・・・132

第1　労災保険給付不支給処分取消請求 ・・・・・・・・・・・・・・・・・・・・・・・・・・132

　　　1　労災保険給付の手続の概要 ・・・・・・・・・・・・・・・・・・・・・・・・・・・・・132

　　　2　要件事実 ・・132

　　　3　証拠の収集 ・・・135

　　　4　裁判例 ・・・135

第2　労働災害による民事損害賠償請求 ・・・・・・・・・・・・・・・・・・・・・・・・・・136

　　　1　要件事実 ・・136

　　　2　証拠の収集 ・・・136

　　　3　裁判例 ・・・143

　　　4　改正民法 ・・・144

第3章　訴訟以外の争訟方法

第1節　労使関係調停 ・・148

第1　調停制度の概要 ・・148

第2　労使関係調停 ・・・149

第3　管　轄 ・・・149

　　　1　調停の申立て ・・149

　　　2　移　送 ・・・149

第4　申立て、呼出し ・・・149

第5　調停期日における手続 ・・・・・・・・・・・・・・・・・・・・・・・・・・・・・・・・・・150

第6　証拠調べ手続等 ・・150

第7　調停案の提示、説得 ・・・・・・・・・・・・・・・・・・・・・・・・・・・・・・・・・・・・151

第8　利害関係人の参加 ・・・・・・・・・・・・・・・・・・・・・・・・・・・・・・・・・・・・・・151

第9　調停の終了 ・・152

　　　1　調停が成立した場合 ・・・・・・・・・・・・・・・・・・・・・・・・・・・・・・・・・152

　　　2　調停が成立しなかった場合 ・・・・・・・・・・・・・・・・・・・・・・・・・・152

目　次

　　3　調停に代わる決定・・・・・・・・・・・・・・・・・・・・・・・・・・・・・・・・・・・・・・153

　　4　調停をしない場合・・・・・・・・・・・・・・・・・・・・・・・・・・・・・・・・・・・154

　　5　取下げ・・・154

第2節　労働審判・・・155

第1　概　要・・・155

第2　利用状況・・・155

第3　手続の対象・・・156

第4　管轄裁判所等・・・・・・・・・・・・・・・・・・・・・・・・・・・・・・・・・・・・・・158

第5　申立書・答弁書等・・・・・・・・・・・・・・・・・・・・・・・・・・・・・・・・・158

　　1　記載内容等・・・158

　　2　申立書や答弁書の記載の充実と時系列表の添付・・・・・・・・・159

第6　手続の主体・・・160

　　1　労働審判委員会の構成・・・・・・・・・・・・・・・・・・・・・・・・・・・・・160

　　2　労働審判員の特徴・・・・・・・・・・・・・・・・・・・・・・・・・・・・・・・・・・160

第7　手続の進行・・・161

　　1　第1回期日の指定・・・・・・・・・・・・・・・・・・・・・・・・・・・・・・・・・161

　　2　口頭主義・・161

　　3　迅速な審理・・161

　　4　非公開・・161

　　5　証拠調べ等・・・・・・・・・・・・・・・・・・・・・・・・・・・・・・・・・・・・・・・162

　　6　審理進行の実態・・・・・・・・・・・・・・・・・・・・・・・・・・・・・・・・・・・164

第8　利害関係人の参加・・・・・・・・・・・・・・・・・・・・・・・・・・・・・・・・・164

第9　調　停・・・164

第10　労働審判・・・165

第11　労働審判によらない事件の終了・・・・・・・・・・・・・・・・・・・・・166

　　1　労働審判をしない場合の労働審判事件の終了・・・・・・・・・・166

　　2　取下げ・・167

第12　通常訴訟への移行・・・・・・・・・・・・・・・・・・・・・・・・・・・・・・・・167

　　1　手　続・・167

　　2　訴状に代わる準備書面・答弁書・証拠等の提出・・・・・・・・・・168

3　労働審判官の訴訟担当の可能性・・・・・・・・・・・・・・・・・・・・・・・・・168

第3節　保全処分・・・・・・・・・・・・・・・・・・・・・・・・・・・・・・・・・・・・・・・169

第1　概　要・・・169
　　1　意　義・・・169
　　2　類　型・・・169
第2　手　続・・・169
　　1　申立て・・・169
　　2　審理の方式・・・・・・・・・・・・・・・・・・・・・・・・・・・・・・・・・・・・・・・170
　　3　疎　明・・・170
　　4　和　解・・・172
　　5　取下げ・・・172
　　6　担　保・・・173
　　7　決　定・・・173
　　8　不服申立て・・・・・・・・・・・・・・・・・・・・・・・・・・・・・・・・・・・・・・・173
第3　個別的労働関係事件での利用形態・・・・・・・・・・・・・・・・・・・・・175
　　1　仮差押えや係争物に関する仮処分・・・・・・・・・・・・・・・・・・・・・175
　　2　仮の地位を定める仮処分・・・・・・・・・・・・・・・・・・・・・・・・・・・・175
　　3　審理期間・・176
第4　地位保全・賃金仮払いの仮処分・・・・・・・・・・・・・・・・・・・・・・176
　　1　利用形態と「保全の必要性」の判断の厳格化・・・・・・・・・・・・176
　　2　地位保全の仮処分・・・・・・・・・・・・・・・・・・・・・・・・・・・・・・・・・177
　　3　賃金仮払い仮処分・・・・・・・・・・・・・・・・・・・・・・・・・・・・・・・・・179

第4節　個別労働関係紛争の裁判外の紛争調整機関等・・・・・・・185

第1　個別紛争法・・・・・・・・・・・・・・・・・・・・・・・・・・・・・・・・・・・・・・・185
　　1　個別労働紛争解決制度とは・・・・・・・・・・・・・・・・・・・・・・・・・・185
　　2　個別紛争法の主な内容・・・・・・・・・・・・・・・・・・・・・・・・・・・・・185
　　3　委員会によるあっせんの具体的内容・・・・・・・・・・・・・・・・・・188
　　4　労働局のあっせんの実務上の諸問題・・・・・・・・・・・・・・・・・・190
第2　雇用機会均等法上の紛争調整手続等・・・・・・・・・・・・・・・・・・190
　　1　紛争調整手続等の共通性・・・・・・・・・・・・・・・・・・・・・・・・・・・・190

目　次

　　　2　厚生労働大臣による助言・指導・勧告・企業名公表制度等‥191
　　　3　都道府県労働局長による紛争解決の援助‥‥‥‥‥‥‥‥191
　　　4　都道府県基準局の紛争調整委員会への調停申請‥‥‥‥‥192
　　　5　紛争調整手続等利用者への不利益取扱禁止‥‥‥‥‥‥‥192
　　　6　セクハラ・マタハラ事案での均等調停の効用・利用上の留意
　　　　点‥‥‥‥‥‥‥‥‥‥‥‥‥‥‥‥‥‥‥‥‥‥‥‥‥192
　　第3　パートタイム有期労働法上の紛争調整手続等‥‥‥‥‥‥‥193
　　　1　手続の概要‥‥‥‥‥‥‥‥‥‥‥‥‥‥‥‥‥‥‥‥‥193
　　　2　紛争解決の援助‥‥‥‥‥‥‥‥‥‥‥‥‥‥‥‥‥‥‥194
　　　3　調停制度‥‥‥‥‥‥‥‥‥‥‥‥‥‥‥‥‥‥‥‥‥‥194
　　　4　使用者側からの利用の工夫‥‥‥‥‥‥‥‥‥‥‥‥‥‥195
　　第4　育児・介護休業法上の紛争調整手続等‥‥‥‥‥‥‥‥‥‥195
　　　1　手続の概要‥‥‥‥‥‥‥‥‥‥‥‥‥‥‥‥‥‥‥‥‥195
　　　2　紛争解決の援助‥‥‥‥‥‥‥‥‥‥‥‥‥‥‥‥‥‥‥195
　　　3　調停制度‥‥‥‥‥‥‥‥‥‥‥‥‥‥‥‥‥‥‥‥‥‥196
　　第5　障害者雇用促進法上の紛争調停手続等‥‥‥‥‥‥‥‥‥‥196
　　　1　手続の概要‥‥‥‥‥‥‥‥‥‥‥‥‥‥‥‥‥‥‥‥‥196
　　　2　紛争解決の援助‥‥‥‥‥‥‥‥‥‥‥‥‥‥‥‥‥‥‥196
　　　3　調　停‥‥‥‥‥‥‥‥‥‥‥‥‥‥‥‥‥‥‥‥‥‥‥196
　　第6　労働者派遣法上の紛争調整手続等‥‥‥‥‥‥‥‥‥‥‥‥197
　　　1　手続の概要‥‥‥‥‥‥‥‥‥‥‥‥‥‥‥‥‥‥‥‥‥197
　　　2　紛争解決の援助‥‥‥‥‥‥‥‥‥‥‥‥‥‥‥‥‥‥‥197
　　　3　調　停‥‥‥‥‥‥‥‥‥‥‥‥‥‥‥‥‥‥‥‥‥‥‥197

第5節　労災保険給付をめぐる紛争調整手続‥‥‥‥‥‥‥‥‥198
　第1　労災保険の請求手続‥‥‥‥‥‥‥‥‥‥‥‥‥‥‥‥‥‥198
　第2　労働保険審査官への審査請求‥‥‥‥‥‥‥‥‥‥‥‥‥‥199
　第3　労働保険審査会への再審査請求‥‥‥‥‥‥‥‥‥‥‥‥‥200
　第4　不支給処分取消行政訴訟‥‥‥‥‥‥‥‥‥‥‥‥‥‥‥‥200
　　　1　不服申立期間の始期‥‥‥‥‥‥‥‥‥‥‥‥‥‥‥‥‥200
　　　2　審査請求前置を要しない場合‥‥‥‥‥‥‥‥‥‥‥‥‥201

3　不支給処分取消行政訴訟の動向・・・・・・・・・・・・・・・・・・・・・・・・・・201

第6節　集団的労働事件の紛争調整・不当労働行為審査手続等・・205

第1　労働関係調整法上の紛争調整手続・・・・・・・・・・・・・・・・・・・・・205

第2　不当労働行為救済手続・・・・・・・・・・・・・・・・・・・・・・・・・・・・・・・206

　　1　労働委員会の審査と主張・立証責任の分配・・・・・・・・・・・・・・206

　　2　労働組合の資格審査・・・・・・・・・・・・・・・・・・・・・・・・・・・・・・207

　　3　不利益取扱い（1号及び4号）・・・・・・・・・・・・・・・・・・・・・208

　　4　団体交渉拒否（2号）・・・・・・・・・・・・・・・・・・・・・・・・・・・212

　　5　支配介入（3号）・・・・・・・・・・・・・・・・・・・・・・・・・・・・・・212

　　6　証人等出頭命令と物件提出命令・・・・・・・・・・・・・・・・・・・・・213

　　7　取消訴訟・・・・・・・・・・・・・・・・・・・・・・・・・・・・・・・・・・・・・・214

第4章　労働者側・使用者側それぞれの証拠収集

第1節　労働者側の証拠収集・・・・・・・・・・・・・・・・・・・・・・・・・・・・・・216

第1　労働者側の証拠の収集について・・・・・・・・・・・・・・・・・・・・・・216

第2　事件の類型ごとの検討・・・・・・・・・・・・・・・・・・・・・・・・・・・・・216

　　1　解雇事件・・・・・・・・・・・・・・・・・・・・・・・・・・・・・・・・・・・・・216

　　2　時間外手当請求事件・・・・・・・・・・・・・・・・・・・・・・・・・・・・・220

　　3　配転無効確認請求事件・・・・・・・・・・・・・・・・・・・・・・・・・・・222

　　4　その他の事件・・・・・・・・・・・・・・・・・・・・・・・・・・・・・・・・・223

第2節　使用者側の証拠収集・・・・・・・・・・・・・・・・・・・・・・・・・・・・・・225

第1　使用者側の証拠の収集について・・・・・・・・・・・・・・・・・・・・・・225

第2　事件の類型ごとの検討・・・・・・・・・・・・・・・・・・・・・・・・・・・・・225

　　1　解雇事件・・・・・・・・・・・・・・・・・・・・・・・・・・・・・・・・・・・・・225

　　2　時間外手当請求事件・・・・・・・・・・・・・・・・・・・・・・・・・・・・・227

　　3　配転無効事件・・・・・・・・・・・・・・・・・・・・・・・・・・・・・・・・・228

　　4　その他の事件・・・・・・・・・・・・・・・・・・・・・・・・・・・・・・・・・229

第3節　行政（官公庁）からの証拠収集・・・・・・・・・・・・・・・・・・・231

xiii

目　次

第1　方法論･･231

第2　官公庁別の証拠類型･･････････････････････････････････231

　　1　総　論･･231

　　2　検察庁・警察関係････････････････････････････････････231

　　3　労働基準監督署関係･･････････････････････････････････231

　　4　裁判所･･232

　　5　都道府県･･･232

　　6　市区町村･･･232

　　7　公立病院･･･232

第3　開示拒否の実態･･････････････････････････････････････233

第4節　公判における証人と尋問････････････････････････234

第1　総　論･･234

第2　意　義･･234

第3　証人尋問・当事者尋問の特徴･･････････････････････････234

第4　尋問の事前準備における注意点等･･････････････････････235

　　1　尋問の位置づけ･･････････････････････････････････････235

　　2　尋問の準備等･･235

第5　労働事件における尋問の留意点････････････････････････237

　　1　労働契約の成立・内容･･････････････････････････････････237

　　2　違法行為の立証･･････････････････････････････････････237

　　3　処分の有効性･･238

　　4　核心部分を立証する証拠が証人尋問・当事者尋問のみの場合

　　　の裁判所の判断傾向･･････････････････････････････････238

第6　裁判例からみる補助事実の立証の重要性･･････････････････239

　　1　はじめに･･･239

　　2　会社内における二人きりの場所におけるセクハラ･･･････････239

　　3　タクシー内でのセクハラに関する裁判例･････････････････241

　　4　まとめ･･241

xiv

書 式 編

書式1　証拠提出期限遵守の勧告に関する上申書・・・・・・・・・・・・・244

書式2　文書送付嘱託申立書・・・・・・・・・・・・・・・・・・・・・・・・・・・・245

書式3　あっせん申請書（事業主申請の場合）・・・・・・・・・・・・・・246

書式4　あっせん申請書（労働者申請の場合）・・・・・・・・・・・・・・247

書式5　紛争解決援助申立書（雇用機会均等法）・・・・・・・・・・・248

書式6　調停申請書（雇用機会均等法）・・・・・・・・・・・・・・・・・・249

書式7　紛争解決援助申立書（パートタイム労働者）・・・・・・・・・250

書式8　調停申請書（パートタイム労働者）・・・・・・・・・・・・・・・251

書式9　紛争解決援助申立書（育児・介護）・・・・・・・・・・・・・・・252

書式10　調停申請書（育児・介護）・・・・・・・・・・・・・・・・・・・・253

書式11　労災申立書（脳・心臓疾患）・・・・・・・・・・・・・・・・・・・254

書式12　労災申立書（精神疾患）・・・・・・・・・・・・・・・・・・・・・・261

書式13　証拠保全申立書（時間外手当請求）・・・・・・・・・・・・・・267

書式14　弁護士会照会（時間外手当請求）・・・・・・・・・・・・・・・274

書式15　文書提出命令申立書（時間外手当請求）・・・・・・・・・・・277

書式16　訴状（解雇　能力不足）・・・・・・・・・・・・・・・・・・・・・279

書式17　答弁書（解雇　能力不足）※訴状に対応・・・・・・・・・・・285

事項別索引・・・・・・・・・・・・・・・・・・・・・・・・・・・・・・・・・・・・・・・291

判例年月日別索引・・・・・・・・・・・・・・・・・・・・・・・・・・・・・・・・・297

第1章

総　論

第1章 総 論

第1節　証拠・資料の重要性

第1　証拠の有無・強度が決め手

　訴訟案件を少しでも経験した者なら、大方の訴訟の行方は、いくつ有利な判例・裁判例や学説の法理論を知って、これを使うかによるものではなく、また、主張・立証責任の所在によるものでもなく、「当該当事者の主張を裏づける有利な証明力の高い強力な証拠をいかに多く集め、効率的にこれを利用するか」にかかっていることは経験済のところであろう（例えば、新堂幸司『新民事訴訟法（第5版）』564～7頁参照（弘文堂、平成23年））。

　仮に、主張・立証責任がない立場にあっても、反証として、相手方の証明を揺るがす弾劾証拠を集めることがいかに有効かも明らかである。

　まさに、「要件事実や弾劾事実、それを基礎づける間接事実の立証をどうするか」、「いかなる証拠をいかにして収集するか」が訴訟の要である。

　この、訴訟における普遍的な事実は、労働事件においても変わることはない。

第2　要件事実・間接事実の事実認定における証拠調べ

　要件事実・間接事実については、当事者間に争いのない事実や裁判所に顕著な事実でない限り、証拠に基づく事実認定が必要となる。

　例えば、残業代請求等においては、請求原因を構成する時間外労働への就労等の要件事実、その請求権の発生を阻止する管理監督者該当性等の抗弁を構成する要件事実、さらにはその抗弁を覆す再抗弁の要件事実について、あるいは、それらの各要件事実を推認させる間接事実についても、証拠に基づく事実認定が必要である。

第3　証拠・資料

　概念的かつ講学上は、「証拠」とは、訴訟において、裁判所による事実認定の対象となる判断資料を意味する。判断資料は、証拠の取調べという訴訟行為を通じて形成されるが、取調べの対象となる有形物を「証拠方法」と呼

び、取調べの結果として得られる判断資料を「証拠資料」と呼ぶ（伊藤眞『民事訴訟法（第4版）』327頁以下参照（有斐閣、平成23年））。しかし、社会的用語では、むしろ、多様な資料の中から、主張を裏づけるに足りる資料を証拠と呼んでいる感があり、以下では、一括して証拠と呼称することもある。

第4　証拠方法と利用上の留意点

1　証拠方法の種類

　事実認定の基礎である証拠の取調べの対象となる有形物を証拠方法と呼ぶが、証拠方法には、以下の五つが法定されている。

　まず、人証（人的証拠）といわれる、①「証人」、②「鑑定人」、③「当事者本人、当事者の法定代理人・代表者の法廷での陳述」である。

　次に、物証（物的証拠）といわれる、④「文書、準文書」、⑤「検証物」がある。なお、文書、準文書については、「書証」という言葉が頻繁に使われている。

2　証明力の相違への配慮

　多くの場合、「100人の証言より1通の書証が優る」などの法格言を待たずとも、物証が証明力の高さで優ることが多い。契約書がその典型である。

　実際、裁判所においては、主張書面や書証万能的な訴訟指揮がみられる（実際には、人証調べ前に裁判所は心証をほぼ固め、人証でそれが変わることは稀な現実がある）。そこにはやりすぎの感を否めないが、現実として、これに対応していく必要がある。できる限り客観性をもった書証の収集に留意すべきは当然である。

3　陳述書作成と利用への留意

　しかし、書証でも、陳述書や陳述録取書はその価値は低いが、後述の民事訴訟法の集中審理方式による証人尋問・当事者尋問の効率的運用のために、陳述書が多用されており、主尋問に代替する役割が多く、また、反対尋問のための資料として慎重な対応が求められている。

　すなわち、陳述書を書く場合は、単に準備書面をですます調に焼き直したにすぎないようなものでは意味がなく、時系列表の併用や、時系列的な表記、要件事実を補強する間接事実を散りばめ、争いのない事実や客観証拠、書証との連動・連携・関連付けといった工夫が必要である。陳述書を提出された

側では、反対尋問に向けた準備として、争いのない事実や客観証拠、書証との連動・連携・関連付けの中で、時系列表に照らした矛盾点、不自然な行動等の点検を検討し、追加提出して不意打ちが許される弾劾証拠の探索とその効率的利用の検討をしていく必要がある。

第5　労働事件における証拠収集での留意点

1　証拠の偏在

　労働事件では、医療過誤事件や行政事件と同様に、多くの場合、使用者側に証拠の「構造的偏在」（主要な争点を立証するための証拠が一方当事者に専有されていること）が起こる場合が多い。例外として、メンタルヘルス事案等での労働者側のセンシティブ情報があり得る（国（在日米軍従業員・解雇）事件：東京地判平成23年2月9日労判1052号89頁は、「個人情報保護の観点からしても、労働者個人の健康状態に関する情報は、原則として当該労働者個人の支配領域にある情報である」と指摘し、東芝（うつ病・解雇）事件：最二小判平成26年3月24日労判1094号22頁は、「自らの精神的健康（いわゆるメンタルヘルス）に関する情報は、神経科の医院への通院、その診断に係る病名、神経症に適応のある薬剤の処方等を内容とするもので、労働者にとって、自己のプライバシーに属する情報であり、人事考課等に影響し得る事柄として通常は職場において知られることなく就労を継続しようとすることが想定される性質の情報であった」と指摘している）。しかし、これについても裁判所は受診命令等を認めており（京セラ事件：東京高判昭和61年11月13日労判804号15頁、空港グランドサービス日航事件：東京地判平成3年3月22日労判586号19頁、受診命令規定がある場合につき、日本ヒューレット・パッカード事件：最二小判平成24年4月27日労判1055号5頁等参照）、偏在はやはり使用者側にあるというほかない。

　これを打破すべく、後述第2章第13節、第3章第6節のように、典型的には人事考課差別での文書提出命令の利用や第2章第14節の過労死損害賠償事件におけるパソコンのログ情報等の証拠保全等の利用がなされている。

2　証人確保の困難

　証人確保は、労働事件に限らず困難なものである。他人のトラブルに巻き

込まれたくないと思うのが通常人の偽らざる心情であろう。特に労働事件においては、社内に在籍中の役職員にとって、労働者側の証人に立つということは、多くの場合、勤務先企業への敵対行為とみなされ、陰に陽に企業の圧力をおそれて証人を回避する場合が多く、証人を得ることは極めて困難である。

　例外としては、訴訟に同調・協力する労働組合があり（少なからぬ大企業では、過剰に労使協調に傾斜した労働組合が、係争化すること自体に反対したり、証人を出すことに抵抗することも散見される）、同組合員が企業内にいて証人となる場合の程度にしか想定できない。

　その結果、パワハラやセクハラ事案においても、必然的に、確保できる証人は退職した元従業員となり、焦点となっている特定の行為に関する直接的な目撃証言は確保できず、せいぜい加害者たる直接行為者の性癖や過去の行状等、かなり関連性の薄い間接事実についての証言のみしか確保できない場合が多い。裁判所から、陳述書のみの提出に限定されたり、証人採用されないことも多く、採用されるためには、適宜、証明すべき事実との関連づけ、必要性を、説得力ある証人採用の上申書等を提出して、具体的に主張せねばならない。

3　ICレコーダーの反訳文等の利用上の留意点

　パワハラ、セクハラ、マタハラ、退職強要等の事件で、ICレコーダーの反訳文が多用されている。しかし、その利用については以下の点に留意すべきである。

　すなわち、IC媒体のコピーの提出だけでなく、検証として聴いてほしい部分の特定（時間帯等の明示。例えば、"令和○年○月○日午後○時○分〜午後○時○分内の「…」との発言に留意されたい。"などの個々具体的な指摘）や、反訳文の重要部分へのマーカーなども工夫されるべきである。特に、最近、あまりに長い反訳文は裁判所から敬遠されており、相手に録音全体のコピー媒体を渡すのを前提に、必要な部分のみ（上記マーカー付近）の反訳文の提出が求められる傾向にある。その際、提出された側は全体を聴き、逆に全体的文脈の中で、例えば、パワハラ等に関する叱責の必要性や、かかる発言を惹起した相手の挑発的・敵対的言動部分を特定し、当該部分の時間帯を特定し

第1章 総　論

て（前述のように、“令和○年○月○日午後○時○分〜午後○時○分”、“反訳文乙第○号証○頁の○行目〜○行目”等の指摘）、反訳文を提出することが求められる。

　なお、しばしば、使用者側から秘密・録音した反訳文等につき、違法収集証拠としての証拠排除や証拠能力の欠如が主張されるが、実務では、ハラスメントの具体的被害が認められる事案で、救済申立て等のための採証活動としてなされた場合等には適法と解される（学校法人関東学院事件：東京高判平成28年5月19日LEX/DB、NPOほか事件：長崎地判平成29年2月21日労判1165号65頁等）。しかし、対面ではない隠し録音等については違法とされる可能性が高いことに留意すべきである。

　また、特異な事案ではあるが、T&Dリース事件：大阪地裁平成21年2月26日判決（労経速2034号14頁）では、事業所内において、ICレコーダーやビデオカメラを持ち込みにつき、上司等から繰り返し禁止命令又は注意を受けたにもかかわらず、無断で撮影・録音を繰り返すなどした者への普通解雇につき、解雇権の濫用にあたるとは認められず有効とされ、甲社事件：東京地裁立川支部平成30年3月28日判決（労経速2363号9頁）では、職場内での録音禁止命令違反等を理由とする解雇有効とされていることにも留意すべきである。

4　民事訴訟法による証拠収集権の拡充その効率的な利用

　現行民事訴訟法は、二つの観点から当事者の証拠収集権を拡充したといわれる。

　一つは、民事訴訟法が標榜する「争点中心審理」（紛争の真の争点を早期に確認し、審理のエネルギーを争点に凝縮すること）を実現するためであり、他の一つは、前述の証拠の「構造的偏在」を是正し、立証責任の一人歩きを回避するためである。

　争点中心審理を実現するためには、当事者が訴訟の早期段階でできるだけ情報を共有し、これを裁判所に示すことが不可欠である。そこで、証拠収集権の拡充は、訴訟手続、実体審理の両面において、適正・迅速な裁判実現に資することになる。

　特に労働事件では、前述のとおり、証拠の偏在が一因となって、十分な争

点整理がなされず、多数の仮定的主張が放置されたまま、証拠調べと弁論を繰り返すという「漂流型審理」に陥ることがままあった。

　それが平成10年1月から施行された民事訴訟法により、迅速かつ充実した審理を実現することを目的とし、証拠の提出についても随時提出主義から適時提出主義に変更され、訴訟代理人たる弁護士にとって、目的達成に必要な証拠を迅速に収集する必要性が増すこととなった。

　ただし、実態は個々の裁判官の運用で、争点整理を終えて、その後の証拠提出を制限したはずが、弾劾証拠以外の書証についてもルーズに、さらには、陳述書の提出期限の遵守についても同様にルーズな運用がなされることがある。これは、善解すれば、すでに心証を固めたことを示唆する温情的手段かもしれないが、一方当事者のみに一方的に認められるなどの疑問に満ちた濫用的な運用も少なくないことに注意しなければならない。このような問題ある訴訟指揮に対しては、控訴審をも見据えて、裁判所宛の提出期限の遵守等に関する上申書（書式1参照）等の提出をもって弁論の全趣旨に影響を与えるべく、証拠に残しておく工夫も必要であろう。

　いずれにせよ、当事者としては、以下の各所で収集方法や事件類型的に詳述される、民事訴訟法によって拡充された証拠収集権等を十分活用し、適正・迅速な裁判の実現に努めなければならない。

〔岩出　　誠〕

第1章 総 論

第2節　法律相談における注意点

第1　依頼者志向での証拠探索の必要性

　法律相談を受けるにあたり、本章第1節1で述べた「証拠の有無・強度が決め手」であることは間違いない。しかし、弁護士としての対応は、依頼者の持参した証拠のみで判断して、「有利な証拠がないから受任は無理です」というのは早計にすぎるし、依頼者志向に反するのみならず、弁護士職務基本規程21条（正当な利益の実現）（「弁護士は、…依頼者の権利及び正当な利益を実現するように努める。」）の趣旨にも反することになり得るだろう。

　なぜなら、その困難との判断を、現在目の前の相談者が持ってきた、あるいは思いついている証拠関係（判例・裁判例や法令・通達等も同様であるが）の範囲だけでしているからである。

　基本的スタンスは、下記格言にあるとおりである。

All things are possible until they are proved impossible—and even the impossible may only be so, as of now. —Pearl S. Buck (U.S novelist, 1892 –1973)

　物事はすべて、不可能だと証明されるまでは可能である。また不可能なことであっても、現在のところそうであるだけなのかもしれない。

　特に、事実関係・証拠についての変動の可能性の高さはいうまでもない。

　また、依頼者が現在持っている証拠はごく一部にすぎず、そもそも「事件は生き物」であって、事件の進行に従い、当初の受任段階で把握していた状況とは事態が一変するようなことは少なくないものである。

第2　証拠上困難な法律相談への対応における基本的スタンス

　当面の証拠及び法律関係から勝訴が困難と思われる案件の法律相談や依頼については、もちろん、依頼者の利益実現の可能性と法的手続に入った際の危険性の双方の観点から、法律家として細心の配慮と誠意をもって、十分な検討を踏まえた適切かつ丁寧なアドバイスをすることが必要となる

（Informed Consent の追求である）。

　安易に受任して敗訴となることは、事件の受任を断わった場合のダメージより大きいものである。

　しかし、単なる法的説明のみならば、Web等のデータベースを用いれば済むことであり、依頼された弁護士としての検討の視点は、依頼者志向に基づき、常に前向きに考えてみることが必要である。

　不可能ないし困難と「思われる」事件に対しても、前向きに考え、単に「できません」とは言わず、「……の点は、難しい点が多いのですが、わずかにですが、……の点には可能性があります。その……リスクの程度と内容は……です。」などと告げて、可能に近づける努力が必要となる。

　例えば、労働基準監督署ハローワークや労働局の指導、是正勧告に対して、証拠の整理による意見書提出等によって労基署等の対応が変化することを何度も経験している（労働基準監督署、ハローワークや労働局の間の解釈・運用の不整合・一貫性の欠如等を下調べをしておくことも重要で、弁護士の働きかけにより、依頼者への態度と弁護士への態度が変わることも少なくない）。

第3　法律相談の面談前の事前調査依頼

　以上第1・2のスタンス・志向を前提に、法律相談にあたっては、まず面談に入る前に、労使ともに、できる限り関連すると思われる下記資料を事前に送付してもらうことを指示することである。少なくとも相談時に持参を依頼する。ただし、労働者側の相談の場合で、探し方さえ知らない場合や紛失していることも多く、相談時に入手方法を協議することが多発する覚悟が必要である。

　揃えてほしい証拠は、相談案件の類型により必要な範囲が異なり、限定することも追加することもあることは、後述第2章の事件類型別で詳述するが、概ね採用から退職・解雇等までの流れでいえば、募集要項、内定通知書、内定誓約書、身元保証書、履歴書、就業規則、36協定等の各種労使協定、給与規程・退職金規程等の一切の諸規程、労働条件通知書、給与明細、各種通信文（解雇通知、雇止め通知、各種辞令、顛末書、始末書、指導書、改善指導書、懲戒処分通知、警告書、社内外との電子メール等）、社内人事記録（社内異動歴）、

9

第1章 総論

社内組織図、職務職掌規程（なければ概ねの幹部の役割分担）、経営会議等の参加記録、営業報告書、定期健康診断書、診断書、被害状況の写真、考課面談記録、表彰状、過去の処分歴、社内外への通報文、ＩＣレコーダーによる会話録音の反訳文、日記（代替するブログ歴、ＳＮＳの記録を含む）、経費や経路を示すスイカ等のＩＣカードの利用明細、集団関係であれば、労働協約（確認書、覚覚等の名称の如何にかかわらず一切の労使合意書）、団交議事録、労働組合の配付ビラ、労働組合の広報Ｗｅｂ Web記事、係争化した場合の証人となるべき名簿とその得られる予定の証言内容、採用から現在までの、主な出来事の時系列表などである。

> 例 募集要項／内定通知書／内定誓約書／身元保証書／履歴書／就業規則／36協定等の各種労使協定／給与規程・退職金規程等の一切の諸規程／労働条件通知書／給与明細／各種通信文（解雇通知、雇止め通知、各種辞令、懲戒処分通知、警告書、社内外との電子メール等）／社内人事記録（社内異動歴）／社内組織図／職務職掌規程（なければ概ねの幹部の役割分担）／経営会議等の参加記録／営業報告書／定期健康診断書／診断書／被害状況の写真／考課面談記録／表彰状／過去の処分歴／社内外への通報文／ＩＣレコーダーによる会話録音の反訳文／日記（代替するブログ歴、SNSの記録を含む）／経費や経路を示すスイカ等のICカードの利用明細／集団関係であれば、労働協約（名称の如何にかかわらず一切の労使合意書）、団交議事録、労働組合の配付ビラ、労働組合の広報Web記事、係争化した場合の証人となるべき名簿とその得られる予定の証言内容／採用から現在までの主な出来事の時系列表

　これらのうち、当該事案に即して、依頼者が理解し、対応できる範囲で準備をお願いし、できなければ相談時に説明して、２回目以降の相談で揃えてもらう。あるいは、採証活動の依頼を受けて、弁護士法23条照会（本章第3節第3参照）等を踏まえ、さらに、案件遂行の可否・当否を決めるために採証活動を進めることもある。

第4　依頼者の手持ち証拠への客観的・合理的かつ厳正な判断の必要と配慮

10

第2節　法律相談における注意点

1　依頼者の手持ち証拠への客観的・合理的かつ厳正な判断の必要

　企業側に限らず、上記第3の関係証拠を事前に整理して持ち込んでくる依頼者も少なくない。しかし、第3の場合も同様であるが、上記第1・2のスタンス・志向を前提にとはいいながら、依頼者の手持ちないし入手した証拠に対して、それが、訴訟まで発展した際に、裁判官の厳密な吟味、相手側の求釈明や反対尋問等にも耐えられる精度・正確さ・適法性を持つ内容か否かを、客観的・合理的かつ厳正に判断していく必要がある。

　依頼者は自己に有利と信じ切っているが無価値に等しい証拠もあれば、偽造の疑いや違法収集（盗聴、盗撮、録音禁止の誓約違反等）の疑念が残る証拠が持ち込まれる危険も潜んでいる。単なる誤記や軽過失による違算等であれば逃れようもあろうが、メール等の偽造・変造、ICレコーダー、デジカメの写真の変造・改ざんなどが後日鑑定等で暴かれた際には、代理人の見識が疑われるだけでなく、容易に認識し得たにもかかわらずその証拠に依拠して訴訟提起等を継続した場合には、損害賠償の被告となるばかりでなく、弁護士会での懲戒問題にまで発展する危険があることを意識して、証拠の採否を判断せねばならない。

2　依頼者の手持ち証拠不採用時への配慮

　しかし、上記1の判断において、依頼者が自己に有利と信じ切っている証拠を採用できない場合や、偽造等の疑いのある証拠を採用できない場合の説明には慎重な配慮が必要である。

　証人への過大な期待の場合であれば、本章第1節第5-2の事情を説明して、証人確保の困難さを理解してもらい納得を得るか、念のため、ICレコーダーでの録音を使った証人候補者へのアプローチを助言した上で辞退されたことを確認の上、諦めてもらうことはできるであろう。

　その他の証拠の価値については、記述の不鮮明さや多義的な内容等から決め手にはならないこと等を、類似裁判例等があればそれを用いて誠実に説明して了解を得るほかない。

　偽造等の疑いのある証拠については、悪意が明らかな場合は依頼を辞退すべきであるが（弁護士職務基本規程31条（不当な事件の受任）「弁護士は、依頼の目的又は事件処理の方法が明らかに不当な事件を受任してはならない。」）、依頼

11

第1章 総 論

者自体が気づいていない場合は、その可能性を指摘して、IT関連の鑑定機関に調査を委嘱することを助言し、その結果を踏まえた対応などが想定できる。

第5 証拠入手方法の助言上の留意点

1 証言に頼る危険の説明

本章第1節第4-2で前述したとおり、裁判所は人証調べ前に書証等で心証をほぼ固め、人証でそれが変わることは実際には稀な現実を伝え、客観性をもった書証の収集が困難な際には、できる限り上記第1・2のスタンス・志向を前提にしながらも、法的手続の進行にはリスクと負担が大きいことを伝えるべきである（弁護士職務基本規程29条（受任の際の説明等）「弁護士は、事件を受任するに当たり、依頼者から得た情報に基づき、事件の見通し、処理の方法並びに弁護士報酬及び費用について、適切な説明をしなければならない。／2 弁護士は、事件について、依頼者に有利な結果となることを請け合い、又は保証してはならない。／3 弁護士は、依頼者の期待する結果が得られる見込みがないにもかかわらず、その見込みがあるように装って事件を受任してはならない。」）。

2 時系列表作成依頼とその点検

依頼者の頭の整理のためにも、また、追っての訴訟での陳述書の準備としても、時系列表の作成を依頼することは有用である。ただし、いかに依頼者に、証言でしかできないものと、書証等で証明できるものを書き分けて整理してほしいと助言しても、大企業の法務部でもない限り限界がある。相談を受けた弁護士は、その時系列表を、事前折衝・交渉段階で相手方から提出された主張や証拠とも照合させ、事実関係を整理・把握・分析していく作業が、法律相談を継続する場合には必要になってくる。

3 パソコンやサーバー内記録の入手

IT化が進んだ現在において、特に個々の労働者ごとにパソコンやスマートフォンが貸与されている場合、労働者側では残業やパワハラ、セクハラ、マタハラ等被害の立証に、使用者側では不正行為や怠業・諸規程違反・業務命令違反等の立証について、パソコンやサーバー内記録の入手は極めて重要

12

な採証活動である。労働者側では、後述の本章第3節5の証拠保全等の利用が中心であるが、使用者側においては、仮にモニタリング規定等が整備されていなくても、裁判例は、調査の必要性を示す不正行為の合理的疑いがある場合には、モニタリングを認めており（F社Z事業部事件：東京地判平成13年12月3日労判826号76頁、日経クイック情報事件：東京地判平成14年2月26日労判825号50頁等。岩出誠『労働法実務大系』404以下参照（民事法研究会、2015年))、証拠が隠滅される前に証拠の保全と獲得に着手すべきである。

〔岩出　誠〕

第1章 総論

第3節 証拠の収集方法

第1 はじめに

　紛争解決のためには、調停・訴訟や労働審判、保全手続などの法的手続の場合はもちろんのこと、裁判外の示談交渉の場合であっても、すでに手元にある証拠のほかに、各種の証拠（文書の場合がほとんどであるが、関係人からの聴き取り調査によって得られる供述も含まれる）を入手する必要がある。

　もっとも、必要とする証拠（特に文書）や資料・情報については、一方当事者に偏在していて入手が困難であることや、そもそも相手方が当該証拠を所持しているか否かが不明なこともあり得る。このような場合、相手方に対してどのような請求をすべきかの判断がつかず、訴訟等の法的手続をとるべきか否かの判断ができないことも想定される。

　このような場合の証拠の収集方法としては、以下に述べるとおり、裁判外のもの及び裁判上のものが存在する。これらの各手段のうち、適切なものを適宜選択し、場合によっては複数の手段を活用して証拠収集を行い、ひいては訴訟等の手続を充実させることが必要となる。

第2 証拠・資料の請求

1 当事者間での請求

　まず、訴訟等の法的手続をとるべきか否かを判断するために、交渉段階において、手元にない証拠・資料を、相手方当事者に請求するということが考えられる。

　一般的には、労働者側から使用者側に対して請求されることが多い。例えば、労働者側から、解雇理由証明書等の交付を求めることや、就業規則・賃金規程等の規程類の開示を求めることは多く行われる。

ア 解雇理由証明書・退職時の証明書

　解雇理由証明書については、労働者が、解雇の予告をされた日から退職する日までの間において、当該解雇の理由について証明書を請求した場合、使用者は、遅滞なく当該証明書を交付しなければならないと定められているため（労基

14

22条2項）、使用者側としては、当該証明書の交付請求に早急に応じる必要がある。なお、退職後については、退職時の証明書の交付を求めることができるとされている（同条1項）。そのため、労働者が退職後に解雇理由の証明書を求める場合には、この退職時の証明書の交付を求めることになる。すなわち、解雇予告のない即時解雇の場合や、解雇予告期間が経過し、すでに退職時期を経過した労働者からの交付請求の場合、正確には解雇理由証明書ではなく、退職時の証明書としての解雇理由証明書を求めるということになる（引用する条文が異なることになる。もっとも、解雇の効力が争われている場合、退職後ではないという理由で、労働者側があくまでも労働基準法22条2項の解雇理由証明書の方を求めるということも考えられるが、使用者側としてはそこまで厳密にこだわる問題ではないように思われる）。

イ　就業規則・賃金規程

　なお、上記解雇理由証明書のように、法律上の交付義務がある書類のほか、労働者側が、就業規則や賃金規程の開示を求めてくる場合がある。この点、就業規則については周知する必要があるが、例えば、解雇等によって退職した労働者が、手元に就業規則等の規程類のコピーがないため、これを開示するよう求めてくるような場合が考えられる。この場合、使用者側がこれを開示しないとすると、いたずらに争点を増やすことになるため、特段の事情がない限りは、このような対応は妥当であるとはいえない。したがって、就業規則等の規程類その他、双方ともに開示しても問題のない資料については、後の訴訟のことを考えて提出を控えるという戦略もあり得るところではあるものの、紛争の長期化の回避や、交渉の場合であれば円滑な交渉の実現に資すると思われる資料については、むしろ積極的に提出すべきである。証拠・資料を開示するか否かが争点化することは、双方の感情のこじれを含めて、紛争の混乱・長期化を招くおそれがあるため、証拠・資料の提出については、いたずらに紛争を長引かせないように、できるだけ双方が協力するという方向で、開示の方法を検討する必要がある。

2　各関係機関等への請求

　その他、訴訟に必要な書類（当事者が法人の場合の商業登記簿謄本、当事者がすでに亡くなっていて相続人が訴訟を提起するような場合の戸籍謄本等）については、それぞれ所定の関係機関に書面の交付を請求することになる。

　なお、これらの請求については、弁護士を通じて行う方が簡便な場合も多

第1章 総 論

い。また、情報公開制度等に基づく開示請求については後述する。

第3 弁護士会照会制度

1 弁護士法に基づく照会制度

証拠・資料の収集方法の一つとして、弁護士法23条の2に基づく照会制度が存在する。これは、弁護士を通じての証拠収集手段であるため、弁護士への依頼が前提となる。

弁護士法

（報告の請求）

第23条の2 弁護士は、受任している事件について、所属弁護士会に対し、公務所又は公私の団体に照会して必要な事項の報告を求めることを申し出ることができる。申出があった場合において、当該弁護士会は、その申出が適当でないと認めるときは、これを拒絶することができる。

2 弁護士会は、前項の規定による申出に基き、公務所又は公私の団体に照会して必要な事項の報告を求めることができる。

なお、弁護士法人も、上記弁護士会照会制度を利用することができる（弁護士30条の21）。

2 制度趣旨

弁護士は、基本的人権の擁護と社会正義の実現を図るという公的な責務を負っているものであり、訴訟等の法的手続の場において、真実発見のための証拠・資料を収集することは、そのような責務を果たすために不可欠である。そこで、このような公的責務を負った弁護士が、受任事件において証拠・資料を収集するための制度的な手段として、弁護士会照会制度が存在する。

なお、実務において、この弁護士会照会制度による証拠・資料の収集は、かなり頻繁に行われている。

3 照会申出の方法

照会する権利を持っているのは、上記の条文のとおり「弁護士会」である。各弁護士や弁護士法人には、照会申出権がある。

各弁護士が照会申出をする場合は、各弁護士が定める規則等に従ってこれを行い、弁護士会の審査を経る必要がある。当該審査において、照会の必要

性・相当性を満たすと判断されたものについては、弁護士会から各照会先に送付されることになる。

なお、弁護士会の照会に対する照会先からの報告は、これを受理した弁護士会から、照会申出人である弁護士に通知される。このような方法で得た回答や資料を、必要に応じて、訴訟で書証として提出するなどして利用することになる。

4　照会を受けた者の報告義務

弁護士法上、照会先に報告義務があることは明示されていないが、上記の制度趣旨に照らして、法律上、照会先には報告義務があるものと解されている（大阪高判平成19年1月30日判時1962号78頁等）。

なお、個人情報保護法との関係でも、弁護士会照会制度は、個人情報保護法16条3項1号及び23条1項1号の「法令に基づく場合」に該当するため、目的外使用の禁止及び第三者提供の禁止の例外となっている。したがって、本人の同意なく回答が得られるはずであるが、実際には、個人の名誉やプライバシー、公務員の秘密保持義務、捜査の秘密などとの関係から、報告が拒絶される場合もある。いかなる場合に報告が拒絶されるかについてはケースバイケースであるが、少なくとも、照会を求める事項と争点との関連性などの照会を求める理由について、回答を得られやすくするように記入するなどの工夫が必要となる。

5　銀行口座について

なお、近時、銀行の預金口座についても、一定の事項について、回答を得られるような運用となっている。民事執行を行う場面においては、有益な情報となる可能性があるため、そのような場合にも、弁護士会照会制度を活用することが考えられる。

第4　当事者照会制度

1　民事訴訟法における当事者照会制度

民事訴訟法は、「当事者は、訴訟の係属中、相手方に対して、主張又は立証を準備するために必要な事項について、相当の期間を定めて、書面で回答するよう、書面で照会することができる」という当事者照会制度を定めている（民訴163条、民訴規84条）。

この制度は、当事者間のやりとりの中で主張・立証の準備を充実させて、これによって集中審理の実現（迅速な審理の実現）を図ろうとするものであり、証拠の収集そのものを目的とするものではないが、当事者が、訴訟係属後に証拠収集を行う有力な手段であり、また、この手段を通じて、紛争の自主的な解決も期待されている。

2　当事者照会の実施時期等について

当事者照会の実施は、訴訟の係属中に行う必要がある。ただし、訴え提起前において、訴えの提起を予告する通知（予告通知）を書面で行った場合は、その予告通知をした日から4か月以内に、当事者照会制度と同様の照会を行うことができる（民訴132条の2）。また、予告通知を受けた者についても、予告通知に対する返答をしたときには、同様に照会をすることができる（民訴132条の3）。また、訴えの提起前における証拠収集の処分についても定められている（民訴132条の4ないし6）。

なお、当該訴訟の当事者に対する照会制度であるため、当事者ではない第三者に対して照会をすることはできない。

3　照会の対象となる事項及び照会の方法について

照会の対象となるのは、「訴えを提起した場合の主張又は立証を準備するために必要であることが明らかな事項」である。また、照会は、書面で行うことが必要であるが、FAXによることも可能である。

4　照会への回答について

照会を受けた当事者に回答義務があるか否かについては、明文の規定がない。もっとも、前述のとおり、弁護士会照会制度には報告義務があると解されていることや、民事訴訟法2条の信義誠実義務の存在などからすれば、法定の回答拒絶事由がある場合を除き、回答義務があると解されるべきである。

5　回答が得られない場合

回答拒絶に対する制裁や、不服申立ての手段は存在しない。そのため、相手方が正当な理由なく回答しないような場合には、裁判所に対する求釈明の申立てを行うことや、回答がなかったという事実を訴訟において主張し、裁判所に対して、当該事実を「弁論の全趣旨」として相手方当事者に不利益な

第3節　証拠の収集方法

判断をするよう促すことなどが考えられる。

　なお、実務的には、頻繁に行われているというほどではなく、実際には、求釈明の申立てによって相手方への照会が行われるケースが多いように思われる。

第5　証拠保全

1　証拠保全とは

　証拠保全とは、訴訟係属前または訴訟係属後に、ある事実についての証拠をあらかじめ調べ、その結果を確保しておくための証拠調べ手続のことである（民訴234条）。これは民事訴訟に付随する手続である。

2　証拠保全手続

　証拠保全手続は、あらかじめ証拠調べをしておかなければその証拠を使用することが困難となる事情がある場合に、申立てまたは裁判所の職権によって開始されることになる。

　実務的には、例えば医療過誤訴訟において、患者側が、訴訟提起前に、医師によるカルテの改ざんや隠匿のおそれがあることを理由として証拠保全の申立てを行い、これが認容されて証拠調べが行われることが多い。

　管轄裁判所は、訴え提起前は、尋問を受ける者や文書を所持する者の居所、検証物の所在地を管轄する地方裁判所または簡易裁判所である。訴え提起後については、「その証拠を使用すべき審級の裁判所」である（民訴235条1項本文）。ただし、急迫の事情がある場合には、訴え提起前と同様の管轄裁判所に申し立てることもできる（同条3項）。

　証拠保全の申立てがあった場合、裁判所は証拠保全の必要性等の要件を審査し、証拠保全申立却下決定に対しては、申立人は抗告で争えるが（民訴328条1項）、証拠保全決定に対しては、不服申立てをすることができない。

　証拠保全手続の証拠調べは、民事訴訟法第2編第3章の「証拠」の規定（証人尋問、書証、検証等）に従って実施される。原則として、申立人と相手方の呼出しを必要とするが、例外的に、急を要する場合には、呼出しを要しないこととされている（民訴240条）。

　証拠保全に関する記録は、本案訴訟の記録がある裁判所に送付される（民

第1章 総 論

訴規154条）。送付された記録については、口頭弁論で当事者が結果を陳述（援用）することで訴訟に利用することが可能となり、本来の証拠調べの結果と同一の効力を生じるものと解される。

3 労働事件において証拠保全手続が利用される具体的なケースの例

上述のように、証拠保全手続は、主に医療過誤訴訟などで利用されることが多いが、労働事件においても実際に効果的に利用されているケースもある。

例えば、未払残業代請求事件において、労働者側が証拠保全の申立てを行い、使用者側が所持しているパソコンのログやメール送受信記録などの証拠を収集する場合や、過労自殺の事件において、同じく労働者側からの申立てによって、タイムカードや業務日誌などの証拠が収集される場合などがある。

なお、使用者側としては、証拠保全の申立ての相手方当事者となる場合が多いであろうが、証拠の隠匿や改ざんなどはもってのほかであり、必要な範囲内で手続に協力し、場合によっては任意提出にも協力するという態度が、結果として円満な解決につながるケースもあるため、防御権の行使とのバランスの問題ではあるが、裁判所の証拠調べ手続であるという点を念頭に置いた上での、誠実な対応を心がけることが肝要であるといえる。

第6 調査嘱託・鑑定嘱託・文書送付嘱託

1 調査嘱託

調査嘱託とは、受訴裁判所が、申立てまたは職権で、官公署、外国の官公署、または学校、商工会議所、取引所、その他の団体（会社、研究所など）に対し、必要な調査を嘱託する手続である（民訴186条）。

通常は、当事者からの申立てによって行われ、調査嘱託の申立ては、調査事項を明らかにして書面で行うことが必要である。事実の報告を求めるものは、証人尋問や書証に近いものであり、また、経験則や専門的知識などの報告を求めるものは、鑑定に近いものであるといわれている。

なお、調査嘱託を受けた団体は、これに応じることを義務づけられていると解されている（ただし、外国の官公署や公私の団体については、当然には義務は生じない）。

調査嘱託の結果については、口頭弁論に顕出されれば、ただちに訴訟の資

20

料となり得ると判例上は解されているが、実務上は、当該調査嘱託の結果について、当事者の一方（通常は申立てをした当事者ということになろう）が書証として提出することが一般的に行われている。

2 鑑定嘱託

鑑定嘱託とは、受訴裁判所が、官公署、外国の官公署、または相当の設備を持つ法人に鑑定の嘱託をする手続である（民訴218条）。

鑑定は、鑑定人によることもできるが、高度の学識経験や設備を利用する必要がある場合や、これらを利用した方が適切な結果を得られるような場合に、鑑定嘱託が活用されることが見込まれている。

申立てについては、当事者から、鑑定事項を明示した鑑定嘱託書を作成し、それを送付して行うことは、前述の調査嘱託と同様である。

なお、嘱託を受けた官公署または法人は、鑑定に協力すべき公法上の一般的義務を負っていると解されるが（ただし、外国の官公署の場合は当然には負わない）、制裁による強制力はない。

3 文書送付嘱託

文書送付嘱託とは、文書の所持者に対して、任意の提出を求める書証の申出方式のことをいう（民訴226条、書式2参照）。

裁判所が、当事者からの文書送付嘱託の申立てに理由があると判断した場合、送付嘱託の決定をして、これを告知し、所持者にその文書を送付すべきことを嘱託する。なお、申立却下の決定に対しては、証拠の申出を却下する裁判であることから、独立の不服申立て手段は存在しない（上訴で争うということになる）。

送付嘱託が行われたにもかかわらず、嘱託を受けた文書所持者が送付に応じない場合、文書所持者に文書提出義務があるのであれば、後述の文書提出命令を申し立てる方法をとることになろう。なお、官公署は、送付嘱託に応じる公法上の一般的義務があると解されるが、個人のプライバシー等の権利との関係で、嘱託を拒否する場合もあり得る。

なお、送付された文書は、当然に証拠となるものではなく、当事者が必要なものを書証として提出し、これに対する証拠調べが行われるという実務上の取扱いが行われている。

第1章 総　論

第7　文書提出命令

1　文書提出命令の手続の概略

　文書提出命令とは、文書の提出義務を負う者に対し、当事者の書面による申立てによって、裁判所から発せられる命令のことである（民訴221条・223条1項、民訴規140条1項）。これは、書証の申出の方法のうちの一つである。

　文書提出命令の申立ては、文書の表示・趣旨・証明すべき事実・提出義務の原因を明らかにして書面でしなければならない（書式15を参考されたい）。なお、文書の特定が著しく困難な場合、文書を識別できる事項を明らかにすれば足り、また、裁判所が文書の所持者にこれを明らかにするように求める手続も設けられている（民訴222条）。

　裁判所は、文書提出命令の申立ての理由の有無（文書提出義務があるか否か等）について審理する。なお、文書提出義務の存否の判断のために、裁判所が所持者に文書を提示させ、当事者を排除して裁判所だけが当該文書を閲読して判断する手続が設けられている（民訴223条6項。いわゆる「イン・カメラ手続」）。

　審理の結果、申立てに理由があると判断された場合、裁判所が決定で所持者に対して文書提出命令を出す（民訴223条1項。一部提出命令も可能とされている）。なお、申立てを認めない決定に対しては、即時抗告ができる。

　所持者が文書提出命令に応じないときや、当該文書の使用を妨げる目的で提出義務のある文書を滅失させ、または使用できなくしたときについては、提出義務者が当事者（相手方）である場合、当該文書に関する申立人（挙証者）の主張を真実と認めることができる（民訴224条1項）。さらに、申立人が文書の記載に関して具体的に主張をすることが著しく困難であること、及び、申立人が当該文書により証明しようとする事実を他の証拠により証明することが著しく困難であることという二つの要件を満たす場合には、裁判所は、「当該文書により証明すべき事実に関する相手方の主張」を真実と認めることができる（同条3項）。

　なお、第三者が提出に従わない場合には、決定で20万円以下の過料に処することができるとされている（民訴225条1項）。

2　文書提出義務

民事訴訟法の改正によって、文書提出義務が一般義務化されるに至った（民訴220条1項4号）。これによって、証拠の偏在、当事者間の公平の実現の観点から、提出義務のある文書の対象範囲が広がったといえる。

文書提出義務のある具体的な文書の内容は、次のとおりである。

〈文書提出義務がある場合〉
① 当事者が訴訟において引用した文書を自ら所持するとき（引用文書。民訴220条1号）
② 挙証者が文書の所持者に対しその引渡しまたは閲覧を求めることができるとき（引渡請求権または閲覧請求権のある文書。同条2号）
③ 文書の挙証者のために作成されたとき（利益文書。同条3号前段）、挙証者と文書の所持者との間の法律関係について作成されたとき（利益文書。同条3号後段）
④ 一般化義務化された提出義務とその除外事由（同条4号）

上述のとおり、以下の一定の場合を除き、文書提出義務は一般義務化されている。

〈所持者が提出を拒める場合〉
⑦ 文書の所持者等につき証言拒絶権が認められる事項（民訴196条）の記載された文書（民訴220条4号イ）
④ 公務員の職務上の秘密に関する文書で、その提出により公共の利害を害し、または公務の遂行に著しい支障を生ずるおそれがあるもの（同条4号ロ）
⑦ 医師等の職務上の守秘義務事項等で、黙秘の義務が免除されていないものが記載された文書（同条4号ハ）
④ 専ら所持者の利用に供するための文書（同条4号ニ）
④ 刑事事件にかかる訴訟に関する書類、もしくは少年の保護事件の記録、またはこれらの事件において押収されている文書（同条4号ホ）

上記以外の文書については、所持者は提出を拒めないこととされている。

3 労働事件において文書提出命令の対象となる文書

労働事件においては、通常、労働者側から文書提出命令の申立てが行われることが多い。対象となる文書としては、例えば、以下のようなものが挙げられる。

第1章 総 論

> **例** 職員考課表／賃金台帳／所得の計算に関する明細書／退職給与引当金の換算算入に関する明細書／役員報酬手当及び人件費の内訳書／労働者名簿／資格歴・研修歴の電子データないしその印字文書／営業日誌／営業報告書

4 文書提出命令が問題となった裁判例

文書提出命令が問題になった事案としては、以下のような裁判例などがある。

> **塚越運送事件：大阪高決平成15年6月26日労判861号49頁**
>
> 運送会社の一部門が不採算であるとして同部門所属の運転手に対して行われた人事異動の無効を争った本案訴訟において、会社が提出した同部門以外の部分を黒塗りにした売上振替集計表につき、同集計表は民事訴訟法220条1号所定の文書（引用文書）に当たるとされ、同条4号ニ（専ら文書の所持者の利用に供するための文書）には該当しないとして、原本の提出が認められた。

> **A社文書提出命令申立事件：神戸地尼崎支決平成17年1月5日労判902号166頁**
>
> 従業員たる地位の有無の確認請求、職場内のセクハラ行為不是正等による慰謝料請求をめぐる基本事件において、労働者側によりなされたセクハラ行為調査に関する会社側文書、労働局、捜査機関、社会保険機関の各関係文書の提出命令申立てが却下された。

> **金沢労基署長（有川製作所）事件：最三小決平成17年10月14日労判903号5頁**
>
> 官公署等に対する文書提出命令等の情報開示に関して、労災の手続において、災害調査を行った調査官が労働基準監督署長への報告のために作成する「災害調査復命書」が、民事訴訟法220条4号ロ所定の文書に該当するかが争われた事案で、災害調査復命書のうち、行政内部の意思形成過程に関する情報にかかる部分については民事訴訟法220条4号ロ所定の文書に該当するが、労働基準監督官等の調査担当者が職務上知ることができた事業者にとっての私的な情報にかかる部分は同号ロ所定の文書に該当しないとされた。

近時、災害調査復命書などの行政文書に関しては、後述する行政機関の保有する個人情報の保護に関する法律に基づく開示請求の手続が整備されて、アクセスが以前よりは容易になっているが、それでもなお、前掲金沢労基署

長（有川製作所）事件（最三小決平成17年10月14日）は、最高裁判所が行政機関の保有する文書へのアクセスを認めた判例であり、重要な意味を持つものであるといえる。

その他、最近の例としては、アスベスト被害を理由とした損害賠償請求事件において、勤務先の工場に就労していた従業員の健康診断記録等の提出を命じた事例がある（ニチアス（石綿曝露・文書提出命令）事件：大阪高決平成25年6月19日労判1077号5頁）。

第8　情報公開法に基づく開示請求

1　情報公開制度

情報公開制度とは、行政機関の保有する情報の公開に関する法律（以下、「情報公開法」という）に基づいて、行政機関の職員や独立行政法人等の役職員が組織的に使うものとして保有している文書、図画や電磁的記録（フロッピーディスク、録音テープ、磁気ディスク等に記録された電子情報）の開示を求めること（開示請求）ができる制度である。ただし、書籍のように市販されているものや、博物館、図書館などで一般に閲覧可能な歴史的資料などについては開示請求ができない。

請求の目的を問わず、開示請求は誰でもできるとされている。請求は、書面またはオンラインの方法で行うことができる。

開示請求があったときは、行政機関の長または独立行政法人等は、不開示情報が記録されている場合を除き、行政文書または法人文書を開示しなければならないこととされている（情報公開5条）。

なお、不開示情報としては、次のようなものが定められている。

〈不開示情報と定められたもの〉
① 特定の個人を識別できる情報（個人情報。情報公開5条1号）
② 法人の正当な利益を害する情報（法人情報。同条2号）
③ 国の安全、諸外国との信頼関係等を害する情報（国家安全情報。同条3号）
④ 公共の安全、秩序維持に支障を及ぼす情報（公共安全情報。同条4号）
⑤ 審議・検討等に関する情報で、意思決定の中立性等を不当に害する、不当に国民の間に混乱を生じさせるおそれがある情報（審議検討等情報。同

第1章 総 論

条5号）

⑥ 行政機関または独立行政法人等の事務・事業の適正な遂行に支障を及ぼ
す情報（事務事業情報。同条6号）

（なお、詳細については、総務省ＨＰ参照）

http://www.soumu.go.jp/main_sosiki/gyoukan/kanri/jyohokokai/kaiji.html

2 労働事件における情報公開制度の利用

実際の情報公開制度の利用方法としては、労働者側からの36協定の協定
書等の開示請求、使用者側等からの労災関連資料の情報開示請求などが考え
られる。

3 情報公開制度の利用に関する裁判例

**国・大阪労働局長（行政文書不開示決定取消請求）事件：大阪高判平成24年
11月29日労判1065号5頁**

情報公開法に基づき、大阪労働局管内の各労働基準監督署長が、脳血管疾
患及び虚血性心疾患等にかかる労災補償給付の支給請求に対して支給決定を
下した事案の処理状況を把握するために作成している「処理経過簿」のうち、
①「被災労働者が所属していた事業所名欄のうち法人名が記載されている部
分」、②「労災補償給付の支給決定年月日」の開示を請求したところ、処分行
政庁が、本件文書の一部は5条1号所定の不開示情報に該当するとして開示
しない旨の決定をしたため、被災労働者が所属していた事業場名欄のうち法
人名記載部分を不開示としたことは違法であるとして、その取消しを求めた
事案について、第一審（大阪地裁平成23年11月10日判決）は、「処理経過簿」
上の企業名は、情報公開法の不開示情報に該当しないため、この不開示決定
は違法であり取り消すと判示したが、大阪高等裁判所は、「過去に処理経過簿
に記載された法人等のうち従業員30人以下のものは全体の42.8％であり、ま
た大阪労働局管内における脳血管疾患、虚血性心疾患による年間労災認定件
数は少数であることが認められ、このような状況のもとで、事業場名が開示
されれば、当該被災労働者の近親者ばかりでなく、同僚や取引先関係者も、
事業場名と、その保有し、入手しうる情報とを合わせ照合することにより、
当該被災労働者個人を識別できることになるから、事業場名は情報公開法5
条1号所定の不開示情報に該当する」、「脳・心疾患にかかる死亡事案で労災
認定がされたという事実は、それだけで使用者に過失や法令違反があること

を意味しないにもかかわらず、社会的には『過労死』という否定的言辞で受け止められ、過酷な労働条件の『ブラック企業』という評価までされ得るものであることは明らかであり、企業名を公表することについて多くの企業が危惧する社会的評価の低下や、業務上の信用毀損については、単なる抽象的な可能性の域にとどまるものではなく、蓋然性の域に達しているものというべきである」、「不開示により保護される利益は情報公開法の体系上も重要な地位を与えられたものであり、また、開示による不利益が大きいと認められる一方で、事業場名の開示により、当該法人等の労働者の生命・身体の保護に資するという具体的な関係は認められないとして、事業場名は、情報公開法5条1号ただし書ロおよび2号ただし書が規定する情報には当たらない」、「事業場名が開示されるとなれば、不利益をおそれて事業主が任意の調査に応じなくなる蓋然性が認められ、労災保険給付事務の性質上、事務または事業の適正な遂行に実質的な支障を及ぼす蓋然性が認められるため、事業場名は情報公開法5条6号柱書所定の情報に該当するというべきである」として、事業場名不開示を違反とした一審判決を取り消し、事業場名を不開示とした決定は適法であると判断した。

このように、情報公開制度に基づく開示請求の認められる範囲等については、今後の裁判例の蓄積等を待って、さらに検討・議論がされる必要があるといえる。

第9 個人情報保護法に基づく開示請求

1 行政機関等における個人情報保護制度

個人情報保護制度とは、個人情報の有用性に配慮しつつ、個人の権利利益を保護することを目的として、民間の会社や行政機関などにおける個人情報の取扱いのルールを定めた制度である。

行政機関においては、行政機関の保有する個人情報の保護に関する法律（以下、「行政機関個人情報保護法」という）及び独立行政法人等の有する個人情報の保護に関する法律（以下、「独立行政法人等個人情報保護法」という）が、行政機関や独立行政法人等の保有する個人情報について、その不適正な取扱いによる個人の権利利益の侵害を未然に防止するため、個人情報の取扱いにあたって守るべきルールと、そのルールの実効性を確保するための本人関与の仕組みを定めている。

2 開示請求制度

この行政機関における個人情報保護制度によって、誰でも、行政機関や独立行政法人等が保有している自分の個人情報について、開示を請求することができる（未成年者・成年被後見人の法定代理人は、本人に代わって請求することができる）。

開示請求は、開示請求書に必要事項を記入した上で、該当する情報を保有している行政機関等に対して請求をすることになる。一部の行政機関では、オンラインによる請求が可能となっている。

なお、情報公開制度と同様に、一定の不開示情報（開示請求者以外の個人情報、法人の正当な利益を害する情報等）を除き、行政機関等は、開示請求者に対して、当該開示請求のあった保有個人情報を開示しなければならないとされている。

なお、制度概要や書式等の詳細については、総務省ＨＰ参照（http://www.soumu.go.jp/main_sosiki/gyoukan/kanri/kenkyu.htm）

3 労働事件における開示請求制度の利用

実際に開示請求制度が最も多く利用されているのは、労災に関する資料であろう。例えば、労災指定医療機関の病院から労働局にその治療費の費用請求がなされた分の診療費請求内訳書（いわゆるレセプト）や、労働基準監督署長が労災給付の決定を行う際、複雑な事案などで調査を実施したときに作成される調査結果復命書などが挙げられる。

なお、開示請求をする際には、開示を求めたい情報を特定して記載する必要がある。この場合、例えば、前述のレセプトの場合は「診療費請求内訳書　令和〇年〇月から令和〇年〇月までの〇〇病院での診療分　※傷病年月日：令和〇年〇月〇日、所轄監督署：〇〇労働基準監督署」、調査結果復命書の場合は、「令和〇年〇月〇日付けで〇〇労働基準監督署長が障害補償給付支給請求に係る決定を行った際に作成された調査結果復命書」などと記載することになるが、実際には、行政機関（労働局等）の担当者に事前に連絡をして、開示請求を予定している文書の有無及び当該文書を特定するための記載方法などを相談した上で、開示請求を行うという方法が有用であろう。

〔村木　高志〕

第2章

労働関係訴訟における 事件内容類型別要件事実 と証拠

第2章 労働関係訴訟における事件内容類型別要件事実と証拠

第1節 採用・就職

第1 内 定

1 内定とは

　内定とは、求職者（学生等）が会社の採用募集に応募し、会社が採用試験、面接などを実施して、会社から採用内定の通知が届いた段階、あるいは、求職者が会社の内定式に出席し誓約書等を提出した段階で、会社と求職者との間に一定の条件付の労働契約が成立したと認められる状態のことをいい、裁判例において認められている。

　例えば、新卒予定者の場合、大学や高校を卒業して働き始める4月1日を「就労または労働契約の効力の発生の始期」とし、それまでに卒業できなかった場合や、内定時に約束された研修に参加しなかった場合、病気、怪我などにより正常な勤務ができなくなった場合に、会社が解約できることを条件とした解約権留保付の労働契約が成立したとされている（大日本印刷事件：最二小判昭和54年7月20日民集33巻5号582頁、電電公社近畿電通局事件：最二小判昭和55年5月30日民集34巻3号464頁）。

2 内定取消

　内定、すなわち、効力の発生の始期付、解約権留保付の労働契約が成立していると判断されると、留保された解約権を行使するには、労働契約法16条の類推適用により、内定取消事由があること、解約権の行使に客観的に合理的理由があり、社会通念上相当であること、以上の2点を満たさないと無効と判断される。

　そのため、内定取消があった場合に、具体的な労働紛争となり得る。

3 内定取消による地位確認請求または損害賠償請求の要件事実

労働者側は、以下の事実を主張・立証する必要がある。

1　効力の発生の始期付労働契約の成立・内容

2　1の労働契約が解約されたこと

3　労働契約の解約により被った損害（損害賠償請求の場合）

これに対し、使用者側は、以下の事実を主張・立証する必要がある。

30

第1節 採用・就職

④ 労働契約は解約権留保付であること

⑤ 労働契約解約の理由が、労働契約上の解約権留保事由に該当すること

⑥ 解約した理由が客観的に合理的な理由であり、社会通念上相当であること

4 証拠の収集

ア 要件①・④について

効力の発生の始期付労働契約、解約権留保付の労働契約が成立していることは、以下のものによって立証される。

> **例** 採用内定通知／会社の内定式の開催の事実／会社に提出した書類

イ 要件⑤について

労働契約上の解約権留保事由に該当することは、以下のものによって立証される。

> **例** 労働者に提示した書類、署名・押印を求めた書類／労働者に提出を求めた書類（健康上の理由の内定取消であれば、診断書、健康診断結果等）／採用内定時に約束した合理的な内容、期間の研修に参加しなかったことを理由とする場合には、約束を示す書類（この場合、研修内容、期間の合理性（学業を妨げるものではないこと等）についても、研修内容を裁判所に説明して示す必要がある）

5 内定取消の裁判例

内定時に約束された研修に参加しなかったことを理由とする内定取消については、次のような裁判例がある。

宣伝会議事件：東京地判平成17年1月28日労判890号5頁

入社前の10月より、課題が提出される入社前研修が行われ、学生が研究との両立に困難を感じ、指導教授を通じて参加の免除を申請し、途中から研修には参加しなかったところ、会社は、学生が入社前研修を連続して欠席したこと、3月末に実施した直前研修の成績が不良であったこと等を理由として内定を取り消した事案について、会社は、内定者に対し、本来は入社後に業務として行われるべき入社前研修等を業務命令として命ずる根拠はなく、入社前研修は、内定者の任意の同意に基づいて実施されるものであるとし、会

31

社は、内定者の生活の本拠が学生生活等労働関係以外の場所に存している以上、これを尊重し、本来入社後行われるべき研修等によって学業等を阻害してはならず、一旦参加に同意した内定者が、学業への支障といった合理的な理由に基づき、入社日前の研修等への参加を取りやめる旨申し出たときは、これを免除する信義則上の義務を負っている。

そして、入社前研修については、学生は、指導教授を通じて研修の免除を申し出て認められており、入社前研修の参加を免除されたと理解したことに一定の合理性があり、会社から不参加をとがめられていなかったことから、内定取消に求められる客観的合理的理由として十分とはいえない。

また、学生が直前研修への参加に同意したのは、会社より、3月末に実施する直前研修に参加しなければ入社を取りやめ、中途採用試験を受験してもらうと言われたためであり、中途採用試験の再度受験という不利益を背景として直前研修に参加することを求めることは公序良俗に反し違法というべきであり、直前研修での出来事をもって、内定取消の客観的合理的理由とはならないとし、内定取消は違法として逸失利益と慰謝料の請求を認容した。

よって、学生の学業を妨げるような負担の大きな研修への参加を求め、その研修参加を断ったことによる内定取消は、違法とされることがある。

パソナ（ヨドバシカメラ）事件：大阪地判平成16年6月9日労判878号20頁

派遣契約の事案で、Y2（カメラの販売を業とする会社）が店舗を開店するとの情報を入手したY1（人材派遣会社）が、Y2に人材派遣を行うことを提案し、Y1とY2の業務委託契約成立前に求人募集を開始し、応募してきたXの採用面接を行い、内定通知を出した。

その後、Xは、Y1の事務所での研修、Y2の担当者がトレーナーとして参加する研修を受け、入店証の写真撮影が行われ、Y1に対し誓約書、承諾書の提出を行った。その他、Y1から、スタッフコードが割り当てられたり、出勤スケジュール表や制服のサイズ表を交付されたり、「入社式のご案内」と題する書面を交付された。

しかし、研修終了後、Y2が、Y1に対し、研修参加者のレベルがY2の社員のレベルとかけ離れているという理由でY1との話を白紙に戻すとして、業務委託契約は締結されなかった。

Y1はXに本件店舗での仕事がなくなった旨を連絡し、Xが他の仕事の紹介を希望したためエステのテレホンアポイントメントの仕事の紹介をしたが、X

は仕事の内容が全く異なることを理由に断った。

　XがY1及びY2に対し，主位的には労働契約が成立していたが違法に解雇したと主張し，予備的にはXの就労を確保すべき信義則上の義務違反があったとして，不法行為ないし債務不履行に基づき，逸失利益などの損害金288万円（得べかりし賃金がほとんどであった。）の請求を求めた。

　判決は，XとY1との間で，採用内定の一態様として始期付かつ解約留保権付労働契約が成立していたと認定したが，留保解約権に基づき採用内定を取り消したことについては，Y1とY2との間で業務委託契約が成立していたとは認めがたいものの，研修の時点では，Y1は店舗の開店までにはY2との契約が成立するであろうとの見通しを持ったこと自体はやむを得ないというべきであり，Y1において，Y2から本件店舗における就労を拒否されることまで想定して販売員の採用手続の進行を中止することが期待されていたとは言い難いとして，Xの採用内定の後，Y1，Y2間の業務委託契約が不成立となることが確定し，限定されていた就業場所・職種でのXの就労が不可能となった以上，留保解約権に基づき，採用内定を取り消したことは，解約権留保の趣旨・目的に照らして社会通念上相当として是認することができるから適法であると判断した。

　判決は，Y1が本件店舗の開店までにY2から就労を拒絶される蓋然性が高いと認識していたわけでもなく，店舗の開店が10日後に迫っていたことも考慮すると，Xに対し研修を行うなどの採用手続を進めていたことは，留保解約権の行使を濫用するほどの強い背信性があるということはできないことから，採用内定を取り消したことは，解約権留保の趣旨・目的に照らして社会通念上相当として是認することができないとまではいえないと判断した。

　しかしながら，Y1は，研修の時点ではY2との業務委託契約は成立していなかったから，Y1としてもXの店舗での就労が不能となる可能性があることは認識していたのであり，Y1は業務委託契約が結果的に不成立となり，Xの店舗での就労が不能となった場合には留保解約権を行使せざるを得ないことは容易に予測することができたのであるから，就業場所・職種限定特約付きの労働契約の締結をXに誘引し，採用手続を進め，そのような不安定な地位に置いた者として，Xに対し，本件店舗での就労が不能となる可能性の存在を告知して，それでも労働契約の締結に応じるか否かXに選択する機会を与えるべき信義則上の義務を負っていたとし，この義務違反により，不法行為により，Xの被った損害を賠償すべき義務があるとした。

　XとY2の労働契約の成立は否定し，Y2の行動がY1に対し業務委託契

第2章　労働関係訴訟における事件内容類型別要件事実と証拠

約成立への期待を与えたばかりか，Xについても本件店舗で就労できる旨の期待を抱かせたことは否定できないとしつつも，Ｙ１が本件研修の時点においても本件店舗において必要な要員を確保できず，Ｙ１が募集した応募者の質も考慮して，Ｙ１との業務委託契約締結を取りやめたからといって信義則に反するとまではいえないとし，Ｙ２への請求は認めなかった。

　Xの損害としては，逸失利益は認めず，Ｙ１の告知義務違反によりＹ１との労働契約を締結するか否かの自由を決定する機会を喪失したとして，慰謝料として20万円を認容した。

インターネット総合研究所事件：東京地判平成20年6月27日労判971号46頁

　訴外Ｊ社に勤務していた原告Xに対し，被告Ｙ社の代表取締役であるＯが，Ｙ社グループへの転職を勧誘し，XのＪ社での辞意表明後にＹ社が役員会の決裁等が下りない等として採用を取りやめたという事案である。

　Ｙ社入社時の賃金に関し，Xの希望する年俸1500万円＋αという額をＯが概ね了承し，勤務開始日も合意していたことが認められるとし，代表取締役からここまで具体的な話があった以上，これを内定，すなわち始期付解約権留保付雇用契約の締結と認めることができるとされ，いかに代表取締役であるといっても，役員会を経ずに独断で始期付解約権留保付雇用契約が締結されるはずがないとのＹ社の主張につき，Xに対して新規事業について社内でどのような扱いになっているかを知らせておらず，Ｙ社の主要株主であるＯが決めた以上，役員会で承認を得られる見込みがあったのだろうと思うことは部外者としては当然であるとしてＹ社の主張は斥けられ，役員会の承諾が始期付解約権留保付雇用契約の解約の条件となっていないこと，Ｙ社は役員会の承諾を得られないと雇用できない可能性があることをXに告げて辞職を思いとどまらせることもできたにもかかわらず，これをしていないことから，解約自由の正当性は否定せざるを得ないとされ，300万円の慰謝料の支払いが認容された。

＊事案としては，Xは急遽辞意を撤回してＪ社に残れたが，Ｊ社が慰留して用意したポストを断り人事部付になっていたこと，役職を外されて年収が大幅に減ったこと，借り上げ社宅について退去を余儀なくされ急遽住居の手当が必要となり，子供が転校せざるを得なくなったこと，Ｊ社でのXの経歴に傷がついたことなどを考慮し，精神的苦痛として300万円の慰謝料を認めた。

第1節 採用・就職

【参考】

経歴詐称による解雇の判例

（※いずれも解雇の事案で内定取消の事案ではない）

①炭研精工事件：最一小判平成3年9月19日労判615号16頁

　学歴詐称（大学中退，成田闘争において二度逮捕，勾留，起訴されいずれも公判係属中であることを秘匿していた）と禁固以上の刑（懲役刑）に処せられたことについて懲戒解雇事由に該当するとして懲戒解雇を有効とした判例。

②西日本アルミ工業事件：福岡高判昭和55年1月17日労判334号12頁

　大学卒業であるにもかかわらず，高卒と学歴を詐称して現場作業員に応募した場合に学歴詐称を理由とする懲戒解雇が無効とされた例。

第2　試用期間

1　試用期間とは

　試用期間を付した雇用契約とは、解約権留保の特約のある雇用契約であり、採否決定の当初には労働者の資質・性格・能力などの適格性の有無に関連する事項について必要な調査を行い、適切な判定資料を十分に収集することができないため、後日における調査や観察に基づく最終的決定を留保する趣旨で解約権が留保されている（三菱樹脂事件：最大判昭和48年12月12日民集27巻11号1536頁）。

2　本採用拒否

　裁判例は、このような留保解約権に基づく解雇は、通常の解雇と全く同一に論ずることはできず、通常の解雇よりも広い範囲における解雇の自由が認められてしかるべきとする。ただし、解約権留保の行使も、解約権留保の趣旨・目的に照らして、客観的に合理的理由が存在し、社会通念上相当として是認され得る場合にのみ許されると判断した（前掲三菱樹脂事件：最大判昭和48年12月12日）。

　通常の解雇よりも広い範囲で認められるとはいっても、労働者の勤務態度不良、能力不足を理由とする本採用拒否については、勤務態度不良・能力不足が著しく、改善の可能性がほとんどない場合でなければ、客観的合理的理由がなく、社会通念上相当とはいえないとして、解雇は無効とされることが多い。

3　本採用拒否による地位確認請求の要件事実

　労働者側は、以下の事実を主張・立証する必要がある。

第2章 労働関係訴訟における事件内容類型別要件事実と証拠

1 試用期間が設けられた労働契約の成立・内容

2 1の労働契約が解約（本採用拒否）されたこと

これに対し、使用者側は、以下の事実を主張・立証する必要がある。

3 労働契約は試用期間が設けられており、解約権が留保されていること

4 労働契約解約について客観的に合理的な理由があり、社会通念上相当であること

4 証拠の収集

ア 要件1について

試用期間が設けられた労働契約の成立・内容は、以下のものによって立証される。

> **例** 労働条件通知書／労働契約書／就業規則

イ 要件4について

使用者側が、労働契約解約について客観的に合理的な理由があり、社会通念上相当であることを立証するためには、以下を示すことが必要となる。

> **例** 労働者の勤務成績／他の労働者との比較／欠勤、遅刻等の勤務不良が平均的労働者より相当多く改善の可能性が少ないこと

5 試用期間の裁判例─能力不足による本採用拒否

ア 無効

医療法人財団健和会事件：東京地判平成21年10月15日労判999号54頁

病院に事務総合職として採用された労働者に対する、3か月の試用期間のうち20日程度を残した時点での解雇（採用取消し）に関する事案である。

解雇理由としてあげられた労働者のミスは業務遂行能力ないし適格性の判断につき相応のマイナス評価を受けるものではあったが、当該労働者は勤務状況が改善傾向にあり、その努力いかんによっては要求される職員としての水準に達する可能性があったとされた。

そのため、当該解雇は、解雇すべき時期の選択を誤ったものであって、客観的に合理的な理由があり社会通念上相当であるとまで認められず、解雇権の濫用があるとして無効とされた。

第1節　採用・就職

イ　有効

日本基礎技術事件：大阪高判平成24年2月10日労判1045号5頁

　建築コンサルタント等を営む会社に新卒者として雇用されたが、6か月の試用期間中に、技術社員としての資質や能力等の点で適格性に問題があるとして解雇された事案である。

　本人や周囲の者の身体や安全に対する危険を有する行為を何件か行い注意を受けたり、作業中に居眠りするなど睡眠不足から事故を起こす懸念を指導員から指摘されており、指導員から、確認不足、睡眠不足、集中力欠如を何度も指摘され、自己の判断で行って作業のやり直しが多く、本来の研修期間を超えて研修を受けていた。

　4か月弱が経過したところであるものの、繰り返し行われた指導による改善の程度が期待を下回るというだけではなく、睡眠不足については4か月目に入ってようやく少し改められたという程度で改善とまでいえない状況であるとされた。

そして、今後指導を継続しても、能力を飛躍的に向上させ、技術社員として必要な程度の能力を身につける見込みも立たないと評価されてもやむを得ない状況であったとされた。

　このような状況下における解雇は解雇権の濫用にはあたらないとされた。

【ポイント】

　裁判では、証拠があるかどうかが立証を左右する。労働者にいくら指導をしていたとしても、裁判では口頭の指導では認められないことが多いので、指導は書面、メール等で行うなど、記録を残しておくことが重要となる。

ウ　中途採用者の本採用拒否

新光美術事件：大阪地判平成12年8月18日労判793号25頁

　労働者が自己アピールをした結果、会社の即戦力になるものと期待されて中途採用されたが、期待された能力を有しなかったこと等からなされた本採用拒否が、合理的理由があり、社会通念上相当なものであったとは認められず、無効であるとされた。

オープンタイドジャパン事件：東京地判平成14年8月9日労判836号94頁

　X（当時44歳）は、人材紹介会社から会社Yを紹介され、採用面接を経て

平成12年12月16日Yから事業開発部長として年俸1300万円で採用する旨の採用決定通知を受領し、採用された。

しかし、Yは、①業務遂行の速やかさに欠け、Yの今後の事業運営の方針に適合しないと判断される、②Y社代表者の業務上の指揮命令に従わない。③経歴書記載の「経験」および「実積」がYの期待する水準に達していないこと。④業務運営上必須とされる語学力（英語力）がYの期待する水準に達していないことを理由として、Xの本採用を拒否した。

裁判所は、「Xの事業開発部長としての能力がYの期待どおりでなかったとしても、2か月弱でそのような職責を果たすことは困難というべきであり、Xの雇用を継続した場合にXがそのような職責を果たさなかったであろうと認めることはできない」と判示し、本件解約告知は客観的に合理的な理由があるとか、社会通念上是認することができるとはいえず、無効と判断した。

エ　有期雇用契約が試用期間と判断された例

神戸弘陵学園事件：最三小判平成2年6月5日労判564号7頁

高校の常勤講師として1年間の期間を定めて雇用された事案である。理事長が契約期間について「一応」と述べ、そのほかにも長期雇用を前提とする発言があった。

裁判所は、「使用者が労働者を新規に採用するに当たり、その雇用契約に期間を設けた場合において、その設けた趣旨・目的が労働者の適性を評価・判断するためのものであるときは、右期間の満了により右雇用契約が当然に終了する旨の明確な合意が当事者間に成立しているなどの特段の事情が認められる場合を除き、右期間は契約の存続期間ではなく、試用期間であると解するのが相当である。」とした。

〔石居　　茜〕

第2節　労働時間

第1　時間外労働・休日労働・深夜労働

1　時間外労働

労働基準法上、休憩を除き1日8時間、1週40時間を超えた労働時間は、原則として時間外労働である(労基32条)。時間外労働に対しては、使用者は、労働基準法で定める賃金の時間単価の1.25倍の割増賃金を支払わなければならない（労基37条1項）。1日8時間を超える労働だけでなく、週40時間を超える労働に対しても割増賃金を支払わなければならないため、計算漏れがないように注意する必要がある。

平成22年4月1日に施行された改正労働基準法では、1か月に60時間を超える時間外労働に対しては、1.5倍の割増賃金を支払わなければならないとされたが（労基37条1項ただし書）、一定の要件を満たす中小企業においては、この規定の適用が当分の間猶予されていたが、平成30年の労働基準法改正により、2023年4月1日から中小企業にも適用されることとなった。

2　休日労働

労働基準法上、使用者は、毎週少なくとも1日、または4週間に4日以上の休日をとらせなければならず（法定休日。労基35条）、法定休日に働かされれば、休日労働である（労基35条）。休日労働に対しては、使用者は、労働基準法で定める賃金の時間単価の1.35倍の割増賃金を支払わなければならない（労基37条1項、労働基準法第37条第1項の時間外及び休日割増賃金に係る率の最低限度を定める政令（平成6年1月4日政令5号））。

就業規則で法定休日（例えば日曜日）を定めておけば、法定休日のみ1.35倍の割増賃金となる。ただし、法定外休日（例えば土曜日）の労働であっても、1日8時間、週40時間を超える労働は時間外労働となるので、使用者は、1.25倍の割増賃金は支払わなければならない。労働基準法に基づいた変形労働時間制・裁量労働制を導入していない限り、所定労働時間が、1日8時間労働で、週休1日の会社であれば、週に1日は、所定労働が、労働基準法上の時間外労働となっているということである。

3　深夜労働

深夜労働（午後10時から午前5時までの労働）に対しては、使用者は、労働基準法で定める賃金の時間単価の1.25倍の割増賃金を支払わなければならない（労基37条4項）。

これは、時間外かつ深夜労働に関しては1.5倍の割増賃金を支払わなければならず、休日かつ深夜労働に関しては1.6倍の割増賃金を支払わなければならないということである。

第2　賃金単価

1　労働基準法で定める割増賃金の時間単価

労働基準法では、割増賃金の時間単価の計算方法について、月給制で月によって所定労働時間が異なる場合、月給を1年間における1か月の平均所定労働時間数で除した額と定めている（労基則19条1項4号）。

1か月の平均所定労働時間数は、年間の所定労働時間を、12か月で除して計算される。

つまり、労働契約や就業規則において、年間の所定労働日、1日の所定労働時間がどのように定められているかを主張・立証する必要がある。

年間の所定労働日は、就業規則で定められた休日・休暇を除く労働日を指すので、例えば、土日祝日、年末年始、お盆休みがある会社の場合、祝日の日数・うるう年などにより、年によって年間所定労働日数が異なることが通常であるので、割増賃金請求期間を通じて、年ごとの年所定労働日数を主張・立証し、月平均所定労働時間を計算する必要がある。

例えば、年間の所定労働日数が240日で、1日の所定労働時間が8時間の会社の場合、1か月の平均所定労働時間数は、下記のとおりとなる。

240日×8÷12か月＝160時間

2　割増賃金単価から除外される賃金

割増賃金の計算の基礎となるべき時間単価は、基本給だけでよいわけではなく、基本給以外に手当等を支払っている場合、労働基準法上、決まった手当（①家族手当、②通勤手当、③別居手当、④子女教育手当、⑤住宅手当、⑥臨

時に支払われた賃金、⑦ 1か月を超える期間ごとに支払われる賃金）しか除外できず（労基37条5項、労基則21条）、それ以外の手当は割増賃金の計算の基礎に入れなければならない。

また、除外賃金か否かの判断は、名称にかかわらず、実質に基づいて判断するとされている（小里機材事件：最判昭和63年7月14日労判523号6頁、昭和22年9月13日発基17号）。

特に、「家族手当」「住宅手当」という名称でも、その実質を伴わない場合には、割増賃金単価から除外しないで請求することができる。

「家族手当」については、「独身者に対しても支払われているときは家族手当とは関連がないものであり、また、扶養家族がある者に対し、その家族数に関係なく一律に支給されている手当は家族手当とはみなされない」（昭和22年11月5日基発231号）とされている。

住宅手当についても、通達（平成11年3月31日基発170号）では、次のように定められている。

---

① 「住宅の費用に応じて算定される手当」をいい、手当の名称にかかわらず実質によって取り扱う。

② 住宅に要する費用とは、賃貸住宅については、居住に必要な住宅の賃借のために必要な費用、持家については、居住に必要な住宅の購入、管理等のために必要な費用をいう。

③ 「費用に応じた算定」とは、費用に定率を乗じた額とすることや、費用を段階的に区分し費用が増えるに従って額を多くすることをいう。

④ 住宅に要する費用以外の費用に応じて算定された手当や、住宅に要する費用にかかわらず一律に定額で支給される手当は本条の住宅手当に当たらない。

また、「賃貸住宅居住者には2万円、持家居住者には1万円を支給する」とか、「扶養家族がある者には2万円、扶養家族がない者には1万円を支給することとされているもの」、「全員に一律で支給することとされているもの」は、住宅手当に当たらないとされている（平成11年3月31日基発170号）。

実際の住居費の額にかかわらず、一定額を支給する内容の「住宅手当」は

第2章 労働関係訴訟における事件内容類別要件事実と証拠

除外賃金に該当しないとした裁判例がある（オンテックス事件：名古屋地判平成16年1月20日労判880号153頁）。

3 割増賃金時間単価の算定

除外すべき手当を除いた月額賃金を1か月の平均所定労働時間数で除して時間単価を算出する。

例えば、月給20万円、1か月の平均所定労働時間数が160時間であった場合、割増賃金の時間単価は、1,250円（20万円÷160時間）となる。

時間外労働の割増賃金の時間単価はその1.25倍、休日労働の割増賃金の時間単価はその1.35倍、時間外かつ深夜労働の割増賃金の時間単価はその1.5倍、休日かつ深夜労働の割増賃金の時間単価はその1.6倍の時間単価で計算する。

第3 割増賃金請求訴訟の要件事実

時間外労働、休日労働、深夜労働の割増賃金請求訴訟の要件事実は下記のとおりである。

① 労働契約の成立・内容
② 請求対応期間の時間外・休日・深夜の労務の提供

第4 証拠の収集

労働者側は、休憩を除く実労働時間を主張・立証して、時間外労働時間数、休日労働時間数を明らかにする必要がある。

賃金請求権は請求できる時より2年で時効となるので（労基115条）、通常、過去2年間分、または、訴訟提起前に内容証明郵便で過去2年間において請求し、それから6か月以内に訴訟提起した場合には、その期間の1日1日の実労働時間を主張・立証することになる。

実労働時間は、通常、始業時間と終業時間によって立証する。立証方法としては、以下のものが考えられる。

例　タイムカード／メールの記録／パソコンのログなどの記録／業務報告書／日付、時間の記録／ビルの出入りの記録／通話記録／労働者のメモ

パソコンのログなどの記録は、労働者がパソコンから入手することができ

42

る場合もあるし、証拠保全等の手続で会社から入手する方法もある。ビルの出入りの記録は弁護士会照会手続等を活用する。

　運送業などの場合、トラックに安全のための運行記録（タコグラフ）がついている場合もあり、その記録により、労働時間を立証できることもある。

　客観的な記録であるほど立証が容易になる。

　実労働時間数は、通常、専用の計算ソフトに入力し、賃金単価を計算して、該当期間の割増賃金がいくらになるかを計算し、各月と請求期間合計の計算書を作成して提出する。

第5　裁判例（民事訴訟法248条援用による時間外労働の和解的認定等）

　割増賃金請求訴訟においては、原告である労働者が、その請求原因である、割増賃金請求にかかる期間の各労働日の労働時間を具体的に主張・立証する責任を負っている。

　しかし、会社が労働時間の記録を取っていないなど、割増賃金請求期間の全期間において、労働時間を立証する客観的記録がすべて揃っているとはいえない場合も多々ある。

　そのような場合に、訴訟で、労働時間の記録がないことから、その日の請求については全く認められないかというと、そうではなく、労働者の主張・立証責任を事実上軽減するような裁判例がいくつかある。

日本コンベンション・サービス事件：大阪高判平成12年6月30日労判792号103頁

　タイムカードで時間管理していた従業員とチームを組んで仕事をすることも多いのに、マネージャー職とされ、タイムカードの打刻をしていなかった従業員の残業代請求について、会社による「管理監督者」（労基41条2号）との主張を、労働時間について自由裁量を有していたとは認められない等の理由から排斥し、これらの者について、正確な労働時間の把握は困難であるものの相当程度時間外労働がなされていたことは明らかとし、タイムカードを管理し、これらの者に打刻しなくてもよい扱いにしたのは会社であるから、タイムカードがなく、時間外労働の正確な時間を把握できないという理由の

みから全面的に割増賃金を否定するのは不公平であるとし、労働者の主張の2分の1の時間労働したものと認定した。

また、会社がタイムカード等によって時間管理していなかった事案で、民事訴訟法248条の精神に鑑み、割合的に労働時間を認定した例がある（後掲フォーシーズンズプレス事件：東京地判平成20年5月27日）。

民事訴訟法248条は、損害が生じたことが認められる場合において、損害の性質上その額を立証することが極めて困難であるときは、裁判所は、口頭弁論の全趣旨及び証拠調べの結果に基づき、相当な損害額を認定することができると定める規定である。

フォーシーズンズプレス事件：東京地判平成20年5月27日労判962号86頁

①労働者が労働時間の立証のために提出した、手帳、仕事リスト表、パソコンのデータ更新記録等の資料につき、労働者が遅い時間まで時間外労働をしていたことを裏付ける一方、労働者主張の出退勤時刻とパソコンのデータ更新記録が残っている時刻との間にかなりの差があるなど信用性の低いものも多数あるといえるが、だからといって、労働者の立証すべき事実の立証が十分ではないとしてその請求を直ちに棄却すべきことにはならない。②労働者が時間外労働をしていた事実自体は認められるのであり、もともと労働者の勤務時間を管理すべき責任は使用者にあり、使用者がタイムカードによってこれを果たしていればこのような問題は生じなかったのであるから、その責任をすべて労働者に帰する結果とするのは相当でなく、このような事例においては、やや場合を異にするが、民事訴訟法248条の精神に鑑み、割合的に時間外手当を認容することも許されるものと解され、本件においては、労働者請求の時間外手当の額から既払額を控除した額の6割を認容するのが相当であるとした。

実労働時間の立証の例としては、次のような裁判例がある。

十象舎事件：東京地判平成23年9月9日労判1038号53頁

会社が従業員の出退勤管理を全く行っていなかった事案で、労働者が対抗措置としてソフト（Light Way＝パソコンの立上げ・終了時刻が保存される仕組みのソフト）に保存・記録していた時刻を、労働者の出退社時刻と認定した。

第2節　労働時間

HSBCサービシーズ・ジャパン・リミテッド（賃金等請求）事件：東京地判平成23年12月27日労判1044号5頁

　IC乗車券の勤務地最寄駅の出入場記録を間接証拠、補助証拠として労働者の手帳の記録等から、労働時間を認定した。

萬屋建設事件：前橋地判平成24年9月7労判1062号32頁

　過重業務により自殺した労働者の遺族からの損害賠償請求の事案で、労働時間について自己申告制を採用していた会社であったが、労働者が時間外労働時間を過少申告していたと認定し、労働者が現場に持ち込んでいた私物のパソコンに記録されていた電源の投入・切断ログをもとに始業終業時刻を認定した。

NTT西日本ほか（全社員販売等）事件：大阪地判平成22年4月23日労判1009号31頁

　「社員の協力により、友人、知人、家族、親戚等と一般的に接する中で販売につながるような話があれば、その機会を捉えてグループ会社の商品等を購入してもらう」取組みである全社員販売をしていた時間や、WEB学習をしていた時間を、業務上の指示によるものとして労働時間として認め、労働者が、全社員販売やWEB学習に要した時間としてノートに記載した部分等を基に時間外及び休日労働の時間を算定した。また、健康管理上の必要から時間外労働を原則として禁止していたことから、労働者が早朝に出勤して業務に従事したとしている時間は、会社の業務上の指示によるものとは認められないとした。さらに、全社員販売に赴いた日の帰宅時間を労働時間に含めることはできないとした。

ヒロセ電機事件：東京地判平成25年5月22日労判1095号63頁

　時間外労働時間を認定する資料が入退館記録表と時間外勤務命令書のいずれかによるかが争われ、時間外勤務命令書によるべきと判断した事案である。
　就業規則では、「時間外勤務は、直接所属長が命じた場合に限り、所属長が命じていない時間外勤務は認めない。」こと等が記載されていること、Y社の時間外勤務命令書には、注意事項として「所属長命令のない延長勤務及び時間外勤務の実施は認めません。」と明記されていること、時間外勤務命令書に

45

ついてXが内容を確認し本人確認印を押していること等を認定した上で、「Y社においては、所属長からの命令のない時間外勤務を明示的に禁止しており、Xもこれを認識していたといえる」とした。

Y社における運用の実態について、原則として夕方（16時頃）従業員に時間外勤務命令書を回覧し、従業員に時間外勤務の希望時間を記入させて本人の希望を確認し、所属長が内容を確認し、必要であれば時間を修正した上で従業員に対して時間外勤務命令が出されていたと認定した。

また、従業員は時間外勤務終了後に時間外勤務命令書の「実時間」欄に時間外勤務にかかる実労働時間を記入し、所属長が翌朝「実時間」欄に記入された時間数を確認し、必要に応じてリーダー及び従業員本人に事情を確認し、従業員本人の了解の下で前日の時間外労働時間数を確定させていたと認定した。

以上から、Y社における時間外労働時間は時間外勤務命令書によって管理されていたというべきであって、時間外労働の認定は時間外勤務命令書によるべきであるとした。

入退館記録表については、警備・安全上の理由から建物の入口で入退館時に打刻を義務付けているものであったこと、入館時刻から退館時刻までの間Xが事業場にいたことは認められるものの、「一般論として、労働者が事業場にいる時間は、特段の事情がない限り、労働に従事していたと推認すべき」としつつも、本件では、上記の時間外勤務命令の運用の実態があったことに加えて、Y社では福利厚生の一環として、業務時間外の会社設備利用を認めており、Y社の会社構内において業務外活動（任意参加の研修、クラブ活動等）も行われていたことから、「事業場にいたからといって必ずしも業務に従事しているとは限らない事情が存在する」とした。

オリエンタルモーター事件：東京高判平成25年11月21日労判1086号52頁

一審では、入退場を管理するICカード記載の履歴を労働時間の認定に際して信用性の高い証拠ととらえ、その他の事情を加味して労働時間の認定を行ったが、高裁は、ICカードは施設管理のためのものであり、その履歴は会社構内における滞留時間を示すものにすぎないから、滞留時間をもって直ちに時間外労働したものと認めることはできないとし、労働者の手帳の記載は曖昧であるうえ、すべての日に記載があるわけでもなく、信用することができないとし、割増賃金請求を認めなかった。

〔石居　茜〕

第3節　賃金・賞与・退職金

第1　賃金・賞与・退職金

1　労働基準法上の賃金―定義

労働基準法の規制の対象となる「賃金」とは、「賃金、給料、手当、賞与その他名称の如何を問わず、労働の対償として使用者が労働者に支払うすべてのものをいう」と定められている（労基11条）。これに当たるか否かは、当該給付の性質・内容等に照らして個別・具体的に判断される。

2　賃金債権の消滅時効

労働基準法上の賃金の請求権は2年間、退職手当の請求権は5年間行わない場合は、時効によって消滅する（労基115条）。

3　賃金支払の5原則

ア　はじめに

労働基準法は、事業主は、従業員に対し、原則として、通貨で直接従業員に、その全額を、毎月1回以上、一定期日を定めて支払わなければならないと定めている（労基24条1項2項）。

これは、①通貨払いの原則、②直接払いの原則、③全額払いの原則、④毎月1回以上、⑤一定期日払いの原則として、賃金支払の5原則といわれている。

イ　通貨払いの原則

賃金は通貨で支払うのが原則であるが、法令もしくは労働協約に別段の定めがある場合、または厚生労働省令で定める賃金について確実な支払の方法で厚生労働省令で定めるものによる場合には、通貨以外のもので支払うことが認められている。

後者については、従業員の同意を得た場合には、従業員の指定する銀行その他の金融機関に対する本人名義の預金または貯金の口座への振込みの方法によって賃金及び退職手当を支払うことが認められている（労基則7条の2第1項）。

ただし、振り込まれた賃金の全額が所定の賃金支払日に払い出し得る状況にあることが必要である（昭和63年1月1日基発1号）。行政通達により、口座

第2章 労働関係訴訟における事件内容類型別要件事実と証拠

振込みについて労働者の過半数代表または過半数組合と労使協定を締結することや、振り込まれた賃金が支払日の午前10時ころまでに払戻しが可能な状態となっていること等が指導されている（平成10年9月10日基発530号）。

また、退職手当について従業員の同意を得た場合には、通貨に代えて下記のものを交付する方法によって支払うことができる（労基則7条の2第2項）。

① 銀行その他の金融機関によって振り出された当該銀行その他の金融機関を支払人とする小切手

② 銀行その他の金融機関が支払保証した小切手

③ 郵便為替

ウ　直接払いの原則

賃金は、直接従業員に支払わなければならない。

したがって、従業員の代理人に対する賃金の支払は違法となり、未成年者についても、親権者や後見人が代わって受け取ることが禁止されている（労基59条）。

ただし、従業員本人と同一視できる、本人の手足に過ぎない使者（例えば従業員本人が病気の場合に配偶者が使者として受領する場合）に対する支払は可能であると解されている（昭和63年3月14日基発150号）。

エ　全額払いの原則

a　賃金控除協定

賃金はその一部を控除することなく全額を従業員に支払わなければならない。

ただし、給与所得の源泉徴収や社会保険料の控除のように法令に別段の定めがある場合には控除できる（労基24条1項ただし書）。

また、過半数組合または過半数代表との労使協定を締結することにより、賃金控除が認められる（労基24条1項ただし書）。社宅等の費用、親睦会費、労働組合費などについては、賃金控除協定を締結することによって控除することが必要である。

なお、労働者が欠勤、遅刻、早退などをした場合に労務の提供がなかった部分の賃金を支払わないことは、労務の提供がなかった日、時間の賃金債権がそもそも発生していない場合があるので、ここでいう賃金控除には当たら

48

第3節　賃金・賞与・退職金

ず、可能である。

　ただし、欠勤、遅刻、早退などがあった場合にも、月給を全額支払うような運用をしている場合には、労働者との間で多少の欠勤、遅刻、早退については賃金を精算しない合意ないし慣習が成立していると解釈される可能性がある。

　　　b　相　殺

　事業主が、従業員に対して貸付金等の債権や損害賠償請求権等の債権を有する場合、事業主は、従業員に対する賃金債権と相殺して自己の債権の回収をすることは可能であろうか。

　最高裁判例は、賃金を確実に労働者に受領させるという賃金全額払いの原則の趣旨を重視して、使用者による一方的な相殺は許されないとしている（日本勧業経済会事件：最大判昭和36年5月31日民集15巻5号1482頁）。

　ただし、最高裁判例では、相殺が労働者の同意に基づくと認められる合理的な理由が客観的に存在すれば、相殺は適法と判断している（日新製鋼事件：最二小判平成2年11月26日民集44巻8号1085頁）。

全日本空輸事件：東京地判平成20年3月24日労判963号47頁

　会社から、住宅資金の4000万円の融資を受けていた従業員が、借入れの際、「借用人が差押え等を受けた場合には、期限の利益を喪失し、借用金未払利息などを一括返済することとなり、毎月の賃金や一時金等から控除することに同意する」旨の記載がある約定書を差し入れていた事案で、会社が、従業員の債権者から給与債権の差押命令の送達を受けたため、約定書に基づき、債権者に対し、民事執行法上の差押禁止債権部分を控除した残りの賃金債権については、相殺により消滅していると主張した事案がある。裁判所は、上記内容の約定書の締結があること、差押え後にも、その従業員が控除に同意する文書を提出していること等から、相殺は、その従業員の自由な意思に基づいてされたものであると認めるに足りる理由が客観的に存在していると判断した。

　また、前月の過払賃金を翌月分で精算する程度は賃金それ自体の計算に関するものであるから労働基準法24条違反ではないという行政解釈があり（昭和23年9月14日基発1357号）、判例も、過払いのあった時期と賃金の清算調整の実を失わない程度に合理的に接着した時期においてなされ、あらかじめ労働者に予告される、金額が多額でないなど、労働者の経済生活の安定をお

第2章 労働関係訴訟における事件内容類型別要件事実と証拠

びやかすものでなければ、労働基準法24条に違反しないと判断している（福島県教組事件：最一小判昭和44年12月18日民集23巻12号2495頁）。

オ　毎月1回以上、一定期日払いの原則

「毎月」とは、暦に従うものとされ、毎月1日から月末までの間に少なくとも1回は賃金を支払わなければならない。しかし、賃金の締日について明文の定めを設けていないので、賃金の締切期間については、必ずしも月の初日から起算し、月の末日に締め切る必要はなく、例えば前月の26日から当月の25日までを一期間としてもよい。また、支払期限については、必ずしもある月の労働に対する賃金をその月中に支払うことは要せず、不当に長い期間でない限り、締切り後ある程度の期間を経てから支払う定めをすることも差し支えないと解されている（厚生労働省労働基準局編『改訂新版労働基準法〔上〕』（労務行政、平成17年）352頁）。

なお、毎月1回以上、一定期日払いの原則は、①臨時に支払われる賃金、賞与、②1か月を超える期間の出勤成績によって支給される精勤手当、③1か月を超える一定期間の継続勤務に対して支給される勤続手当、④1か月を超える期間にわたる事由によって算定される奨励加給または能率手当には適用されない（労基24条2項ただし書、労基則8条）。

第2　賃金・賞与・退職金請求の要件事実

賃金・賞与・退職金請求の要件事実は、下記のとおりである。

1　雇用契約が成立しており、請求対応期間の労務を提供したこと

2　使用者と労働者との間に、賃金・賞与・退職金を支払うとの合意があること、または、就業規則・退職金規程に退職金支給に関する定めがあり、労働者が退職金支給の要件を満たしていること、退職金の額（または算定の基準に関する合意、慣行、及び、算定根拠となる事実）、賃金の締日、支払日の合意

3　労働者が退職したこと（退職金請求の場合）

第3　証拠の収集

賃金・賞与・退職金を支払うとの合意があること、その金額を以下のもの

によって立証する。

> **例** 労働契約書／就業規則／退職金規程／賃金台帳／給与明細

1 賞与について

賞与については、就業規則等の規定が、「賞与は、会社業績および本人の職能、人物、勤務成績等の要素を考課して決定し、原則として年2回支給する。ただし、会社の経営状態および経済情勢の変動により、支給しない場合がある」等となっていて、査定や会社の業績によって金額が決定される場合が多いので、具体的な請求権として認められない場合もある。

もっとも、賞与の不支給や減額について、直近の支給状況や他の従業員への支給額等から、従業員間で、明らかに不平等な支給をしていることを立証できれば、人事権の濫用で不法行為を構成するとして、損害賠償請求が認容される場合がある。

2 退職金について

退職金については、原則として、労働契約書に支給についての定めがある、あるいは、就業規則や退職金規程に定めがある場合に、請求権が認められるが、規定がない場合には、請求権が認められない。

ただし、規定がなくても、退職金を支払う慣行が成立している場合には、慣行を立証することで、退職金請求が認められる場合がある。

慣行は、会社のそれまでの退職金支給状況や額を明らかにすることで立証する。これに関する資料は、会社に賃金台帳等の提出を求める。会社が任意に提出に応じない場合には、文書提出命令の申立てを検討する。

第4 裁判例

1 賞与について

賞与については、一般的には、会社の決定や労使間の合意がなければ具体的請求権は発生しないと解されている（土田道夫『労働契約法』（有斐閣、平成20年）240頁等）。

そして、賃金規程などで賞与の支給時期が決まっていても、基本給の2か月分等、賞与の支払基準が具体的に規定されていない限り、労働者には具体

的な賞与請求権は認められない。

> **ヤマト科学事件：東京高判昭和59年9月27日労判440号33頁**
>
> 　賞与について、「定期賞与及び臨時賞与は、支給の都度、細部を決めて支給する」との定め以外には就業規則に定めがなく、支給の都度、組合と、金額、算出基準、支給者の範囲等について具体的に協定をしていた事案で、協定締結、支給日前に懲戒解雇された労働者には具体的な賞与請求が発生しないとして請求を認めなかった。

　ただし、賞与不支給が不当労働行為とされたり、人事権の濫用による不平等扱いで、不法行為とされた場合には、損害賠償請求が認められることはある（トキワ工業事件：大阪地判平成18年10月6日労判933号42頁）。

2　退職金について

　退職金についても、裁判例は、就業規則に退職金の定めがなく、退職金を支払った事例もない場合には、口頭で「労に報いる」と言っても退職金請求権は発生しないとするのが一般的である（北一興業事件：東京地判昭和59年2月28日労経速1184号21頁）。

　他方、退職金制度がない場合でも、一定の年数を勤務した従業員にほぼ退職金が支給され、その額も退職時の賃金、勤続年数や世間相場に準拠して支払われており、そのような取扱いが数年以上継続しているような事案では、労使間に、黙示の慣行に従った退職金支払の合意の存在を認め、退職金請求を認容している事案がある（宍戸商会事件：東京地判昭和48年2月27日労経速807号12頁、日本段ボール研究会事件：東京地判昭和51年12月22日判時846号109頁、キョーイクソフト控訴事件：東京高判平成18年7月19日労判922号87頁等）。

　　　　　　　　　　　　　　　　　　　　　　　　　　〔石居　　茜〕

第4節　配転・出向・転籍

第1　配　転

1　配転・配転命令権

　会社が、人事権に基づき、同一事業所内で従業員の配置の変更を行ったり（配置転換）、勤務地・住居の変更を伴って従業員の配置の変更を行う（転勤）ことを「配転」という（東亜ペイント事件：最二小判昭和61年7月14日労判477号6頁）。

　裁判例では、一般的に、次の条件が満たされる場合に、従業員の個別同意なしに配転を命ずることができるとしている。

① 労働協約または就業規則、個別労働契約等に「会社は、業務上の都合により配転を命ずることができる」旨の規定があること

② 実際にそれらの規定に従い配転が頻繁に行われ、採用時勤務場所・職種等を限定する合意がなされなかったこと

2　配転命令無効による地位確認請求の要件事実

ア　請求原因

労働者が配転命令の無効を争う場合、要件事実としては、以下の二つを主張・立証することになる。

1 労働契約の成立

2 配転命令が出されたこと

イ　使用者からの抗弁

これに対して、使用者は抗弁として、以下を主張・立証することになる。

1 就業規則、労働契約等に被告の配転命令権の規定があること

2 被告が配転命令権を行使したこと

ウ　労働者からの再抗弁

労働者からの再抗弁として、以下を主張・立証することになる。

a　職種限定または勤務地限定合意があることを理由とする場合

1 労働契約において、職種限定または勤務地限定の合意があること

b　人事権の濫用であることを理由とする場合

第2章 労働関係訴訟における事件内容類型別要件事実と証拠

1 配転命令に業務上の必要性がないこと

または

2 配転命令が不当な動機・目的によりなされたものであること

または

3 配転命令が労働者に対し通常甘受すべき程度を著しく超える不利益を負わせること

3 証拠の収集

ア 職種限定・勤務地限定合意があることを理由とする場合

a 会社に配転命令権があること

会社に配転命令権があることは、以下のものによって立証される。

> **例** 労働契約書／就業規則等の規定

b 職種限定・勤務地限定の合意があること

職種限定・勤務地限定の合意があることは、通常個別合意であるので、以下のものによって立証される。

> **例** 採用当初の労働契約書その他会社の契約書

ただし、当初の労働契約書において、職種や業務内容の記載があったからといって、職種限定の合意があるとはいえず、その職種や業務に限定している旨の明確な記載が必要である。

勤務地についても同様であり、労働契約書に当初の勤務地の記載があるだけでは、勤務地限定合意があるとはいえず、その勤務地に限定して採用している旨の明確な記載が必要である。

イ 人事権の濫用であることを理由とする場合

a 退職勧奨等の事実があったこと

退職勧奨等があった事実については、以下のものによって立証される。

> **例** 会社から出された書面／録音／労働者本人の陳述書

b 配転命令に業務上の必要性がなく、不当な動機・目的によりなされたものであること

54

第4節　配転・出向・転籍

配転命令に業務上の必要性がなく、不当な動機・目的によりなされたものであることの主張・立証は、例えば、配転された部署に当該労働者が必要でないこと、会社の説明する業務上の必要性に理由がないこと、人選の合理性がないこと、退職勧奨に応じないことに対する報復としての配転命令であること、名誉を侵害して退職に追い込む等の目的でなされた配転命令であること等を主張することによって行う。これらは、以下のものによって立証される。

> **例**　他の従業員の配転の状況／配転後の業務内容（専門職から受付、清掃、管理等のその会社で通常は当該労働者より職位や給与の低い従業員が受け持つ業務につけられた等）／退職勧奨の内容、回数、具体的態様

c　配転命令によって労働者が被る不利益が大きいこと

配転命令によって労働者が被る不利益が大きく、権利濫用となりやすい典型的なものとして、例えば、育児介護が必要な家族のいる労働者を遠隔地へ転勤した場合である。これらの事実を以下の状況を説明することによって立証する。

> **例**　両親の要介護状態（介護認定）／配偶者等の助けを借りられない状況（他の家族の就労状況、子育て状況等）／当該労働者の平日・休日の介護の状況

4　配転命令に関する裁判例

配転命令に関する裁判例としては、以下のようなものがある。

> **直源会相模原南病院事件：最二小決平成11年6月11日労判773号20頁**
> 業務系統を異にする職種への異動、特に事務職系の職種から労務職系への異動については、業務上の特段の必要性及び当該従業員を異動させるべき特段の合理性があり、かつこれらの点について十分な説明がなされた場合か、本人が同意した場合を除き、一方的に異動を命ずることができないとした原審を維持し、配転命令を拒否した労働者の解雇を無効とする判断を維持した。

> **フジシール事件：大阪地判平成12年8月28日判例集未登載**
> 管理職として技術開発に従事していた者の、単純作業の肉体労働への配転命令が権利の濫用で無効とした。

55

バンク・オブ・アメリカ・イリノイ事件：東京地判平成7年12月4日労判685号17頁

　配転命令について不法行為に基づく損害賠償請求をした事案で、赤字基調にあった銀行が、新経営方針に積極的に協力する者を昇格させ、積極的ではない、多くの管理職を降格する人事を行い、課長職から課長補佐相当職への降格が行われた事案で、同降格は裁量権を逸脱する違法なものとはいえないとしたが、降格後の総務課（受付担当業務）への配転については、課長職まで経験した労働者の総務課受付業務への配転は、いかに実力主義を重んじる外資系企業にあり、また経営環境が厳しいからといって是認されるものではなく、配転は、当該従業員の人格権（名誉）を侵害し、職場内・外で孤立させ、勤労意欲を失わせ、やがて退職に追いやる意図をもってなされたものであり、裁量権の範囲を逸脱した違法なものであって不法行為を構成するとして、金100万円の慰謝料の支払を認めた。

職種限定合意が否定された裁判例

東亜石油事件：東京高判昭和51年7月19日労判258号39頁

　理系大学卒の技術職の従業員をその技術に関する専門的知識を要するサービス業務職や販売職に配転した件で、配転命令拒否を理由とする懲戒解雇が解雇権の濫用にあたらず有効とされた。

コロプラスト事件：東京地判平成24年11月27日労判1063号87頁

　就業規則に異動規定がある中で、会社と労働者との労働契約は、長期間の雇用関係を予定した正社員としての契約で、職種や勤務場所について限定する旨明確に合意した形跡が認められず、労働者の職種が通常の事務職であって格別特殊な技能や資格を要するわけではないことから、雇用契約は他業種、他の勤務場所への配転を排除するような職種限定・勤務地限定の雇用契約であると認めることはできないとされ、営業事務から発送センターへの配転命令が有効と判断された。

　配転命令について、労働者が通常甘受すべき程度を著しく超える不利益を受けているとはいえず、権利濫用には当たらないとされた例

第4節　配転・出向・転籍

> **ケンウッド事件：最三小平成12年1月28日労判774号7頁**
>
> 　長男を保育園に預けている女性従業員に対する東京都目黒区の事業場から八王子市の事業所への異動命令が権利の濫用には当たらないとされた。

> **帝国臓器製薬事件：最二小判平成11年9月17日労判768号16頁**
>
> 　東京から名古屋営業所への転勤命令に対し、同じ会社で働く共働きの妻や子供と別居せざるを得ないとして労働者が配転命令の無効を主張したことに対し、本件配転は業務上の必要性があり、人選に不当な点は認められないこと、当該従業員の受ける経済的・社会的・精神的不利益は、労働者が通常甘受すべき程度を著しく超えるものであるとは認められないことから、転勤命令を有効と判断した。

　配転命令について、労働者が受ける不利益が通常甘受すべき程度を超えているとして権利濫用に当たり、無効とされた例

> **北海道コカ・コーラボトリング事件：札幌地決平成9年7月23日労判723号62頁**
>
> 　会社の帯広工場から札幌本社工場への転勤命令について、業務上の必要性は認められるが、労働者の長女が躁うつ病、次女が精神運動発達遅延の状況にあり、また両親の体調不良のため、家業の農業の面倒も見ているという家庭状況からすると、人選に誤りがあり、労働者が受ける不利益が通常甘受すべき程度を超えているとして権利濫用に当たり、配転命令は無効とされた。

第2　出向・転籍

1　出向・転籍

　出向とは、労働者が会社（出向元）の指揮監督の下から離れて、他の会社（出向先）において、出向先との一定の労働契約を成立させ、その指揮監督を受けて労務を提供する労働形態をいう。

　出向元との労働契約に基づく従業員の地位を保有したまま出向先の指揮監督の下で労務を提供する場合を在籍出向といい、出向元との労働契約を解消した上で出向先との間で新たに労働契約を締結して労務を提供する場合を転籍出向という。

2　出向命令無効による地位確認請求の要件事実

第2章 労働関係訴訟における事件内容類型別要件事実と証拠

ア 請求原因

労働者が出向命令の無効を争う場合、要件事実としては、以下の二つを主張・立証することになる。

① 労働契約の成立

② 出向命令が出されたこと

イ 使用者からの抗弁

これに対して、使用者は抗弁として、以下を主張・立証することになる。

① 就業規則、労働契約等に被告の出向命令権の規定があること

② 被告が出向命令権を行使したこと

ウ 労働者からの再抗弁

労働者からの再抗弁として、以下を主張・立証することになる。

a 職種限定または勤務地限定合意があることを理由とする場合

① 労働契約において、職種限定または勤務地限定の合意があること

b 人事権の濫用であることを理由とする場合

① 出向命令に業務上の必要性がないこと

または

② 出向命令が不当な動機・目的によりなされたものであること

または

③ 出向命令が労働者に対し通常甘受すべき程度を著しく超える不利益を負わせること

3 転籍命令無効による地位確認請求の要件事実

ア 請求原因

労働者が転籍命令の無効を争う場合、要件事実としては、以下の二つを主張・立証することになる。

① 労働契約の成立

② 転籍命令が出されたこと

イ 使用者からの抗弁

これに対して、使用者は抗弁として、以下を主張・立証することになる。

① 転籍について原告が同意をしたこと

または

58

第4節　配転・出向・転籍

②　転籍について事前の包括的合意があったこと

4　証拠の収集

会社に出向・転籍命令権があることについては、以下のものによって立証される。

> **例**　就業規則／出向規程／労働契約書

出向命令が権利の濫用であることについては、配転の場合と同様、出向命令の必要性がないこと、出向命令が他の不当な目的によることを立証するなどして示す。

選定の合理性については、会社の示す選定基準の内容、実際に選定された労働者と選定されていない同一職種の労働者の能力・勤務成績等の比較等で立証する。

労働者の被る不利益については、労働条件、賃金、福利厚生等の不利益を示して立証する。

5　裁判例

ア　出向の裁判例

裁判例は、出向命令権が就業規則に規定されていたり、労働契約の内容として明示されていること、出向の実情、同じ職場の労働者が同種の出向を受容していることなどによって、出向が労働契約の内容となっていることを求めている（新日本ハイパック事件：長野地松本支決平成元年2月3日労判538号69頁等）。

また、出向命令が、業務上の必要性や出向労働者の選定の合理性などから、権利の濫用とはいえないことも求められている（JR東海事件：大阪地決平成6年8月10日労判658号56頁等）。

これらの判例法理を受けて、労働契約法14条は、「使用者が労働者に出向を命ずることができる場合において、当該出向の命令が、その必要性、対象労働者の選定に係る事情その他の事情に照らして、その権利を濫用したものと認められる場合には、当該命令は、無効とする。」と規定されている。

裁判例によっては、労働条件が大幅に下がる出向や復帰が予定されない出向の場合には、整理解雇の回避など特別な事情が認められない限り、原則と

59

第2章 労働関係訴訟における事件内容類型別要件事実と証拠

して個別的な同意があって初めて行うことができるとする例もある（新日本製鐵控訴事件：福岡高判平成12年2月16日労判784号73頁）。

新日鉄事件：最二小判平成15年4月18日労判847号14頁

　会社の就業規則に「会社は従業員に対し業務上の必要によって社外勤務をさせることがある。」との規定があり、適用される労働協約にも社外勤務条項として同旨の規定があり、社外勤務協定において、社外勤務の定義、出向の期間、出向中の社員の地位、賃金、退職金、各種の出向手当、昇格・昇給等の査定その他処遇等に関して出向労働者の利益に配慮した詳細な規定が設けられていることから、労働者の個別同意なしで出向命令を発することができるとされ、結論として、出向命令は権利濫用には当たらないとされた例

川崎製鉄事件：大阪高判平成12年7月27日労判792号70頁

　出向先の労働条件が通勤事情等を考慮して出向元と比べて著しく劣悪となるか否か、出向対象者の人選が合理性を有し妥当なものであるか、出向の際の手続に関する労使間の協定が遵守されているか否か当の諸点を総合考慮すべきとし、結論として権利濫用には当たらないとされた例

イ　転籍の裁判例

　転籍は、従前勤めていた会社との雇用関係を終了させ、出向先と新たに労働契約を締結して労務提供する場合なので、裁判例は、転籍出向には、従業員の個別の同意を原則として必要とする（三和機材事件：東京地決平成4年1月31日判時1416号130頁）。

　事前の包括的同意が認められるのは、事前に転籍先や労働条件が明示されていて同意している場合（日立精機事件：東京高判昭和63年4月27日労判536号71頁）、転籍先と転籍元が同一会社と同視できる程度の密接な人事交流がなされている場合の系列企業グループ内の異動などに限定されている（日立精機事件：千葉地判昭和56年5月25日労判372号49頁、興和事件：名古屋地判昭和55年3月26日労判342号61頁）。

　よって、個別同意があった、事前の包括的合意があった等の主張が会社の抗弁となる。

〔石居　　茜〕

第5節　競業避止義務

第1　競業避止義務

1　競業避止義務とは

　会社が従業員に対し、就業規則や労働契約において、在職中または退職後に、会社と競合関係にある会社へ就職したり役員となったり、自ら競合する事業を行うことを禁ずる義務を負わせる場合、その義務を「競業避止義務」という。

　在職中については、就業規則や労働契約に競業避止義務の規定がなかったとしても、利益相反となり得ることから、信義則上生ずると認められやすいが（労契3条4項）、退職後については、労働者には職業選択の自由があり（憲22条1項）、競業避止義務はその制約となることから、裁判でも事例によって判断が分かれ、就業規則や労働契約において規定があっても、損害賠償請求等が認められない場合もある。

　禁止期間について制限がなかったり、長期間に及んでいる場合には、規定自体が労働者の職業選択の自由を侵害するとして、公序良俗違反で無効と判断されることもある。また、職種や労働者の職歴等の個別事情によって、比較的短期間の競業避止義務であっても、無効と判断されることはある。

2　競業避止義務違反に基づく営業差止請求、損害賠償請求

　訴訟となる場合、会社から従業員に対する、競業避止義務違反に基づく営業差止請求、損害賠償請求が考えられ、差止請求は、本訴を待っていては損害が拡大するとして、仮処分手続を起こす場合もある。ただし、差止請求については、当事者間の契約によって競業避止義務を特に創設する場合には、競業禁止規定は、使用者が確保する利益に照らし、競業行為禁止の内容が必要最小限であり、かつ十分な代償措置を講じていなければならないとされる。また、差止請求が認められるためには、競業行為により、会社の営業上の利益が現に侵害され、または侵害される具体的なおそれがある場合でなければならないとされ、この要件を満たさないとして認められなかった例があるなど、差止請求が認容されるための要件は厳格である（東京リーガルマインド事件：東京地決平成7年10月16日労判690号75頁）。

第2章 労働関係訴訟における事件内容類型別要件事実と証拠

3 競業避止義務違反を理由とする退職金の一部または全部の不支給

また、就業規則等に、競業避止義務に違反した場合に、退職金の全部または一部を支給しないとする規定がある場合に、従業員からの退職金請求に対し、会社が、同規定の存在と従業員の競業避止義務違反を主張・立証して退職金支払義務はないと主張する場合がある。

もっとも、退職金は、賃金の後払い的性格を有していると解されているので、就業規則の規定などで、退職金の全額または一部を不支給とすることについては、労働者のそれまでの勤続の功を抹消（全額不支給）または減殺（一部不支給）してしまうほどに著しく信義に反する行為があった場合に限られるとするのが裁判例である（日本高圧瓦斯工業事件：大阪高判昭和59年11月29日労民35巻6号641頁、日本コンベンション・サービス事件：大阪高判平成10年5月29日労判745号42頁等）。

具体的な事案をみると、競業避止義務違反を理由とする退職金の一部または全部の不支給は、競業避止義務規定自体が労働者の職業選択の自由を侵害し無効とはならず、有効と判断されることが前提である上、全額不支給は、背信性が強い、会社に与えた損害が大きい、役員または幹部職員など従業員としての地位が高いなどの場合には認められる傾向にあるが、背信性が低く、一般の従業員であるほど、違法とされる傾向にある。

第2 要件事実

1. 労働者に競業避止義務や従業員引き抜き防止の義務があること
2. 競業避止義務や従業員引き抜き防止義務に違反したこと
3. 労働者の2の行為により、会社の営業上の利益が現に侵害され、または侵害される具体的なおそれがあること（差止請求の場合）
4. 会社に生じた損害（損害賠償請求の場合）

また、就業規則や労働契約の競業避止義務の規定がない場合でも、前述したように、顧客奪取や従業員の引き抜きについて、元労働者の背信性、労働者の行為によって被った損害を主張・立証し、雇用契約上の債務不履行（信義則違反等）、あるいは、不法行為に基づく損害賠償請求を行うこともある。

第5節　競業避止義務

第3　証拠の収集

1　要件①について

競業避止義務や従業員引き抜き防止の義務の存在は、以下のものによって立証される。

> **例**　就業規則／労働契約書／誓約書

2　要件②について

顧客奪取や従業員の引き抜きについて、元労働者の背信性は、顧客奪取の態様（元の顧客に今の会社の料金に比べて低料金でサービスを提供する等）、従業員引き抜きの態様（一斉に大量、会社の将来性を否定するような虚偽の発言または評価を下げる発言等により勧誘する等）を以下のものによって立証する。

> **例**　取引先の証言、録音、メール／取引先に提出した見積書／従業員の証言、録音、メール

3　要件③・④について

労働者の行為により、会社の営業上の利益が現に侵害され、または侵害される具体的なおそれがあることや、実際に会社に生じた損害については、以下のものによって立証する。

> **例**　奪われた顧客数／引き抜かれた従業員数／利益減の事実／倒産に至った事実

第4　競業避止義務の裁判例

競業避止義務に関する裁判例としては以下のようなものがある。

> **新日本科学事件：大阪地判平成15年1月22日労判846号39頁**
> 　薬剤師の資格を持つ労働者が医薬品等の治験を業とする会社に入社した際に1年間の競業避止義務契約を締結していた事案で、業務内容が当該会社のノウハウといえるほどのものではなかったこと、入社したばかりで当該業務のすべての知識やノウハウを知ることができる地位になかったこと、労働者が大学卒業後12年間に渡って従事してきた業務であり、労働者が受ける不

63

第2章 労働関係訴訟における事件内容類型別要件事実と証拠

利益は会社が守ろうとする利益よりも極めて大きいことなどから、競業避止義務契約は無効と判断され、元従業員の競業避止義務不存在確認請求を認容した。

　また、就業規則や労働契約に競業避止義務の規定がない場合でも、在職中から会社の取引先を奪うことを企図して、競業会社の設立を準備していた事案、従業員の引き抜きをした事案などでは、背信性や顧客奪取の態様（元の顧客に今の会社の料金に比べて低料金でサービスを提供すると述べて勧誘する等）、元の会社に生じた影響（奪われた顧客の数、引き抜かれた従業員の数、利益減、倒産状態等）、従業員引き抜きの態様（一斉に大量、会社の将来性を否定するような虚偽の発言または評価を下げる発言等により勧誘する等）を考慮し、背信性がある場合には、雇用契約上の債務不履行（信義則違反等）、あるいは、不法行為に基づく損害賠償請求が認容される例がある。

　もっとも、以下の裁判例のように、前述のような背信性が主張・立証できていない事案では、自由競争の範囲内であるとか、顧客や元従業員の勧誘行為が社会的相当性を逸脱しているまではいえないとして違法性がないとされる場合も多い。

サクセスほか（三佳テック）事件：最一小判平成22年3月25日労判1005号5頁
　産業用ロボットや金属工作機械部品の製造等を業とする従業員10名程度の株式会社で、営業担当者と現場作業担当者が退職し、同種の事業を営み、元の会社の顧客から仕事を受注した事案で、元の会社の顧客に対する売上高は、競業会社の8割、9割程度を占めており、元の会社では、3割程度を占めていた売上げが従前の5分の1程度まで減少していたが、取引先の営業担当であったことに基づく人的関係等を利用することを超えて、元の会社の営業秘密にかかる情報を用いたり、元の会社の信用を貶めたりするなどの不当な方法で営業活動を行ったことは認められないこと等から、自由競争の範囲内の行為として不法行為による損害賠償請求を否定した。

アイメックス事件：東京地判平成17年9月27日労判909号56頁
　商品先物取引の売買、売買取引の受託業務等を行う業界においては、同業他社間で従業員が頻繁に移籍することは珍しいことではないから、同業他社

への移籍が、直ちに競業避止義務違反となり、会社に対して債務不履行責任を負うと解するのは相当ではないが、意図的に会社の業務を妨害するなど、同業他社への移籍が相当性を欠くなどの特段の事情がある場合には、競業避止義務に反し、債務不履行責任を負うと限定的に解釈すれば、有効とした。

他の従業員に対して集団退職と移籍を勧誘し、実際に多数の従業員が移籍したこと、顧客情報を持ちだしたことから、債務不履行責任を負うとした。

ただし、損害賠償については、会社の主張する手数料収入の減少がすべて退職者らの退職の結果であると断ずる根拠はなく、因果関係がないとして否定し、請求棄却している。

ヤマダ電機事件：東京地判平成19年4月24日労判942号39頁

ヤマダ電機の従業員が競業避止義務を定めた誓約書（退職時に提出）に違反して、競業他社の家電量販店に入社した事案。

ヤマダ電機では、一定の役職以上の従業員が退職する際には競業避止義務を負わせることとしていた。

誓約書には、1年間の競業他社への転職禁止と、違反した場合は退職金を半額に減額するとともに、直近6カ月の給与を違約金とする条項があった。

会社が元従業員に損害賠償請求した事案。

元従業員は、在職中は、地区部長、店長等を務めていた。

（判決の内容）

元従業員が、店舗における販売方法や人事管理のあり方を熟知し、その全社的な営業方針・経営戦略等を知ることができたことから、競業避止義務を課すことは不合理ではないとした。

転職を禁じる「同業者」の範囲は、同種の家電量販店に限定できると解釈した。

違約金の上限を退職金の半額及び給与6カ月分に相当する額と定めたものとし、退職金の半額及び給与の1カ月分合計143万円を損害賠償額として認容した（請求金額は419万円）。

〔石居　　茜〕

第2章 労働関係訴訟における事件内容類型別要件事実と証拠

第6節　営業秘密・職務発明等の労働知財

第1　営業秘密

1　不正競争防止法上の位置付け

　営業秘密として法律上保護される情報を不正に持ち出し利用した者と、その情報が不正に持ち出された事情を知りながらそれを入手して利用した第三者に対しては、その持ち主である企業は、不正競争防止法2条1項4ないし9号、3条ないし7条によって、損害賠償請求のほか（不競4条）、情報使用の差止め（不競3条1項）、不正使用された情報が入ったフロッピー等の媒体物等の廃棄（同条2項）や謝罪広告等の信用回復措置（不競7条）を求めることができ、さらに、違法性の高い行為類型については刑事罰が適用され（不競21条1項4号ないし9号）、法人も罰せられることがある（不競22条1項2号）。そこで、問題となるのは、営業秘密として保護される情報の要件である。

2　保護される営業秘密

ア　営業秘密として保護されるための要件

　まず、不正競争防止法により営業秘密として保護されるための要件は、その情報が、①秘密として管理されていること、②技術上または営業上の有用な情報であること、③公然と知られていないものであること、の3つである（不競2条6項）。ただし、これらの要件を満たさない企業情報の漏洩によっても、損害賠償請求権が発生する場合はある。例えば、文化自動車部品工業（損害賠償請求）事件（大阪地判平成17年8月25日判時1931号92頁）は、不正競争防止法上の営業秘密には該当しない(秘密管理性の欠如)としながらも、当該秘密の有用性と行為の違法性から共同不法行為（民719条）及び使用者責任（民715条）に基づく損害賠償請求を認めた。

イ　秘密として管理されていること

　秘密として管理されていることが認められるためには、特定の情報を秘密として管理しようとする企業の意思が、具体的状況に応じた経済合理的な秘密管理措置によって、従業員に明確に示され、結果として、従業員がその意思を容易に認識できる必要があるとされている（経済産業省「秘密情報の保護

ハンドブック」1頁)。

　すなわち、単に企業が秘密だと思っているだけでは認められず、それが営業秘密であると客観的に認識できるような状態、一般的には就業規則等で、営業秘密に関する文書管理、営業秘密の収納・保管・破棄方法などに関する規定を置いたり、それらに関する各規定を作成したり、営業秘密の取扱者を限定するなどの方法により管理されていることが必要である。具体的には、秘密としたい書類を金庫などの秘密文書用の特定の場所に保管しておくとか、その書類を読むことのできる従業員を限定するとか、その内容を知った従業員に、「この情報は第三者に漏らしてはいけない」と、明確に情報を特定した上で前もって言っておく等の措置をしておけば、秘密として管理されているものと考えられている。ただし、単にマル秘と指定するのみでは足りないとされることが多い。訴訟でよく争われるものとして、顧客名簿が挙げられるが、これを営業秘密として肯定した判例として、男性用かつらの販売業社の保有する顧客名簿についての大阪地裁平成8年4月16日判決（判時1588号139頁）、美術工芸品等の販売を業とする会社の保有する顧客名簿等についての東京地裁平成11年7月23日判決（判時1694号138頁）等があり、逆に否定された例としては、水処理設備設計等を業とする会社の顧客名簿や技術ノウハウに関するフジワラ産業事件（大阪地判平成10年9月10日判時1656号137頁）、車両運行管理業者の顧客に関する契約内容一覧表等に関するセノン事件（東京地判平成12年12月7日判時1771号111頁）、医療用機械器具の輸入業者の保有する顧客データに関する東京地裁平成12年9月28日判決（判時1764号104頁）等がある。

　上記裁判例にみられるように、不正競争防止法上の営業秘密に該当するための要件としての秘密管理性は厳格に判断される傾向にある（そこで、事業者による秘密情報の管理の充実を図るべく、経産省は2003年1月から「営業秘密管理指針」（全部改訂平27年1月28日）を公表している）。

ウ　技術上、営業上の有用な情報であること

　技術上又は営業上有用な情報であることとは、生産活動、販売活動、研究開発等の事業活動に役立つ情報であることとされる。この「役立つ」とは、単に会社が主観的に有用だと思っているだけでは認められず、客観的にも有

用性が認められることが必要とされる。

裁判例において有用性の判断は、比較的緩やかに判断され、上記秘密管理性が問題となった事案でも、有用性が前提として議論されている（有用性が否定された例として、ユニ・ピーアール事件：東京地判平成14年10月1日）が、後記非公知性との関係で有用性が否定されることもある（前掲セノン事件：東京地判平成12年12月7日）。

エ　公然と知られていないこと（非公知性）

公然と知られていないこととは、少なくとも不特定多数の者に知られる状態になっていないこととされる。

企業が、いくら大切に秘密として管理している情報であっても、すでに一般的に知られているものについては、法律上保護される価値がないからである（例えば、あるプログラムや実験方法・製造法などが公的研究機関などでも偶然制作・発見されて雑誌等で報告されていた場合などは、営業秘密に該当しない。裁判例においても、この点で営業秘密該当性が否定されることがある。前掲ユニ・ピーアール事件：東京地判平成14年10月1日、わかば事件：東京地判平成17年2月25日、みづほ事件：東京地判平成24年6月11日判時2204号106頁等）。

3　不正利用

以上のような営業秘密を従業員あるいは退職者が「不正に」持ち出して利用するということは、会社の中から盗み出したり、盗聴したりしたものばかりでなく、従業員や退職者が、会社との間の信頼関係を裏切って、無断で営業秘密を利用してライバル会社を設立したり、営業秘密を他の企業に売り飛ばしたりする場合などの不正の利益を図る目的や会社への加害の目的のため、その営業秘密を自分で使用したりすることも含まれると解されている。就業規則などで、在籍中あるいは退職後の守秘義務や競業避止義務を規定していなくても、労働契約上の信義則（労契3条4項）からこの行為者の「不正」さが認められるとされる。そして、ライバル会社が不正に持ち出された営業秘密を、そのような事情を知っていながら、または簡単に知ることができたにもかかわらず取得する行為や、その後、自分で使用したりする行為も差止めなどを受けることになる（不正競争防止法上の不正目的使用開示行為とされた例として、退任取締役に関する事案だが、三和化工事件：大阪高判平成6年12

月26日判時1553号133頁、違反なしとされた例として、西武商事事件：福岡地判平成6年4月19日労旬1360号48頁、バイクハイ事件：仙台地判平成7年12月22日判時1589号103頁等）。

4　一般的な職務経験の場合

なお、従業員が職務の中で一般的に知ることができて習得した知識、技術、ノウハウ等は営業秘密には該当しないとされている。もっとも、この場合の従業員が会社で得た技術ノウハウの活用が営業秘密にあたるかどうかは、会社での従業員の地位、職務内容、取得経過、管理状態等に照らして判断されることになる（アートネイチャー事件：東京地判平成17年2月23日労判902号106頁等参照）。

5　営業秘密持出しによる損害賠償ないしは差止請求の要件事実

使用者側は、以下の事実を主張・立証する必要がある。

1　営業秘密の存在
2　営業秘密の社外への持出し
3　不正利用またはまさに不正利用しようとしている事実
4　損害の発生（損害賠償の請求の場合）
5　不正利用を未然に防止する必要性を基礎づける事実（差止請求の場合）

これに対して、労働者側（退職者）は、以下の事実を主張・立証する必要がある。

6　営業秘密の不存在
7　営業秘密の社外持出しの不存在
8　利用の正当性を基礎づける事実
9　損害の不発生（損害賠償の請求の場合）
10　不正利用を未然に防止する必要性がないことを基礎づける事実（差止請求の場合）

6　証拠の収集

ア　営業秘密の存在（要件1）

営業秘密の存在については、以下のものによって立証される。

第2章 労働関係訴訟における事件内容類型別要件事実と証拠

> **例** 営業秘密に関する社内規定やそれに関する内規／社内のマル秘指定に関する関係書類

イ　営業秘密の社外への持出し（要件②）

社外への持出や不正利用は、以下のものによって立証される。

> **例** 社外での会社設立等違法行為の対象となっている行為の存否に関連すると思われる関係書類（設立関係や取引関係の書類）

ウ　損害の発生・不正利用を未然に防止する必要性がないことを基礎づける事実（要件④・⑤）

損害や差止めの必要性に関しては、以下のものによって立証される。

> **例** 直近の数年間にわたる会社の利益に関する会計書類／相手方の取引状況や利益に関する会計書類

なお、このような訴訟類型においては、被告が会社に対して恨みを持っている場合も多いことから、会社と被告となる者との間における過去のトラブル事例に関する書類等も、被告の動機の存在についての重要な証拠となることが多いので留意すべきである。

第2　職務発明

1　人事労務管理における知的財産権

近年、労使関係においても、企業と従業員間の知的財産権の利害調整をめぐる諸問題への関心が、特に、特許法上の職務発明をめぐる対価請求等をめぐる係争の多発化の中で急速に高まっている（横山久芳「職務発明制度の行方」ジュリ1248号36頁以下等、産業構造審議会知的財産政策部会特許制度小委員会平成15年12月「職務発明制度の在り方について」（以下「報告」という）等参照）。しかし、労働者の職務発明・職務著作等の知的財産権をめぐる労使間の権利調整・法規整をめぐる問題は、立法上（平成14年11月27日、「知的財産基本法」が成立）・判例上のみならず、学説上でも、まさに、IT（情報技術）革命の影響を受け、飛躍的な発展途上にあり、政府自身もいわゆるプロパテント戦略

70

を表明し、平成15年7月8日の知的財産戦略会議「知的財産の創造、保護及び活用に関する推進計画」においては、オリンパス光学事件最高裁判決（最三小判平成15年4月22日労判846号5頁）等をも踏まえ、平成16年度通常国会で特許法等の改正法（「特許審査の迅速化等のための特許法等の一部を改正する法律案」）が、平成16年5月28日に成立し、同17年4月1日より施行されている。

　このような状況下において、知的財産権に関する企業と従業員の権利の調整等の必要が叫ばれているところ、完全な市場原理の下、独創による場合を含めて、従業者の発明等を労使間の契約の自由に任せれば、労使間の力関係の差の下で、採用前後や業務との関連を問わず、従業者が関与し保有する一切の発明等を、雇用期間中はもちろん、雇用期間終了後まで企業が無償で独占するなど、一方的に企業に有利な処理がなされる危険さえある。しかし、そのようなことは実際の発明等に関与した従業者の発明等への権利を不当に制限する危険があるばかりか、それらの従業者の意欲を喪失させ、ひいては企業の発展を阻害することにもなりかねない。

　現在の企業社会においては、主として科学・工業技術に関する特許権などのいわゆる工業所有権といわれる権利から、コンピューターソフトを含む著作権に至るまでの知的財産権は、個人的な独創によることもあり得るが、多くは、企業内で、企業の資金と事業施設・ノウハウを利用して、従業員や役員等（以下「従業者」という）が業務として、またはこれに関連して発明・制作・成立（以下「発明等」という）されており、その代表的なものが「職務発明」である。

　この「職務発明」に関しては、平成27年に改正がなされ、「従業者等がした職務発明については、契約、勤務規則その他の定めにおいてあらかじめ使用者等に特許を受ける権利を取得させることを定めたときは、その特許を受ける権利は、その発生した時から当該使用者等に帰属する」（特許35条3項）として、後述する職務著作と同様、特許を受ける権利を企業が原始的に取得するものとし、その際の従業者の意欲の維持のため、「発明報奨規則」等により従業員に相当の金銭その他の経済上の利益を受ける権利を付与することを義務づけられた（同条4項ないし7項等）。同改正によれば、原始取得の規

則等がない場合には、従来どおり従業員に特許を受ける権利があることになる（詳細は、経産省・特許庁ＨＰ参照）。

2　成立要件

現行法は、特許法35条で職務発明に関する規定を置き（実用新案法11条3項、意匠法15条3項は特許法35条を準用し、種苗法8条においても同様な職務育成品種に関する規定が置かれている）、従業者の権利と企業の権利の調整を図っている。前掲オリンパス光学事件（最三小判平成15年4月22日）も、「特許法35条は、職務発明について特許を受ける権利が当該発明をした従業者等に原始的に帰属することを前提に（特許29条1項参照）、職務発明について特許を受ける権利及び特許権（以下「特許を受ける権利等」という）の帰属及びその利用に関して、使用者等と従業者等のそれぞれの利益を保護するとともに、両者間の利害を調整することを図った規定である」と同旨を判示している。

以下は、特許法の職務発明に限定して述べることとする。

職務発明については、あらかじめ、従業者の発明を企業が承継したり、専用実施権を設定するような定めをしておくことができる。職務発明は、前述のとおり、従業者の独力でなされたものでなく、企業の援助があって完成されたものという面があるため、次のような要件の下で企業に一定の権利を認めたものである（特許35条1項）。

ア　「使用者の業務範囲」に属すること

この範囲につき企業の定款を重視する立場もあるが、実務的には、今日の企業活動の多様化等を考慮し、定款記載の目的にかかわらず現実の業務内容および事業計画として予定されているものも含むものと解されている。特許庁も、「企業」については、「定款に定める『目的』に記載された事業（業務）を一応の基準とし、又、現実に行われている業務及び近い将来具体的に計画されている事業（業務）がこれに該当する」として同様な見解に立っている。

イ　「従業者の現在又は過去の職務」に属すること

職務の範囲については、特許庁の見解でも、「国公立や企業の研究所において、研究をすることを職務とする者が、テーマを与えられ、又は研究を命ぜられた場合に生じた発明は明らかに職務上の発明となる。（職務に関する分

掌規程がある）命令又は指示がない場合であっても、結果からみて発明の過程となり、これを完成するに至った思索的活動が、使用者等との関係で従業者等の義務とされている行為の中に予定され、期待されている場合をも含まれると考えられる」（特許庁ＨＰ）とされ、学説・判例も同様に、上司の具体的命令に基づく場合にとどまらず、結果からみて発明・考案の過程となりこれを完成するに至った思索的活動が、企業との関係で従業者の義務とされる行為の中に予定され期待されて、その創作を容易にするため企業が従業者に対して相当の便宜供与した場合を含む、と解されている（日エゲート事件：神戸地決平成元年12月12日無体集21巻3号1002頁、同事件抗告審：大阪高決平成2年9月13日無体集22巻3号569頁。その他、職務発明か否かが争われた事例として、東北振興化学事件：最二小判昭和43年12月13日民集22巻13号2972頁、近年の例として、東京地判平成3年11月25日判時1434号98頁、象印マホービン事件：大阪地判平成6年4月28日判時1542号115頁等参照）。

　この点、マスコミ等でも話題になった後掲日亜化学事件（東京地判平成14年9月19日）では、当該発明は企業の明示の停止命令を無視した発明であるところから、職務性が争点となったが、以下のように判示して、職務性を認めている。

> **日亜化学事件：東京地判平成14年9月19日特許判例百選⑶74頁**
> 　原告は、原告の被告会社における勤務時間中に、被告会社の施設内において、被告会社の設備を用い、また、被告会社従業員である補助者の労力等をも用いて、本件発明を発明したのであるから、原告主張のような事情が存在するとしても、本件発明を職務発明に該当するものと認定する妨げとなるものではない。原告主張の事情は、特許法35条3項、4項所定の相当対価の額の算定の際に、被告会社の貢献度の認定にあたって考慮されるべき事情にすぎない。

3　職務発明の効果

以上の職務発明とされる限り、企業は、以下の権利を取得することになる。

ア　法定通常実施権（特許35条1項）の取得

職務発明について特許を受けたときは、無償での特許の実施が可能である。ただし、従業者は、特許権を譲渡したり、他の者に実施許諾を与えることが

第2章 労働関係訴訟における事件内容類型別要件事実と証拠

できる。また、この場合の企業の通常実施権については、特許法35条3項の反対解釈として従業者への対価の支払は不要とされている。

イ　職務発明規程などによる特許権等の予約承継の可能

a　合意による予約承継

条文上からは、職務発明以外の発明について規定した特許法35条2項の反対解釈として、職務発明規程や個別合意などの約定を定めることにより、あらかじめ、特許を受ける権利や従業者が受けた特許権を企業が承継すること（いわゆる予約承継）、企業のために専用実施権（特許77条）を設定する定めを置くこともできることになる。

b　明示の規定以外による予約承継の可否

予約承継の前提となる合意につき、通常は前述のような発明規程等の明示の規定により処理されているが、かかる明示の合意以外による予約承継の可否が問題とされた前掲日亜化学事件（東京地判平成14年9月19日）では、以下のように、黙示の合意をも認める旨判示されている。

前掲日亜化学事件：東京地判平成14年9月19日

「契約、勤務規則その他の定」は、必ずしも労働契約や就業規則に限定されるものではなく、使用者が定める職務発明規程等もこれに含まれるものであり、そのような社内規程等は従業員の同意を得ないまま使用者等において定めたものであっても、従業員がこれを知り得るような合理的な方法で明示されていれば、足りる。

ウ　職務発明についての特許を受ける権利の原始取得

前述のように、平成27年の特許法改正により、職務発明について、就業規則等においてあらかじめ使用者等に特許を受ける権利を取得させることを定めがあれば、その特許を受ける権利はその発生時から使用者等に帰属する（特許35条3項）こととなった。

これにより、使用者等は特許を受ける権利が二重譲渡されることなく、その権利を取得することができる。

エ　職務発明規程などによる企業の権利承継の場合における、特許法35条3項による相当の対価（補償金）の支払義務の発生

この対価（補償金）は、発明により企業が受けるべき利益の額及びその発

明がされるについての企業の貢献度等を考慮して定めねばならず、実務においても、補償金の算定や支払方法には様々なものがあるが、近時、とりわけ前述の日亜化学事件提起以降、研究・開発従事者のインセンティヴとして相当な高額の報奨金等を定める企業が増えてきたと報じられているが、現在においてすら、多くの企業においては、実際にはかなり低い名目的な金額となっており（報奨金制度の実態についてのまとまった紹介としては、鍋田周一「高額化する発明報奨金制度」労政時報3559号2頁以下、日本労働研究機構「従業員発明に対する処遇について」労政時報3559号20頁以下等参照）、紛争も少なくない（最近の動向につき、平成18年3月22日付経産省・特許庁「企業等における新職務発明制度への取組状況について」参照）。

4 補償金請求の要件事実

労働者側（従事者）は、以下の事実を主張・立証する必要がある。

① 従事者たる地位

② 発明が使用者の業務範囲に属すること

③ 発明行為が、従業者の現在または過去の職務に属すること

④ 当該発明を使用者に権利承継させた事実

⑤ 適切な補償金の金額

これに対して、使用者側は、以下の事実を主張・立証する必要がある。

⑥ 従業者たる地位の不存在

⑦ 上記②や③の範囲外であること

⑧ 使用者に対する権利承継の不存在

⑨ 補償金の額の不当性

5 証拠の収集

ア　従業者たる地位、発明が使用者の業務範囲に属すること、発明行為が従業者の現在または過去に属すること（要件①・②・③）

従業者たる地位や使用者の業務範囲や従業者の職務の範囲は、以下のものによって立証される。

> 例　労働契約書／就業規則／労働条件通知書／日報／業務報告書

第2章 労働関係訴訟における事件内容類型別要件事実と証拠

イ　当該発明を使用者に権利承継させた事実（要件④）

権利承継の事実は、以下のものによって立証できる。

> **例**　承継合意書／承継合意書に代わる当事者間で取り交わした書面や会話録音／従業者の日記や日報

ウ　適切な補償金の金額（要件⑤）

補償金の金額は、以下のものによって立証される。

> **例**　職務発明規定／業務報告書／日報／会社の売上げや利益に関する会計書類

第3　職務著作

1　職務著作とは

　特許法の職務発明と異なり、著作権法15条の職務著作の規定は、職務発明の規定に比すると従業者の権利への配慮が足りないきらいがあるところから、立法論としての批判や、職務著作を例外的な法人等の著作権の取得と把握し、その成立要件の厳格な解釈を導く者が少なくない（日本労働法学会編「講座21世紀の労働法4巻労働契約」129頁以下、岩出誠「職務著作における『業務に従事する者』の意義」労判852号5頁、永野秀雄「職務著作」季労208号154頁以下等参照）。しかし、一般的には、同条項も、特許法等と同様の労使間の相互の権利の調整目的をも有する規定として考えられ、裁判例も、職務著作の要件につき特に例外的に厳格に解する立場を取らないことを明言している（新潟鉄工所事件：東京地判昭和60年2月13日判時1146号23頁、同控訴事件：東京高判昭和60年12月4日労判481号82頁）。

2　職務著作の効果

　以上の要件を満たす場合、当該著作物は当然に無償で法人等の使用者の著作物とされ、使用者は、著作権法が認める著作者としての権利、すなわち、著作権のみならず、公表権（著作18条）、氏名表示権（著作19条）、同一性保持権（著作20条）、翻訳権、翻案権等（著作27条。この権利は、特定承継の場合は、著作権法61条2項の特約が必要であるが、職務著作の場合はこの特約は不要）等の著作者人格権を含む一切の権利を原始取得することとなる。

76

第6節　営業秘密・職務発明等の労働知財

3　職務著作権に基づく損害賠償請求（民709条）もしくは差止請求（著作112条）の要件事実

使用者側（職務著作者）は、以下の事実を主張・立証する必要がある。

1　法人その他使用者の発意に基づいて作成されたこと

2　1を前提として、法人等の業務に従事する者が職務上作成したこと

3　法人等の自己名義の下で公表している事実

4　損害の発生（損害賠償の請求の場合）

5　著作権法上の権利を侵害し、または、侵害するおそれがあることを基礎づける事実（差止請求の場合）

これに対して、労働者側は、以下の事実を主張・立証する必要がある。

7　法人その他使用者の発意によるものではないこと

8　業務従事者が職務上作成したものではないこと

9　法人等の名義ではない形で公表されている事実

10　損害の不発生（損害賠償の請求の場合）

11　著作権法上の権利を侵害せず、侵害するおそれもないことを基礎づける事実（差止請求の場合）

4　証拠の収集

ア　法人その他の使用者の発意に基づいて作成されたこと（要件1）

法人その他の使用者の発意については、以下のもので立証できる。

> **例**　使用者側の役員会や出版に向けたミーティングにおける議事録や会議メモ、会議内容の録音記録

イ　法人の業務に従事する者が職務上作成したこと（要件2）

業務従事者が職務上作成したか否かは、以下のもので立証できる。

> **例**　業務報告書／日報／ミーティングの議事録や録音記録

ウ　法人等の自己名義の下で公表している事実（要件3）

出版名義は、以下のもので立証できる。

> **例**　出版された著作物

77

エ　損害の発生・著作権法上の権利を侵害し、または侵害するおそれが
あること（要件④・⑤）

損害や著作権侵害ないしそのおそれは、以下のもので立証できる。

例　これまでの出版に際しての売上げや利益のアップ率がわかる資料／原著
作物の著名性や侵害者の地位など侵害者が原著作物にアクセスすることがで
きたことを示す資料／原著作物における創作性が認められる部分について類
似性を示す資料

5　裁判例
ア　法人その他使用者の発意に基づくものであること

使用者とは、法人格の有無を問わず、個人も含む。問題なのは、使用者
と業務従事者との間に雇用関係を要するか否かであるが、学説は、雇用以
外でも実質的に雇用と同視できる具体的な使用者の指揮命令関係の有無で
決めるべきとする者と、著作権法15条の立法者意思から雇用関係に限定さ
れるとする者に分かれ、後者の立場からは、派遣労働者についても派遣先
の職務著作の規定の適用は原則としてないことになる。下級審裁判例は、
これを明言していなかったが、「法人等の業務に従事する」につき単なる雇
用関係の有無のみによりこれを判断せず、具体的な使用者の指揮命令関係、
従事者の裁量性の有無・内容・程度等を考慮の上、フリーカメラマンや下
請業者の職務著作性を否定している（エアービジネス事件：東京地判平成5年
1月25日判時1508号147頁、三光商事事件：大阪地判平成7年3月28日知財
集27巻1号210頁、東洋測器事件：東京地判平成7年10月30日判時1560号
24頁、早稲田出版事件：東京地判平成16年2月18日判時1863号102頁、ユ
ニバーサルミュージック事件：東京地判平成17年3月15日判時1894号110頁
等）。

なお、この裁判例の方向性は、後掲エーシープロダクション製作スタジ
オ事件（最二小判平成15年4月11日労判849号23頁）において追認され、
学説・下級審の論議に一応の実務的決着をつけた。ただし、本判決は、従
前の裁判例の一般的動向を追認したものとも評し得よう。

第6節　営業秘密・職務発明等の労働知財

> **エーシープロダクション製作スタジオ事件：最二小判平成15年4月11日労判849号23頁**
>
> 　雇用関係の存否が争われた場合には、同項の「法人等の業務に従事する者」に当たるか否かは、法人等と著作物を作成した者との関係を実質的にみたときに、法人等の指揮監督下において労務を提供するという実態にあり、法人等がその者に対して支払う金銭が労務提供の対価であると評価できるかどうかを、業務態様、指揮監督の有無、対価の額及び支払方法等に関する具体的事情を総合的に考慮して、判断すべきである。

イ　法人等の業務に従事する者が職務上作成するものであること

　職務著作は、職務上作成するものでなければならず、従事者が余暇を利用して職務に関係ない著作物を作成した場合には本条の適用はない。また職務上作成するものであれば勤務時間の内外を問わないから、被用者がその職務に関係して資料を自宅に持ち帰って休暇中に作成したものでも対象となるし、退職後作成されたものでも、本来、次のウのとおり、法人等の名義で公表されることが前提になっているものか否かで判断される。例えば、以下のような裁判例もある。

> **創英国際特許法律事務所事件：東京地判平成16年11月12日最高裁HP**
>
> 　弁理士である原告が、被告が所長を努める特許法律事務所に在職中に執筆した原稿を、被告が他者との共著として出版した書籍において、原告の氏名を表示せずに掲載するなどした行為は、原告の著作者人格権を侵害するなどとして、損害賠償を請求した事案で、本件原稿の執筆活動は、原告の業務とは認められず「職務上作成された著作物」には該当せず、著作者人格権は原告に帰属するとした上で、本原稿の本件書籍への掲載は、原告の有する著作者人格権を侵害するとして、原告の請求を一部認容した。

ウ　法人等が自己の著作名義のもとに公表するものであること

　著作権法15条1項の法人著作の規定の適用を受ける場合、前述のとおり、会社の発意に基づき、その作成経過、性質等から、その内容が会社の組織の活動である共同作業によって生み出されたような場合には、その会社の業務に従事する者が会社の名前で公表または公表を予定しているものであればこの要件を満たすものと解されている。なお、職務上作成するものでも、作成者本人の名義で公表される場合には、本条の適用の余地はないとされるが、

79

法人等の名義での公表については、法人の部署の表示でも足り、その余の職務著作の要件を満たす著作物を公表する権限を有しない被用者が、勝手に著作物に自己の著作者表示をしても、そのことによって、職務著作の要件が喪失されることはない、とされている。

この点につき、以下のような裁判例がある。

ヴェリタス事件：東京地判平成11年10月29日最高裁HP

　仮に、一講師名の記載が著作名義の表示に掲載されたことがあったとしても、その上記表示は、従事者が企業の代表者の承諾を得ることなく従前は存しなかった表示をしたものであり、テキストの内容や使用状況を併せて考えると、上記各テキストは、使用者名義で公表することが予定されていたものというべきであるから、使用者の著作の名義で公表されるものということができる。

逆に、以下のような裁判例もある。

計装工業会事件：東京地判平成18年2月27日判時1941号136頁

　計装士の技術維持のための講習用にXが作成した講習資料について、職務著作とはならないが、Yらの複製についてのXの許諾が認められ、記載の一部の変更についても、同一性保持権の侵害となる改変に当たらないか、例外として認められる改変に当たるとして、著作権（複製権等）、著作者人格権（同一性保持権等）の侵害に基づく損害賠償請求等を棄却した。

なお、プログラムの著作物に関しては、その性質上この要件は不要とされている（著作15条2項）。

エ　作成時における契約、勤務規則その他に別段の定めがないこと

　ただし、作成当時個別の契約や勤務規則などで従業者に著作権が帰属するなどの定めがあれば別である。「勤務規則など」とは、就業規則を含むが、これに限らず、社内規程一般を指すものと解される。ただし、労使関係において、個別の同意なしに拘束力を有するものは、明文上は、就業規則または労働協約のみであり（労契7条・10条・12条、労基93条、労組16条）、その余は、いわゆる内規が労使慣行として労働契約等の内容となり拘束力を有する場合などが考えられる。

〔中野　博和〕

第7節　メンタルヘルス

第7節　メンタルヘルス

第1　メンタルヘルスをめぐる問題

1　はじめに

　近時、従業員の精神疾患発病に起因する法的紛争が非常に増えている。当該精神疾患の原因が使用者側にある場合、使用者は、損害賠償等の責任に問われることになったり、当該精神疾患の原病原因が使用者と関係がないと判断される私傷病の場合であっても、休職・復職等という局面において紛争になることが多い。

2　争　訟

　メンタルヘルスが争点となる争訟としては、主に以下のものが想定される。

① 　労災保険給付の決定

② 　使用者に対する損害賠償請求（労災民事訴訟を含む）

③ 　休職制度に関連する問題

　①及び②は、精神疾患発病の原因が使用者にある場合である。一方、③は、精神疾患が私傷病に当たる場合に問題となる。

第2　労災保険給付の申請

1　精神障害の労災の認定基準

ア　概　要

　労働者又はその遺族が、労働者の負傷や疾病罹患、死亡に関して、労災保険給付を受けるためには、当該傷病・死亡が「業務上」の傷病、すなわち、労働災害（労災）であることが必要である。

　この「業務上」の傷病と認められるためには、それが業務遂行中に業務に起因して発生したものであることを要する。したがって、労働者の精神疾患の罹患や精神疾患を原因とする死亡について、労災保険給付を受けるためには、精神疾患が業務遂行中に業務に起因して発病したものである判断を受けることを要する。

　精神障害の労災については、「心理的負担による精神障害の認定基準」（平

81

成23年12月26日基発1226第1号。以下、この章において「認定基準」という）により、次の要件をすべて満たす場合に業務上の疾病であると認められる。

① 対象疾病（ICD-10第Ⅴ章の精神障害（一部を除く））であること
② 対象疾病の発病前概ね6か月の間に、業務による強い心理的負荷が認められること
③ 業務以外の心理的負荷および個体側要因により対象疾病を発病したとは認められないこと

ICD-10　第Ⅴ章「精神および行動の障害」分類

分類コード	疾病の種類
F0	症状性を含む器質性精神障害
F1	精神作用物質使用による精神および行動の障害
F2	統合失調症、統合失調症型障害および妄想性障害
F3	気分〔感情〕障害
F4	神経症性障害、ストレス関連障害および身体表現性障害
F5	生理的障害および身体的要因に関連した行動症候群
F6	成人のパーソナリティおよび行動の障害
F7	精神遅滞〔知的障害〕
F8	心理的発達の障害
F9	小児期および青年期に通常発症する行動および情緒の障害、特定不能の精神障害

上記の要件②の判断にあたっては、「認定基準」の別表1を指標とした上で、総合評価が「強」と判断される場合には②を満たすとされている。

この認定基準に基づく総合評価にあたっては、メンタルヘルスの不調の原因となる具体的出来事があるか、または長時間労働のみなのかによって指標の見方が異なる。

イ　具体的な出来事がある場合

発病前概ね6か月前に「認定基準」別表1の「具体的な出来事」に該当する出来事がある場合、心理的負荷の強度（弱・中・強の三段階）は、認定基準において該当する箇所の強度が基準となる。例えば、「会社で起きた事故、事件について、責任を問われた（項目5）」に該当する場合には、心理的強度は「中」が基本になる。その上で、心理的負荷の強度を軽減または加重するような事情

が認められる場合には、その点を加味して「弱」または「強」という評価となる。

また、具体的出来事に加えて、長時間労働が存在する場合には、その長時間労働の点が加味されて、心理的負荷の強度が判定される。例えば、具体的出来事の心理的負荷が「中」と評価される場合であっても、出来事の後に月100時間程度の時間外労働が認められる場合や、出来事の前に月100時間程度の時間外労働が認められ、出来事があった10日程度以内に所定の精神障害を発病した場合には、総合評価は「強」となる。具体的出来事の心理的負荷が「弱」と評価される場合でも「中」の場合と同様である。

ウ　長時間労働のみがある場合

「具体的な出来事」がなく、長時間労働のみが認められる場合には、長時間労働そのものが「具体的出来事」となる。具体的には、月80時間以上の時間外労働については心理的負荷「中」が基本となり、発病直前の連続した2か月に月120時間以上の時間外労働があった場合や、発病直前の連続した3か月に月100時間以上の時間外労働がある場合等には、総合評価により心理的負荷「強」と判断される。

2　労災保険給付受給要件

したがって、メンタルヘルスの不調を理由とする労災保険給付を受けるための要件としては以下のとおりとなる。

① 労働者が発病した精神疾患が、認定基準の対象（ICD-10第Ⅴ章の精神障害（一部を除く））となる精神障害であること

② 業務による強い心理的負荷が認められること

　ア　認定基準別表1において「強」と認められる具体的出来事が存在すること

　　又は、

　イ-1認定基準別表1において「中」または「弱」と認められる具体的出来事が存在すること

　イ-2出来事の後に月100時間程度の時間外労働が認められること若しくは出来事の前に月100時間程度の時間外労働が認められ、出来事があった10日程度以内に発病していること

　　又は、

第2章　労働関係訴訟における事件内容類型別要件事実と証拠

　　ウ　発病直前の連続した2か月に月120時間以上の時間外労働があるこ
　　　　と若しくは発病直前の連続した3か月に月100時間以上の時間外労働
　　　　があること
　　3　業務以外の心理的負荷および個体側要因により対象疾病を発病したと
　　　　は認められないこと
なお、過労死や精神疾患によって死亡した場合には、上記要件に加え、要
件1または要件2と死亡との因果関係が要件となる。

3　証　拠
証拠としては、以下のようなものが考えられる。
①　要件1を立証するものとして
　　医師の診断書
②　要件2の「具体的事実」を立証する証拠として
　　書面、メール、録音、同僚の証言、本人の陳述書等
　　（具体的事実の内容によって異なるため、本章の各該当箇所を要参照）
③　要件2の「長時間労働」を立証する証拠として
　　タイムカード、手帳、メール、事業場の入退室記録、パソコンのログ、
　　ICカード乗車券の履歴等
④　要件3を立証する証拠として
　　従前の健康診断結果（既往歴がないことの証明）
⑤　死亡の場合
　　死亡診断書、死体検案書

第3　損害賠償請求

1　訴訟物等
退職勧奨、長時間労働、パワハラ、セクハラ等、会社（役員・従業員を含む）
の行為が原因でメンタルヘルスの不調に陥った場合、損害賠償請求の問題が
発生する。
　実体法上の請求権としては、①不法行為（民709条。場合によっては民715条）
に基づく損害賠償請求と、②労働契約に付随する使用者の義務としての安全
配慮義務（労契5条）や職場環境調整義務（均等11条）の違反を理由とする

84

債務不履行に基づく損害賠償請求（民415条）の二つが考えられる。

　両者の一番大きな違いは、時効に関する点と遅延損害金の発生日である。不法行為請求の場合、時効は損害及び加害者を知ったときから3年（民724条）であり、遅延損害金の発生日は、損害発生日となる（最判昭和37年9月4日民集16巻9号1834頁）。一方、債務不履行請求の場合、時効は権利行使できるときから10年（民167条）であり、遅延損害金の発生日は期限の定めのない債務（民412条）として、催告日の翌日から遅滞に陥る。

　なお、労災保険給付の申請と並行して、使用者に対して損害賠償請求することも可能である。しかし、すでに労災保険給付が行われている場合には、使用者の損害賠償すべき額から給付分が控除される。ただし、控除の対象となるのは、逸失利益のみであり、慰謝料や入院費等には影響を与えない。また、特別支給金は損益相殺や控除の対象とはならない。

2　要件事実

ア　不法行為請求

① 侵害行為としてのメンタルヘルス不調の原因となった会社の行為（不作為も含む）を基礎づける具体的事実

② 侵害行為者（会社）の故意または過失

③ 損害の発生及び額

　具体的には、精神疾患の発病事実、死亡事実、積極損害（治療費等）、消極損害（逸失利益）、慰謝料等

④ 要件①と要件③の因果関係

【付帯請求について】

（損害発生と同時に遅滞に陥るので、特になし）

　なお、不法行為の場合、「請求者の権利または法律上保護される利益の存在」も要件事実となるが、すでに精神疾患を発病している場合、心身の健康が「請求者の権利または法律上保護される利益の存在」に該当することは明らかであり、③の損害の発生を主張すれば、おのずと「請求者の権利または法律上保護される利益の存在」についても主張しているものと解される。

　死亡事案に関する逸失利益は、交通事故における逸失利益の算定に用いられる「民事交通事故訴訟損害賠償額算定基準」(いわゆる赤い本)が参考になる。

第2章 労働関係訴訟における事件内容類型別要件事実と証拠

イ　債務不履行請求

要件事実は以下のとおりとなる。ただし、要件6については、明示しないことが多い。

1. 労働契約の締結事実
2. 安全配慮義務または職場環境調整義務の不履行を基礎づける具体的事実
3. 損害の発生及び額

   具体的には、積極損害（治療費）、消極損害（逸失利益）、慰謝料等
4. 要件2と要件3の因果関係

【付帯請求について】

5. 使用者への催告及び催告日の経過
6. 催告から一定期間の経過

ウ　両訴訟物の立証責任の軽重

かつては、債務不履行請求の方が請求者の立証責任が軽減されるといわれたこともあったが、アの要件1・2とイの要件2を具体的内容については、同様の事実を主張することになるため、実際には立証責任に差はないものと考えられる。したがって、両者の違いは、前述のとおり時効および遅延損害金の起算日である。

3　証拠の収集

主な証拠としては以下のものが考えられる。

① 侵害行為及び故意過失又は安全配慮義務又は職場環境調整義務の不履行を基礎づける、具体的事実を立証する証拠として（アの要件1・2、イの2）

　メール、書面、録音、同僚の証言、本人の陳述書等
② 労働契約締結事実を立証する証拠として（イの要件1）

　雇用契約書、労働条件通知書等
③ 損害の発生を立証する証拠として（アの要件3、イの要件3）

　診断書、死亡診断書、労災保険給付決定通知書等
④ 損害の額を立証する証拠として（アの要件3、イの要件3）

　治療費等に関しては、病院の領収書等

86

第7節　メンタルヘルス

逸失利益に関しては、給与明細

⑤　使用者への催告を立証する証拠として（イの要件⑤）

内容証明郵便

第4　休職制度に関連する問題

1　休職制度とは

ア　休職制度の意義

　休職とは、ある労働者について労務に従事させることが不能または不適当な事由が生じた場合に、使用者がその労働者に対し労働契約そのものは維持させながら労務に従事する義務を免除することまたは禁止することをいう（菅野・労働法697頁）。休職制度の制定について法令上義務化されているわけではないため、休職制度を設けないことが違法となることはないが、多くの企業が導入している制度である。

　休職制度において、特にメンタルヘルスとの関係で問題となるのは、私傷病休職（「傷病休職」ともいう）である。私傷病休職は、業務外の傷病による長期欠勤が一定期間に及んだ際に発令されるという立て付けになっていることが多い。また、休職期間の長さは、通常、勤続年数、傷病の性質等に応じて異なる定めがされていることも多い。当該休職期間中に傷病から回復（休職前の業務（軽減される前の業務）を支障なく行うことができる程度の健康状態となったことを立証できれば）すれば、休職は終了（復職）となるが、回復せずに休職期間が満了した場合には、自然退職となるとの定めが一般的である。このように、私傷病に関する休職制度は、解雇猶予措置として機能している。

イ　給与等

　傷病休職期間中は、ノーワークノーペイの原則から、給与は支払われないのが原則であるが、企業によっては、就業規則の定めに従い、休職前の給与の一部または全部が支払われる制度が存在する場合もある（休職期間の長さに応じて段階的に支給額が減額される場合もある）。

　一方、給与が支給されない場合等、一定期間健康保険の傷病手当金の受給が可能な場合がある。

ウ　休職制度の具体的内容

第2章 労働関係訴訟における事件内容類型別要件事実と証拠

休職制度については、休職事由が発生したときに、労働者が自己の選択で休職に入るという労働者の権利である場合と、使用者が労働者に休職命令を出して休職させるという使用者の権利である場合の二つがある。

休職制度が、労働者の権利なのか使用者の権利なのかについては、就業規則において休職制度がどのように定められているかによって決せられる。

エ　受診命令について

企業側として休職命令を出すべきかの判断、また、復職の可否の判断にあたり、当該労働者より提出を受けた診断書だけでは判断が困難な場合がある。

また、就業している労働者について、精神疾患に罹患している疑いがあるものの、本人が精神科や心療内科等に受診することに難色を示すことも多い。その際に、当該労働者に対し、産業医または会社指定の医師による受診命令を出すことができるかという論点がある。

この点について、就業規則に受診命令の定めが存在する場合には、その定めに従って受診命令を出すことが可能である。就業規則に受診命令の定めがない場合についても、裁判例は一定の場合に受診命令の有効性を認めている。

大建工業事件：大阪地決平成15年4月16日労判849号35頁

復職の判断にあたって、労働者が治癒したかどうかを確認するのは使用者として当然の行為であり、医師の診断を要求することは労使間における信義ないし公平の観念に照らし合理的かつ相当な措置であるとして、受診命令を適法とした。

オ　復職の可否について

復職の可否にあたっては、休職事由が消滅した、すなわち、休職事由となった傷病が治癒したといえるかが争点となる。

どの程度回復をもって復職可能な治癒と評価されるのかについては、片山組事件の枠組みを踏まえる必要がある。

片山組事件：最一小判平成10年4月9日労判736号15頁

傷病休職の事案ではなく自宅療養命令の事案である。建設工事の現場監督に従事していた従業員がバセドウ病に罹患したため、会社が自宅療養命令を出して療養ののち、従業員が事務作業であれば復帰可能であるとして就業を

88

第7節　メンタルヘルス

求めたのに対し、会社が職場復帰を認めなかった事案で、最高裁は、会社は復職にあたって、当該従業員の能力、経験、地位、会社の規模、業種、従業員の配置・異動の実情及び難易度等に照らして、療養中の従業員を配置できる現実的可能性がある業務がほかにあるかどうかを検討すべきであると判示した。

　片山組事件の判示を踏まえれば、職種の限定がなく採用され、また配転可能な部署を持つ一定以上の規模の企業については、配転の可能性を含めて復職を検討すべきであり、休職時の業務に復帰できないからといって、それだけを理由に復職を認めないことは、違法となる可能性が高いといえる。

　　カ　休職を経ない解雇について

　使用者は、休職制度が存在するにもかかわらず、休職命令を出さないまま労働者を解雇することができるかについては、高次脳機能障害等を患い、休職期間を経過したとしても就業不能であることが明らかである場合には、休職を経ることなく解雇することは可能であるとされている（農林漁業金融公庫事件：東京地判平成18年2月6日労判911号5頁）。

日本ヒューレット・パッカード事件：最二小判平成24年4月27日労判1055号5頁

　従業員が、被害妄想など何らかの精神的な不調のために、実際には事実として存在しないにもかかわらず、約3年間にわたり盗撮や盗聴等を通じて自己の日常生活を子細に監視している加害者集団が職場の同僚らを通じて自己に関する情報のほのめかし等の嫌がらせを行っているとの認識を有しており、上記嫌がらせにより業務に支障が生じており上記情報が外部に漏洩される危険もあると考えて、自分自身が上記の被害にかかる問題が解決されたと判断できない限り出勤しない旨をあらかじめ使用者に伝えた上で、有給休暇をすべて取得した後、約40日間にわたり欠勤を続けたことから、会社は無断欠勤を理由に諭旨解雇処分したところ、その諭旨解雇処分の効力が問題となった事案について、最高裁は、労働者が欠勤した経緯を踏まえれば、労働者に対して精神科医による健康診断を実施した上で、休職処分を検討する等経過をみるべきであって、そのような対応をとることなく欠勤を理由にした諭旨解雇処分は無効であるとした。

　しかし、一般的なメンタルヘルスの不調については、休職を経ずに解雇す

89

第2章 労働関係訴訟における事件内容類型別要件事実と証拠

ることは慎重にならざるを得ない。

上記、最高裁判決を踏まえると、メンタルヘルスの不調者に対しては、原則としてはいきなり解雇するのではなく、休職制度の適用を検討すべきである。

キ 労災との違い

仮に、メンタルヘルスの不調が労災であった場合には、労働基準法19条により、療養のために休業する期間中は解雇できない。メンタルヘルスの不調について、労災か私傷病が争いになる場合があり、労災と認められると、打切り補償（労基81条）をしない限り解雇はできないことになる。

2 要件事実

ここでは、傷病休職について休職期間満了を理由とする退職または解雇を争う場合、すなわち地位確認請求に絞って要件事実を検討する。

ア 請求原因

1 労働契約の締結事実

2 使用者による休職期間満了による自動退職事実の主張

なお、要件2が必要な理由は、労働者は地位確認請求において、訴訟要件となる確認の利益を主張する必要があるためである（山口・審理ノート11頁）。

イ 抗弁

1 就業規則等に休職制度の定めがあること

2 労働者が精神疾患に罹患したこと

3 欠勤期間が一定期間継続する等、就業規則等に定められた休職の要件を労働者が満たしたこと

4 使用者による休職命令

5 休職期間の経過

(6 解雇の意思表示（就業規則上自動退職ではなく解雇の意思表示が必要な場合))

ウ 再抗弁

1ア 労働者が休職期間経過前に治癒したこと

または

イ 労働者が他の職種において就労できる現実的可能性とその意思が

存在すること

または

ウ 傷病の原因が業務に起因すること

なお、要件①中イについては、「職種や業務内容の限定がないこと」という事実も要件になるという考え方がある（山口・審理ノート63頁）が、労働契約において職種等の定めは特約である以上、「職種や業務内容の限定があること」が、①中イに対する再再抗弁と解すべきである。

3 証拠の収集

主な証拠としては以下のものが考えられる。

① 労働契約締結事実（請求原因要件①）を立証する証拠として

労働契約書、労働条件通知書、メール等

② 使用者による休職期間満了による自動退職の主張（請求原因要件②）を立証する証拠として

退職に関する通知書、離職票（解雇通知書）等

③ 就業規則等に休職制度の定めがあること（抗弁要件①）を立証する証拠として

就業規則（特別な定めがある場合は、労働契約書や労働協約も確認する必要がある。）

④ 労働者が精神疾患に罹患したこと（抗弁要件②）を立証する証拠として

診断書、医師のカルテ、レセプト等

⑤ 欠勤期間が一定期間継続する等、就業規則等に定められた休職の要件を労働者が満たしたこと（抗弁要件③）を立証する証拠として

出勤簿等、欠勤の際の届出メール等

⑥ 使用者による休職命令（抗弁要件④）を立証する証拠として

休職命令の通知書、メール、録音等

⑦ 解雇の意思表示（抗弁要件⑥）を立証する証拠として

解雇通知書

⑧ 労働者が休職期間経過前に治癒したこと（再抗弁要件①－①）を立証する証拠として

診断書

⑨　労働者が他の職種において就労できる現実的可能性とその意思が存在すること（再抗弁要件①－①）を立証する証拠として

診断書、意見書、診療情報開示に関する面談記録、録音、労働者の陳述書等

⑩　傷病の原因が業務に起因すること（再抗弁要件①－③）については、労災の章を参照のこと

〔高木　健至〕

第8節　セクハラ・パワハラ・マタハラ

第1　概要

1　セクシュアル・ハラスメント

ア　セクシュアル・ハラスメントとは

　セクシュアル・ハラスメント（以下「セクハラ」という。）とは、相手方の意に反する性的言動をいう。

　セクハラには、一般的に、職場において行われる性的な言動に対する労働者の対応により当該労働者がその労働条件につき不利益を受ける「対価型セクハラ」と、当該性的な言動により労働者の就業環境が害される「環境型セクハラ」に分類される(後述のセクハラ指針参照)。対価型セクハラの典型例は、上司が性的関係を迫ったものの拒絶されたため、解雇、異動、降格等をするというものである。環境型の例は、性的噂の流布による労働者の就業意欲の低下やヌードポスターを職場に掲示することなどである。

イ　使用者の職場環境配慮義務

　セクハラに関し、雇用の分野における男女の均等な機会及び待遇の確保等に関する法律（以下「均等法」という）11条1項は、事業主は、職場において行われる性的な言動に対するその雇用する労働者の対応により当該労働者がその労働条件につき不利益を受け、または当該性的な言動により当該労働者の職場環境が害されることのないように、当該労働者からの相談に応じ、適切に対応するために必要な体制の整備その他の雇用管理上必要な措置を講じなければならないという、職場環境配慮義務を定めている。

　そして、職場環境配慮義務の具体的内容として、「事業主が職場における性的な言動に起因する問題に関して雇用管理上講ずべき措置についての指針」（平成18年厚労告615号。以下、「セクハラ指針」という）が定められている。

　同指針は、概要、事業主が講ずべき措置として以下のものを定めている。

①　セクシュアル・ハラスメントがあってはならない旨の事業主の方針の明確化とその周知・啓発

②　相談（苦情を含む）に応じ適切に対処するために必要な整備（相談窓口、

担当者、人事部門との連携など）の整備

③ 事後の迅速かつ適切な対応（事実関係の迅速・正確な確認、行為者・被害者に対する適正な措置、再発防止措置）

④ 相談や事後対応におけるプライバシーの保護、相談や事実確認への協力を理由とする不利益取扱い禁止の周知・啓発

2　パワー・ハラスメント

ア　パワー・ハラスメントとは

パワー・ハラスメント（以下「パワハラ」という。）は、平成30年3月30日付厚生労働省「職場のパワーハラスメント防止対策についての検討会報告書」（以下「検討会報告」という）によると、次の3つの要素のいずれも満たすものをいうとされる（なお、同報告におけるパワハラの基本的な考え方については、平成23年から厚労省にて実施された「職場のいじめ・嫌がらせ問題に関する円卓会議」による考え方を踏襲するものである）。

① 優越的な関係に基づいて（優位性を背景に）行われること

② 業務の適正な範囲を超えて行われること

③ 身体的若しくは精神的な苦痛を与えること、又は就業環境を害すること

なお、ここで「優越的な関係に基づいて（優位性を背景に）行われること」（①）とは、当該行為を受ける労働者が行為者に対して抵抗又は拒絶することができない蓋然性が高い関係に基づいて行われることを意味するが、上司から部下に行われるものだけでなく、同僚又は部下による行為で、当該行為を行う者が業務上必要な知識や豊富な経験を有しており、当該者の協力を得なければ業務の円滑な遂行を行うことが困難である場合をも含まれる。

イ　パワハラ6類型

検討会報告は、パワハラの類型として以下の6つの行為を挙げている。ただし、ここで挙げられる行為は、パワハラに当たりうるすべてを網羅するものではなく、これ以外の行為が問題ないということではない。

① 暴行・傷害（身体的な攻撃）

② 脅迫・名誉毀損・侮辱・ひどい暴言（精神的な攻撃）

③ 隔離・仲間外し・無視（人間関係からの切り離し）

④　業務上明らかに不要なことや遂行不可能なことの強制、仕事の妨害（過大な要求）

⑤　業務上の合理性なく、能力や経験とかけ離れた程度の低い仕事を命じることや仕事を与えないこと（過小な要求）

⑥　私的なことに過度に立ち入ること（個の侵害）

　以上の6類型のうち、特に④〜⑥については、業務上の適正な指導との線引きが必ずしも容易でなく、当該行為が適正な業務命令・指導に留まる場合には違法とならない。

ウ　使用者の職場環境配慮義務

　パワハラに関しては、従来、上記のセクハラ及び下記のマタハラと異なり、法令上、職場環境配慮義務についての明確な定めは存在しなかった（なお、当然、使用者はこの定めがなくとも、労契法5条による安全配慮義務を労働者に対し負っている）。

　しかしながら、本稿作成時、平成31年2月14日付で、厚生労働大臣から「女性の職業生活における活躍の推進に関する法律等の一部を改正する法律案要綱」が提出され、同要綱中の「労働政策の総合的な推進並びに労働者野雇用の安定及び職業生活の充実等に関する法律」の一部改正により、事業主がパワハラに対し講ずべき措置が明文化され、予定では、2019年通常国会で成立させ、2020年4月1日から施行される予定である。

　パワハラに関する使用者の職場環境配慮義務の基本的なスキームは、上記1イのセクハラ指針と同様になることが見込まれ、使用者は、パワハラに関して上記1イ記載の措置を講ずる必要が生ずる。

3　マタニティ・ハラスメント

ア　マタニティ・ハラスメントとは

　マタニティ・ハラスメント（以下「マタハラ」という）とは、女性労働者が妊娠、出産したこと等を理由として、事業主が当該女性労働者に対して不利益な取扱いをすることなどいう。

　マタハラは、セクハラとパワハラ同様に、使用者等の言動を問題とするもの（例えば、妊娠中の労働者から軽易業務への転換を求められた使用者が「妊婦として扱うつもりないんですよ。」などと発言をした事案（ツクイ事件：福岡地小

第2章 労働関係訴訟における事件内容類型別要件事実と証拠

倉支判平成28年4月19日労判1140号39頁））や、妊娠・出産等に関する制度を利用・取得した労働者に対し、同制度の利用・取得を理由に不利益な取扱いをするもの（例えば、労働基準法65条3項に基づく妊娠中の軽易業務転換を契機としてなされた降格の適法性が争われた広島中央保健生協（C生協病院）事件：最一小判平成26年10月23日労判1100号5頁）等多岐にわたる。

イ　使用者の職場環境配慮義務

マタハラに関しては、平成28年の育児介護休業法の改正に伴い、事業主は、職場において行われるその雇用する女性労働者に対する、当該女性労働者が妊娠又は出産したこと、産前産後の休業を請求し又は同休業をしたこと、その他妊娠又は出産に関する事由であって雇用均等則で定めるものに関する言動により、当該女性労働者の就業環境が害されることのないよう、当該女性労働者からの相談に応じ、適切に対応するために必要な体制の整備その他雇用管理上必要な措置を講じなければならないという、職場環境配慮義務が、均等法11条の2として新設された。

そして、セクハラ同様、「事業主が職場における妊娠、出産等に関する言動に起因する問題に関して雇用管理上講ずべき措置についての指針」（平成28年厚労告312号。以下「マタハラ指針」という）が発せられ、職場環境配慮義務の具体的内容が、セクハラ指針同様のスキームで定められている。

第2　争訟方法

セクハラ、パワハラ、及びマタハラ（以下、総称して「ハラスメント」という）に関連して、労働者が使用者に対して訴訟を提起する場合、主に以下の請求が想定される。

①　損害賠償請求

②　地位確認等請求

①については、ハラスメントにより被害を受けた労働者がその損害の賠償を使用者に対し求めるものである。

一方で、②については、ハラスメントの加害者とされた労働者が、当該ハラスメントが事実無根であるにもかかわらず当該ハラスメント行為を理由に懲戒処分に科された等として、当該処分の無効を主張し請求を行うものと、

第8節　セクハラ・パワハラ・マタハラ

ハラスメントの被害者とされる労働者がハラスメントを申告した結果、当該ハラスメントの申告等が会社秩序を乱した等として使用者から報復的な懲戒処分や不当な人事権行使が行われた場合に、当該懲戒処分や人事権行使の無効を主張し請求を行うものがある。

また、マタハラについては、前掲広島中央保健生協（C生協病院）事件のように、妊娠・出産等に関する制度の利用・取得を利用したことを理由に不利益な取扱いを受けたとする労働者が、同取扱いが無効である等と主張して、従前の地位にあることの確認を求める請求等も想定されるが、ここでは、ハラスメントに関する争訟として代表的な上記2点について、重点的に取り上げるものとする。

第3　損害賠償請求

1　訴訟物

被害者の使用者に対する損害賠償については、使用者責任（民715条）に基づく損害賠償請求を提起する場合と、安全配慮義務（労契5条）や職場環境配慮義務の違反を理由とする債務不履行に基づく損害賠償請求（民415条）を提起する場合の2つが考えられる。

両者の大きな違いは、時効に関する点と遅延損害金の発生日である。

すなわち、使用者責任に基づく請求の場合、時効は損害および加害者を知ったときから3年であり、遅延損害金の発生日は、損害発生時からとなる（最判昭和37年9月4日民集16巻9号1834頁）。

一方、債務不履行に基づく損害賠償請求の場合、時効は権利行使できるときから10年（民167条）であり、遅延損害金の発生日は期限の定めのない債務（民412条）として、催告日の翌日からとなる。

2　要件事実

ア　不法行為に基づく損害賠償請求

使用者責任に基づく損害賠償請求の要件事実は以下のとおりとなる。

（1　法律上保護される利益）

2　侵害行為（ハラスメントを具体的に基礎づける事実）

3　加害者の故意または過失

97

第2章 労働関係訴訟における事件内容類型別要件事実と証拠

④　損害の発生及び額

⑤　②と④との間の因果関係

⑥　②が違法であること

⑦　加害者と会社の使用被用関係の存在

⑧　ハラスメントが業務の執行につきなされたこと

要件⑧については、会社の懇親会等でも認められる場合がある点には留意が必要である（例えば、広島セクハラ（生命保険会社）事件：広島地判平成19年3月13日労判943号52頁）。

イ　債務不履行に基づく損害賠償請求

債務不履行に基づく損害賠償請求の要件事実は以下のとおりとなる。

ただし、⑥については、明示しないことがほとんどである。

①　労働契約の締結

②　職場環境配慮義務の不履行（ハラスメントを具体的に基礎づける事実）

③　損害の発生及び額

④　②と③との間の因果関係

【遅延損害金を請求する場合】

⑤　使用者への催告及び催告日の経過

⑥　催告から一定期間の経過

なお、②に関し、セクハラ指針やマタハラ指針は、直ちに裁判規範となるものではないものの、同指針で定められた措置を使用者が講じたかどうかが、その義務違反の有無の判断に際し、考慮される（白石・労働関係訴訟275頁）。

3　ハラスメントの違法性

ハラスメントに関する訴訟においては、当該行為が事実として存在するかという問題と、当該行為を違法なハラスメントとして評価してよいかという問題に分けられるケースが多い。

ア　違法なセクハラに該当するかどうかの判断基準

セクハラとされる行為が違法といえるかどうかについて、行政解釈（『改正雇用の分野における男女の均等な機会及び待遇の確保等に関する法律の施行について』（平成18年10月11日雇児発1011002号、平成28年8月2日最終改正））は、労働者の主観を重視することとし、その判断にあたっては、被害を受け

第8節　セクハラ・パワハラ・マタハラ

た労働者が女性である場合には「平均的な女性労働者の感じ方」を、被害を
受けた労働者が男性である場合には「平均的な男性労働者の感じ方」を基準
とすることを示している。

　裁判例においても、セクハラに該当するかの判断基準については、金沢セ
クシュアル・ハラスメント控訴事件（名古屋高金沢支判平成8年10月30日労
判707号37頁）が「職場において、男性の上司が部下の女性に対し、その
地位を利用して、女性の意に反する性的言動に出た場合、これかすべて違法
と評価されるものではなく、その行為の態様、行為者である男性の職務上の
地位、年齢、被害女性の年齢、婚姻歴の有無、両者のそれまでの関係、当該
言動の行われた場所、その言動の反復・継続性、被害女性の対応等を総合的
にみて、それが社会的見地から不相当とされる程度のものである場合には、
性的自由ないし性的自己決定権等の人格権を侵害するものとして、違法とな
るというべき」と判示している。

　ただし、強姦や強制わいせつに該当する事案であれば、1回の行為であっ
ても、当然違法となる（例えば、大阪N葬祭事件：大阪地判平成8年4月26日
判時1589号92頁）。

イ　違法なパワハラに該当するかどうかの判断基準

　違法なパワハラに該当するかどうかの判断基準について、ザ・ウィン
ザー・ホテルズインターナショナル（自然退職）事件（東京地判平成24年3
月9日労判1050号68頁）は、「通常人が許容し得る範囲を著しく超えるよう
な有形・無形の圧力を加える行為」と判示したが、これは狭きにすぎ、妥当
とはいえない。

　考えるに、結局、パワハラになるかどうかは、前掲金沢セクシュアル・ハ
ラスメント控訴事件の基準を流用し、行為のなされた状況、行為者の意図、
その行為の態様、行為者の職務上の地位、年齢、両者のそれまでの関係、当
該言動の行われた場所、その言動の反復継続性、被害者の対応、他社との共
謀関係等を総合考慮し、社会年通念上相当と認められない行為が違法なパワ
ハラになると解される（岩出・大系415頁）。

ウ　違法なマタハラに該当するかどうかの判断基準

　違法なマタハラに該当するかどうかの判断基準について、均等法や育児介

護休業法の趣旨に照らせば、妊娠、出産に関して、これらの法律等において認められている女性の権利の行使を妨げるような使用者側の言動については、基本的に違法性が肯定されやすいと考えられている（白石・労働関係訴訟283頁）。

また、妊娠・出産等に関する制度の利用・取得を利用したことを理由になされた不利益な取扱いが違法・無効とされる場合は、前掲広島中央保健生協（Ｃ生協病院）事件とその補足意見を踏まえた均等法と育児介護休業法の行政解釈（均等法については、前掲『改正雇用の分野における男女の均等な機会及び待遇の確保等に関する法律の施行について』、育児介護休業法については、『育児休業、介護休業育児又は家族介護を行う労働者の福祉に関する法律の施行について』平成29年9月29日雇均発0929第3号）によれば、次の場合とされている。

妊娠・出産等の事由（育児休業の申出又は取得したこと）を契機として不利益取扱いが行なわれた場合は、原則として妊娠・出産等（育児休業の申出又は取得をしたこと）を理由として不利益取扱いがなされたと解される。

ただし、①業務上の必要性から不利益取扱いを行なわざるを得ず、業務上の必要性の内容や程度が当該不利益取扱いにより受ける影響の内容や程度を上回ると認められる特段の事情が存在するとき、

又は②契機とした事由又は当該取扱いにより受ける有利な影響が存在し、かつ、当該労働者が当該取扱いに同意している場合において（なお、育休法通達は、「かつ」以前の部分を明確に掲げていない）、一般的な労働者であれば当該取扱いについて同意するような合理的な理由が客観的に存在するときはこの限りでない。

なお、「契機として」については、基本的に当該事由が発生している期間と時間的に近接して当該不利益取扱いが行われたか否かをもって判断すること。

4 損害について

ハラスメントに関する損害については、通常は慰謝料が想定される。

ただし、ハラスメントにより、うつ病等の精神疾患に陥れば、その治療費や労働能力喪失に伴う逸失利益等も損害賠償の対象となり得る（ただし、一般的に、当該損害と当該ハラスメントとの間の因果関係が争われるケースが多い）。

第8節　セクハラ・パワハラ・マタハラ

また、特に悪質なハラスメント事案において、被害者が退職に追い込まれた場合には、逸失利益が認められる場合もある。この場合、損害額は高額となる場合が多い。特に高額になる事案としては、例えばセクハラにおいては、強制わいせつや強姦に該当する場合や、性的関係の強要等が執拗かつ継続的に行われている場合、会社の事後対応が悪く、被害者を退職に追い込んでいるような事案が挙げられる。

5　証拠の収集

上記3の請求原因事実を基礎づける主な証拠としては以下のものが考えられる。

ア　要件ア②及びア③並びにイ②

> **例**　録音／メール／書面／手帳や日記／同僚の証言／被害者の陳述書等

この点、証拠収集については、以下の点に留意が必要である。

まず、録音については、民事訴訟においては、原則として証拠能力を有するが、当該証拠が私的自治の働く領域において許されない手段、すなわち著しく反社会的な方法を用いて収集されたものであるときは、それ自体違法の評価を受け、その証拠能力が否定される（エール・フランス事件：千葉地判平成6年1月26日労判647号11頁）。

次に手帳や日記については、結局本人の供述という側面があり、その信用性が検討されることとなる（例えば、X堂薬局（セクハラ）事件：福岡高判平成19年3月23日判タ1247号242頁は、毎日の出来事等が記載されたものではないこと、被害者がほかに当時悩んでいた問題もあるのにそれらに関する記載がほとんどないこと、複数の日にわたる記述の外見的な印象が似通っており、これらを同一日にまとめて記載した可能性を排斥できないこと等を指摘して、信用性を否定した。）。

そして、証言については、当然、その信用性が問題となり、供述内容の客観的証拠との整合性、供述内容の一貫性、供述内容の合理性・具体性、虚偽供述の危険の有無等種々の事情を総合的に考慮して決せられる。例えば、被害者の供述の信用性が問題となった事案として、横浜セクシュアル・ハラスメント事件（第一審：横浜地判平成7年3月24日労判670号20頁、控訴審：東

第2章 労働関係訴訟における事件内容類型別要件事実と証拠

京高判平成9年11月20日労判728号12頁）がある。これは、加害者が被害者に抱きついて服の下に手を入れて胸や腰を触り、口を開けさせて下を入れようとしたり、腰を密着させて被害者のズボンの上から指で下腹部を触ったりしたという行為を20分以上執拗に継続したという事案について、第一審は、被害者が20分もの間、大声を出したり逃げ出したりすることなく、加害者されるがままであったということを理由に、被害者の供述は信用性がないとした。これに対し控訴審は、被害者が、被害当日に被害事実を同僚に対して訴えていたこと、被害翌日から被害者が会社を休んでいたこと、アメリカの心理学研究によれば、強姦被害に遭った女性が必ずしも大声を上げて逃げ出すわけではなく、心理的ショックによりマヒ状態になり動けなくなることはありうることである等を認定し、被害者の供述は信用するに足るとして、被害者の請求を認容した。

　　　イ　要件イ①

> **例**　雇用契約書／労働条件通知書等

　　　ウ　要件ア④及び要件イ③

> **例**　診断書／病院の領収書／給与明細（逸失利益）等

　　　エ　要件ア⑦

> **例**　組織図／会社登記（加害者が役員の場合）等

　　　オ　要件イ⑤

> **例**　内容証明郵便

第4　被害者・加害者地位確認等請求

1　懲戒解雇

ア　懲戒解雇の有効性

　懲戒処分の争訟方法等の詳細な検討については、各章に譲るが、懲戒処分の有効性判断の要件について、ここで簡単に説明する。

102

第8節　セクハラ・パワハラ・マタハラ

懲戒処分が有効と言えるためには、以下の要件を満たす必要がある。

① 就業規則等における懲戒処分の根拠規定の存在

② 懲戒事由該当性

③ 懲戒処分の相当性

イ　被害者に対する懲戒処分

被害者がハラスメントを訴えたことに対し、「職場の秩序を乱した」等を理由に報復的に被害者を処分することは、それ自体がハラスメントに該当し得る。

被害者が申告したハラスメントが事実として認定されれば、懲戒処分該当性がない結果、当該懲戒処分は当然、違法・無効となる。

ウ　加害者に対する懲戒処分

ハラスメントを行った加害者に対し、社内的な制裁として懲戒処分が行われた場合、加害者が当該懲戒処分の有効性を争う例は多い。

セクハラの場合、判例の傾向としては、強制わいせつに該当する行為や性的関係を執拗に迫る等、行為が悪質である場合には懲戒処分を有効としているが、軽度のセクハラに対しては、懲戒解雇を無効とした裁判例も存在する（日本システムワーク事件：東京地判平成16年9月10日労判886号89頁、Y社事件：東京地判平成21年4月24日労判987号48頁）。

また、懲戒解雇の事案ではないが、管理職である2名の従業員が、女性従業員等に対し、1年余にわたり、1人は露骨で卑猥な発言等（不貞相手と称する女性とその夫との間の性生活の話等）を、1人は性的な役割意識や年齢に関する発言等（「結婚もせんでこんな所で何してんの。」等）を繰り返したことにつき、使用者がセクハラの防止を重要課題と位置づけ種々の取組みを行っていたこと、上記2名の立場等を考慮し、前者については出勤停止30日、後者については出勤停止10日としたことが有効とされた例（L館事件：最判平成27年2月26日労判1109号5頁）等も参考となる。

裁判例の傾向としては、セクハラをした加害者に対し、厳しい態度で臨んでいるが、裁判例を概観すると、行為態様（身体的接触を伴うか否か、言葉による場合はその発言内容、期間・頻度等）、被害者と行為者の職場における地位・関係が懲戒処分の有効性判断における重要な考慮要素となっているとい

えよう。パワハラについては、部下4名に対し、「お前、アホか」と言ったり、「私は至らない人間です」という言葉を何度も復唱させる等した行為につき、前にもハラスメント行為により会社から厳重注意処分を受け、今後同様の行為を行った場合には厳しい処分が下り得ることの警告を受けたにもかかわらず同行為を行ったことにつき、被害者の従業員が適応障害となったこと等も考慮し、懲戒解雇を有効とした例（Y社事件：東京地判平成28年11月16日労経速2299号12頁）が存在するが、基本的には、セクハラと同様、行為態様、結果の重大性、行為者と被害者との関係が懲戒処分の有効性については重視される。加えて、パワハラにおいては、注意喚起や改善の機会を付与したかどうかも重視されている傾向があるといえよう。

2　配転

ハラスメントが起きた場合、使用者が、職場環境配慮義務の履行として、被害者と加害者を引き離すために当事者を配転させることがある。

しかし、特に被害者のみを配転した場合、報復的な措置なのか職場環境配慮義務の履行なのかが争われることがある。

この点、名古屋K設計事件（本案事件）（名古屋地判平成16年4月27日労判873号18頁）は、セクハラの被害者が被害を訴えたため、被害者に配転を命令したところ、被害者が配転を拒否したため、被害者を懲戒解雇したという事案について、セクハラの程度が非常に軽度であったことや会社の措置が適切であったことを認定して懲戒解雇を有効とした。

配転については会社に広い裁量の余地が認められているため、懲戒処分や解雇と比較して、配転命令が有効と認められる余地が大きいものと解される。

3　要件事実及び証拠収集

懲戒処分や配転を争う際の要件事実及び証拠は、該当の章を参照されたい。

ハラスメントを裏付ける証拠については、本章第3を参照。

〔山﨑　貴広〕

第9節　雇用差別（男女・国籍・信条・社会的身分・組合等）

第9節　雇用差別（男女・国籍・信条・社会的身分・組合等）

第1　雇用契約において生じる差別

　雇用契約においても、他の場面と同様に、様々な差別が生じ得る。憲法14条は法の下の平等を定めているが、憲法14条は、私人間における雇用差別を直接禁止していないと解されているため、雇用契約においては、労働基準法や雇用の分野における男女の均等な機会及び待遇の確保等に関する法律（以下、「雇用機会均等法」という）等の規定により、差別が明文で禁止されている。また、このような明文規定がない場合であっても、憲法の趣旨が民法の一般条項に取り込まれ、民法90条の公序良俗違反により差別的な内容の契約、処分は無効になる。さらに、この場合、民法709条等に基づいて、被った損害の賠償を請求することも可能である。

　雇用差別として考えられるのは、男女差別（女性差別のみならず男性差別も含まれる）、国籍、思想、信条、人種、社会的身分による差別、組合差別、雇用形態による不合理な差別等である。これらの差別は、採用、配転、賃金、退職、解雇等あらゆる場面で生じ得る。

　これらの差別が行われた場合、基本的には差別を受けた側が、使用者側の処遇に差別があり、処分等は違法、無効ということを理由として、雇用契約上の地位確認、処分の無効確認、損害賠償請求、差額賃金請求等を行っていくことになる。

　このように、ある差別が違法無効であると主張するときの要件事実としては、差別を受けた側が以下を主張・立証していくことになる。

　　①　差別を受けたこと（差別の存在）

　　②　違法な差別に該当すること

　したがって、まずは、処分等を争いたいと考える労働者側が、差別があったという事実を証明する一定の証拠を集めていかなければならない。労働者自らの力では収集が困難な証拠については、弁護士に依頼し、弁護士会照会（弁護士23条の2）をかける、また、証拠保全（民訴234条）を行い、訴訟を提起する、さらに、訴訟提起後は、文書送付嘱託（民訴226条）、文書提出命令（民

105

第2章 労働関係訴訟における事件内容類型別要件事実と証拠

訴220条以下）等で第三者ないし相手方に必要な資料を提出させる等の方法がある。これに対し、使用者側が、差別に該当するような行為は一切していない、問題となっている行為は差別とは評価できない等と主張し、一般的に判断した結果の処分である旨、主張することになる。以下個別に検討する。

第2 男女差別

1 男女差別の禁止

まず、男女同一賃金に反する扱いは、労働基準法4条で禁止されており、これに反する場合に、差別された者に損害が生じれば、差別された賃金と本来得られる賃金の差額及び慰謝料を損害賠償として請求できる。女性の給料のみ頭打ちとなっている、手当が男性のみに支給される場合等がこれに該当する。

また、雇用機会均等法では、募集、採用（均等5条）、配置、昇進、降格、教育訓練（均等6条1号）、住宅資金の貸付等（同条2号）、職種、雇用形態の変更（同条3号）、定年、退職、解雇、労働契約の更新（同条4号）、婚姻等による退職（均等9条1項）、婚姻による解雇（同条2項）、産前産後休暇等取得による不利益扱い（同条3項）等が禁じられている。

2 証拠の収集

労働者としては、男女間に賃金や昇進、昇給等において、明文等で明確な格差が存在することを立証できれば、使用者は、事実上、当該格差が性別以外を理由とすることを積極的に反証する必要に迫られる。したがって、定年、労働契約の更新、婚姻による退職等が客観的に就業規則、雇用契約書等に定められているのであれば、それらが証拠となり、労働者によって、差別の立証は容易となるが、今日においてはあからさまに明文化している企業は少ないであろう。これらの性差別があったか否かについては、「性差別であり、個人差によるものではない」ということを証明することは難しいため、客観的に証明することが困難であることが多く、証拠集めも困難を伴うことが多い。

したがって、客観的に明確な証拠がない場合には、個々の事情に応じ、男性（女性）労働者との昇進・昇給につき、比較ができる資料、女性（男性）だけが処分を受けている事実や、使用者側が主張する処分理由（解雇理由、配転理由）がないこと等を証明する資料等を集めることになる。証拠として

は、例えば、以下のものが考えられる。

> **例** 就業規則／賃金規程／賃金表／賃金台帳／賃金明細／雇用契約書／労働条件通知書／職員考課表、考課基準／昇進・昇給一覧／内部の考課基準を定めた資料／当該労働者の評価／面談記録／当該労働者その他労働者の資格歴・研修歴を記録したもの／労働者名簿／賃金計算表／辞令書／処分通知／労働者の昇進・昇給一覧表

3 裁判例

男女差別に関する裁判例は多数存在する。

> **芝信用金庫事件：東京地判平成8年11月27日労判704号21頁**
> **同控訴事件：東京高判平成12年12月22日労判796号5頁**
>
> 女性職員が、同期同給与年齢の男性職員との間に、昇格、昇進における格差、それに伴う賃金格差が生じており、これは女性であることのみを理由で差別的扱いを受けていると主張した事案について、1人を除く全員について、①同期の男性のほぼすべてが副参事または課長職に昇格した時期での課長職への昇格、②過去の差額賃金1億円分の支払、及び③将来の差額賃金の支払が認められた。

　上記の裁判例は、女性に対し昇格した地位の確認がなされた点に重要な意義がある。また、昭和シェル（賃金差別）事件（東京高判平成19年6月28日労判946号76頁）も、賃金について女性であることを理由に差別的な取扱いを受けたとして、不法行為に基づく損害賠償請求が認められている。

　そして、明文で禁じられていない男女差別も民法90条の公序良俗違反として無効となる。

　結婚退職制について、裁判所は、性別による差別的待遇の禁止と結婚の自由の保障は、公の秩序（民90条）を構成しており、結婚退職制度は、合理的理由が認められない限り、公序に反して無効である（住友セメント事件：東京地判昭和41年12月20日民集17巻6号1407頁）と昭和61年の雇用機会均等法施行以前から判断していた。また、最高裁は、女性若年定年制、差別定年制の定めは、これを正当化する特段の事情が認められない以上、著しく不合理な男女の差別をなすもので、公の秩序（民90条）に反するとして無効と判断

第2章 労働関係訴訟における事件内容類型別要件事実と証拠

している（日産自動車事件：最判昭和56年3月24日判時988号3頁）。

第3 国籍、信条、社会的身分等

1 国籍、信条、社会的身分による差別の禁止

労働基準法3条は、均等待遇の原則を定め、国籍、信条、社会的身分を理由とする労働条件に関する差別を禁止している。

例えば、これらを理由に、解雇・懲戒解雇、配置転換、賃金・昇進等の差別、嫌がらせ、他の従業員と差別することは禁じられる。

均等待遇の原則は強行規定と解され、違反した契約等は無効となり、差別的取扱いについて生じた損害には、使用者に損害賠償責任が生じる。また、その他の事由による不合理な差別も民法90条の公序良俗違反となり無効となる。

2 証拠の収集

労働者側は、均等待遇ではない事実を証明しなければならなくなるが、これらも、使用者側があからさまに差別をすることは少ないため、使用者の当該労働者に対する日ごろの対応、他の従業員の処遇との格差等の間接事実を積み上げ、立証していくことになる。証拠としては、前述「2 男女差別」の欄で記載したものと同様のものを集めることになろう。

3 裁判例

ア 国籍による差別についての裁判例

日立製作所事件：横浜地判昭和49年6月19日労判206号46頁

在日朝鮮人であることを応募書類には記載せず、虚偽の記入をして採用内定を受けた者が、在日朝鮮人であることを告げたとたん内定を取り消された事案について、国籍を理由とする差別的扱いであり無効であると判断した。

イ 信条による差別についての裁判例

松阪鉄工所事件：津地判平成12年9月28日労判800号61頁

共産党員で、組合定期大会や職場集会で積極的に発言していたことで、差別的意思の下に、不当に低い賃金査定等が行われていたとして慰謝料請求が認められた。

第9節　雇用差別（男女・国籍・信条・社会的身分・組合等）

> **倉敷紡績（思想差別）事件：大阪地判平成15年5月14日労判859号69頁**
>
> 　共産党員を抑制することを労務政策の一つとしていた会社において、日本共産党員である労働者が全く昇進していないことは、差別的な取扱いであり、人事に関する裁量権の逸脱であり、労働基準法3条により違法であるといわなければならず、労働者に生じた平均的なものとの賃金格差の損害につき、不法行為責任に基づき賠償する義務を負うとされた。

　もっとも、信条自体によるものではなく、外部への働きかけを伴う政治活動等に対してはこの保護は及ばないとされ、事業内での政治活動禁止の特約違反の解雇は認められている（十勝女子商業事件：最判昭和27年2月22日民集6巻2号258頁等）。

第4　組合差別

1　組合差別の禁止

　労働組合法は、不当労働行為として、労働者が、①労働組合の組合員であること、②労働組合に加入しようとしたこと、③労働組合を結成しようとしたこと、④労働組合の正当な行為をしたことを理由に、不利益的扱いをすることを禁じている（労組7条）。具体的には、これらを理由として、会社側が解雇・懲戒解雇、配置転換、賃金・昇進等の差別、嫌がらせ、組合員と非組合員を差別すること等が禁じられている。このように組合への加入や、正当な組合活動を理由とする不利益な処分は、不当労働行為として、強行法規違反として、無効となる。これについては、労働者としては、間接事実を積み重ねて、それを証明していくことになる。

2　証拠の収集

　証拠としては、例えば、以下のものを集め、証明していくことになる。

> **例**　使用者が日頃労働組合に対し問題のある対応をしている録音や記録／労働組合との交渉経緯一覧表／団体交渉の記録／組合員と非組合員の昇進・昇給の比較表／組織図／賃金台帳／労働者名簿／個人経歴表／人事考課に関する記録

3 裁判例

組合差別に関する裁判例は、数多くある。

労働組合員であることを理由とする採用差別に関して、下級審判例は、組合員を差別的、不利益的に取り扱ったとして労働者の慰謝料請求を認めている（鉄道建設・運輸施設整備支援機構事件：東京地判平成17年9月15日労判903号36頁）。

他方、最高裁はこれを認めていない（JR東日本・日本貨物鉄道・JR東海（国労本州）事件：最判平成15年12月22日労判864号6頁、東京日新学園事件（中労委命令平成18年12月20日労判929号90頁））。

昇格・人事考課での組合差別については、人事考課上の差別につき、不当労働行為を認めたもの（国民生活金融公庫事件：東京地判平成12年2月2日労判783号116頁）や、昇格差別をしたと推認するのが相当であるとしたもの（住友重機械工業事件：東京高判平成19年10月4日労判949号20頁）等の裁判例がある。

第5　その他

1 雇用形態による不合理な差別の禁止

雇用形態（有期契約労働者と正社員、パートタイム労働者と正社員）等の差により、不合理な労働条件の相違を設けることは禁止されている（労契20条、パート有期8条）。

今後これは、2020年4月1日（中小企業は2021年4月1日）から施行される「短時間労働者及び有期雇用労働者の雇用管理の改善等に関する法律」に規定され、同じ企業で働く正社員と短時間労働者・有期雇用労働者との間で基本給や賞与、手当などあらゆる待遇について不合理な差を設けることが禁止される。すなわち、正社員と職務内容（業務の内容及び責任の程度）及び職務内容・配置の変更の範囲が同じ短時間労働者・有期雇用労働者については、すべての待遇について、差別的に取り扱うことが禁止される。

また、同様に「労働者派遣事業の適正な運営の確保及び派遣労働者の就業条件の整備等に関する法律」の改正により、派遣労働者についても派遣先の労働者と不合理な待遇差を設けることが禁止される。

第9節　雇用差別（男女・国籍・信条・社会的身分・組合等）

2　証拠の収集

第2-2、第3-2に記載するのと同様、労働者は待遇について不合理な差が生じていることに関する証拠を集めることになる。自ら及び対比する正社員の職務内容、待遇等についての証拠を主に収集していくことになる。

3　裁判例

最高裁は、ハマキュウレックス事件（最判平成30年6月1日労判1179号20頁）、長澤運輸事件（最判平成30年6月1日労判1179号34頁）において、正社員と有期契約労働者の手当について、正社員との差を設けるのは不合理なものと判断し、同一労働であれば同一待遇であるべきという趣旨の判断をしている。

最高裁は、ハマキュウレックス事件では、有期契約社員が正社員に対し支払われていた①無事故手当、②作業手当、③給食手当、④住宅手当、⑤皆勤手当、⑥通勤手当につき、個別に検討し、④住居手当を除く5つの手当を支払わないのは不合理と判断した。

また、長澤運輸事件では、60歳定年後再雇用の有期契約社員につき、精勤手当の不支給は不合理と判断したが、他の基本給や、賞与諸手当の不支給は不合理ではないと判断している。

これらの判例や改正法、同一労働同一賃金ガイドライン等を踏まえ、使用者は正規・非正規労働者間の待遇格差是正に向けた対応をしていくことになり、不合理な差がある場合には、労働者は証拠を収集し、損害賠償請求等をしていくことになる。

〔難波　知子〕

第2章 労働関係訴訟における事件内容類型別要件事実と証拠

第10節　懲戒処分

第1　総論

1　懲戒処分とは

　懲戒処分とは、従業員の企業秩序違反行為に対する制裁罰であることが明確な、労働関係上の不利益措置をいう。具体的には、けん責・戒告、減給、降格、出勤停止、諭旨解雇、懲戒解雇等がある。

2　懲戒処分の有効要件

　懲戒処分の有効要件について、労働契約法は、「使用者が労働者を懲戒することができる場合において、当該懲戒が、当該懲戒に係る労働者の行為の性質及び態様その他の事情に照らして、客観的に合理的な理由を欠き、社会通念上相当であると認められない場合は、その権利を濫用したものとして、当該懲戒は、無効とする」（労契15条）と規定している。具体的には、懲戒処分の有効性は、以下の三つの要件を勘案した上で判断されることになる。

> 〈懲戒処分の有効要件〉
> ①　懲戒処分の根拠規定の存在
> ②　懲戒事由への該当性（懲戒事由に該当する事実の存在を前提）
> ③　相当性

　この有効要件は、学説・裁判例の蓄積によって形成され、最高裁判例によって要約された懲戒権濫用法理が法文化したものである（ダイハツ工業事件：最判昭和58年9月16日判時1093号135頁、菅野・労働法502頁）。また、①に該当するためには、懲戒処分を規定した就業規則等が法的規範として効力を有することが必要となることから、その適用を受ける事業場の労働者に周知させる手続がとられていることを要する。

第2　要件事実と証拠収集

1　請求原因

　典型例としての労働者が懲戒解雇の無効を争う場合であれば、要件事実と

112

しては、以下の二つの要件を主張・立証することになる。

1　労働契約の存在（締結日、賃金の額、支払方法〈締め日・支払日〉）

2　使用者による労働契約終了の事実（意思表示の内容、年月日、方法・態様等）

そのため、労働者とすれば、1・2に関する証拠を収集することになるが、1については労働契約書、雇入れ通知書、給与明細書等が、2については懲戒処分通知書、解雇理由証明書等が考えられる。

2　使用者の抗弁

これに対して、使用者としては抗弁として、前記懲戒処分の有効要件のうち、①懲戒処分の根拠規定の存在及び②懲戒事由への該当性（懲戒事由に該当する事実の存在を前提）のほかに以下を主張立証することになる。

1　懲戒処分の根拠規定の存在

2　懲戒事由への該当性（懲戒事由に該当する事実の存在を前提）

3　懲戒解雇（又は解雇予告）の意思表示をしたこと（意思表示の内容、解雇（予告）の時期、方法・態様、効力発生時期）

4　解雇（又は解雇予告）後30日の経過（又は解雇予告の除外事由）

そのため、使用者とすれば、要件1～4に関する証拠を収集することになるが、要件1・2については就業規則、要件3については懲戒解雇通知書、郵便物等配達証明書、懲戒解雇通告した者の陳述書（特に解雇が口頭による場合）、要件4については懲戒解雇通知書、懲戒解雇通告した者の陳述書（特に解雇が口頭による場合）、銀行送金票・領収証等（解雇予告手当支払の事実）、労働基準監督署の除外認定許可書等が考えられる。

> 例　就業規則／懲戒解雇通知書、郵便物等配達証明書、懲戒解雇通告した者の陳述書／銀行送金票・領収証等（解雇予告手当支払の事実）、労働基準監督署の除外認定許可書／共犯者・目撃者等の関係者の陳述書、非違行為を行った本人の陳述書

また、要件2懲戒事由への該当性のうち「懲戒事由に該当する事実の存在」については、非違行為の発覚後、速やかに会社調査により非違行為の存在を立証するに足る証拠を収集することになる。具体的には、共犯者・目撃者等

第2章 労働関係訴訟における事件内容類型別要件事実と証拠

の関係者の陳述書、非違行為を行った本人の陳述書のほかには、非違行為ごとに以下の証拠を収集することが考えられる。

---

① 職務懈怠

タイムカード／出勤簿／業務記録／勤務評定／業務命令書／業務指示書／改善指示書等

② 業務命令違反

業務命令書／業務指示書／改善命令書／警告書／勤務評定書／社内報告書等

③ 経歴詐称

履歴書／実際の経歴を証明する文書（例えば、卒業証明書、試験等の合格証書、調査会社からの調査報告書、学校・企業等に対する照会記録等）／前科については刑事確定記録／前歴については過去の新聞記事やインターネットの調査記録等

④ 業務妨害

現場写真／ビラ・チラシ／パソコン内の記録／メール／インターネット・ツイッターの調査記録等

⑤ 職場規律違反

領収証／帳簿／現場写真／ビラ・チラシ／パソコン内の記録／メール／インターネット・ツイッターの調査記録等

⑥ 従業員たる地位・身分による規律違反

新聞記事／会社案内（ホームページも含む）／パソコン内の記録／メール／インターネット・ツイッターの調査記録／ビラ・チラシ等

---

3 労働者の再抗弁

また、労働者からの再抗弁として、解雇権濫用の評価根拠事実を主張立証することになる。前記懲戒処分の有効要件のうち「相当性」については、ここで主張立証することになると考えられる。そのため、労働者とすれば、これに関する証拠を収集することになるが、相当性のうち「平等取扱い」との関係で当該使用者における他の懲戒解雇案の記録、当該非違行為者のこれまでの非違行為歴とこれに対する会社の対応等を記載した記録、「適正手続」との関係では就業規則、労働協約・労使協定、懲戒委員会等の議事録、非違行為者の弁明書等を収集することが考えられる。なお、非違行為者から事情

114

聴取するに際しては、後日会社側担当者から脅迫された等の理由で供述を覆す可能性がある場合には、第三者的な立場の人に同席してもらったり、録音又はビデオ撮影することも検討すべきである。

> **例** 当該使用者における他の懲戒解雇事案の記録／当該非違行為者のこれまでの非違行為歴とこれに対する会社の対応等を記載した記録／就業規則、労働協約・労使協定、懲戒委員会等の議事録、非違行為者の弁明書

4 使用者からの再々抗弁

さらに、使用者からの再々抗弁として解雇権濫用の評価障害事実を主張立証することになる。そのため、使用者とすれば、これに関する証拠を収集することになるが、業務日報、営業報告書・営業成績に関する記録、売上台帳、業務改善命令書、調査報告書、担当者の陳述書等が考えられる。

> **例** 業務日報、営業報告書・営業成績に関する記録、売上台帳、業務改善命令書、調査報告書、担当者の陳述書

第3 地位保全及び賃金仮払い仮処分

また、懲戒解雇の場合には、労働者より地位保全及び賃金仮払い仮処分を申し立てられることがあるが、仮処分の要件としては「争いのある権利関係」とともに「保全の必要性」(解雇された労働者に生ずる著しい損害又は急迫の危険を避けるための必要性)が必要となる(民保23条2項)。「争いのある権利関係」については前述の証拠収集と同様であるが、「保全の必要性」については労働者からは無収入であることや収入があっても生活を維持するに足りないことや労働者の生活の状況を証する書面（失業保険（雇用保険の基本手当）の取得を証明する文書、労働者の生活状況を記載した労働者の陳述書等）を提出することになるが、会社としても労働者が生活に困窮していないことを証明する文書（労働者の収入及び財産関係についての調査報告書等）提出することが考えられる。

〔村林　俊行〕

第2章 労働関係訴訟における事件内容類型別要件事実と証拠

第11節 退職・解雇

第1 退 職

退職には、①合意解約と②辞職がある。

第2 合意解約

1 合意解約とは

合意解約とは、労働者と使用者が合意によって労働契約を将来に向けて解約することである。

2 要件事実と証拠収集

ア 請求原因

労働者が合意解約の無効を争う場合、要件事実としては、以下の二つを主張立証することになる。

① 労働契約の存在（締結日、賃金の額、支払方法＜締め日・支払日＞）

② 使用者による労働契約終了の事実（意思表示の内容、年月日、方法・態様等）

そのため、労働者とすれば、要件①・②に関する証拠を収集することになるが、要件①については労働契約書、労働条件通知書、給与明細書等が、要件②については退職合意書等が考えられる。

なお、合意解約の無効を争う場合には、争いのある合意解約後の未払賃金を請求することがあるが、その場合には給与明細書や源泉徴収票により合意解約日以降の賃金相当額を立証することが考えられる（賃金請求の詳細については第2章第1節第3を参照）。

> **例** 労働契約書／労働条件通知書／給与明細書／源泉徴収票／退職合意書

イ 使用者からの抗弁

これに対して、使用者としては抗弁として、以下を主張立証することになる。

① 解約の意思表示（意思表示の内容、解約の時期、方法・態様、効力発生時期）

116

第11節　退職・解雇

②　承諾の意思表示（意思表示の内容、承諾の時期、方法・態様、効力発生時期）

　そのため、使用者とすれば、要件①・②に関する証拠を収集することになるが、要件①については退職届、退職合意書等が、要件②については退職合意書、承諾通知書、郵便物等配達証明書、承諾者について退職に関する決裁権限がわかる資料等が考えられる。

> 例　退職届、退職合意書／承諾通知書／郵便物等配達証明書／承諾者について退職に関する決裁権限がわかる資料

ウ　労働者からの再抗弁

　また、労働者からの再抗弁として、解約の意思表示が詐欺・錯誤・強迫等でなされたことや解約申入れの撤回等を主張立証することになる。そのため、労働者とすれば詐欺・錯誤・強迫等に関する証拠として、録音テープ、労働者本人の陳述書等を、撤回に関する証拠として撤回申入書、郵便物等配達証明書等が考えられる。

　なお、合意解約の申込みとしての退職届を撤回するには、使用者の承諾の意思表示がなされるまでになされなければならないことに注意すべきである（白頭学院事件：大阪地判平成9年8月28日労判725号40頁）。

> 例　録音テープ、労働者本人の陳述書／撤回申入書、郵便物等配達証明書

第3　辞　職

1　辞職とは

　辞職とは、労働者による労働契約の解約である。辞職については、期間の定めのない雇用契約では、労働者は2週間前に予告をすることにより雇用契約を解約できる（民627条1項）。ただし、月給制の場合には、解約は翌月以降に対してのみなすことができ、かつ、当月の前半において予告をすることを要する（民627条2項）。これに対して期間の定めのある雇用契約では、「やむを得ない事由」がある場合には直ちに雇用契約を解除することができる（民628条第1文）。ただし、その事由が当事者の一方の過失によって生じたものであるときは、相手方に対して損害賠償の責任を負う（民628条第2文）。

117

第2章 労働関係訴訟における事件内容類型別要件事実と証拠

辞職は、労働者の一方的な解約の意思表示が使用者に到達した時点で効力が生ずる点で、使用者の承諾が必要な合意解約とは異なる。そのため、辞職の撤回は、解約の意思表示が使用者に到達するまでに行わなければならない。

2 要件事実と証拠収集

ア 請求原因

労働者が辞職の無効を争う場合、要件事実としては、以下の二つを主張立証することになる。

1 労働契約の存在（締結日、賃金の額、支払方法＜締め日・支払日＞）

2 使用者による労働契約終了の事実（意思表示の内容、年月日、方法・態様等）

そのため、労働者とすれば、要件1・2に関する証拠を収集することになるが、要件1については労働契約書、労働条件通知書、給与明細書等が、要件2については使用者からの通知書（退職を前提とした通知書）等が考えられる。

なお、辞職の無効を争う場合には、争いのある辞職後の未払賃金を請求することがあるが、その場合には給与明細書や源泉徴収票により辞職日以降の賃金相当額を立証することが考えられる（賃金請求の詳細については第2章第1節第3を参照）。

> **例** 労働契約書／労働条件通知書／給与明細書用者からの通知書（退職を前提とした通知書）／給与明細書／源泉徴収票

イ 使用者からの抗弁

これに対して、使用者としては抗弁として、以下を主張立証することになる。

1 辞職の意思表示（意思表示の内容、年月日、方法・態様）

2 使用者に辞職の意思表示が到達したこと（到達の年月日、方法）

そのため、使用者とすれば、要件1・2に関する証拠を収集することになるが、要件1については退職届等、要件2については郵便物等配達証明書等が考えられる。なお、労働者が使用者の意思にかかわりなく退職すべく退職

第11節　退職・解雇

届を出す場合には、合意解約の申入れと区別するために、使用者の意向にかかわりなく退職する旨の内容を記載するとともに、できれば内容証明により郵送するべきである（退職届が辞職と認定された裁判例として、北港観光バス（出勤停止処分等）事件：大阪地判平成25年1月18日労判1079号165頁参照）。

> **例**　退職届郵便物／配達証明書

ウ　労働者からの再抗弁

また、労働者からの再抗弁として、辞職の意思表示が詐欺・錯誤・強迫等でなされたことや辞職申入れの撤回等を主張立証することになる。そのため、労働者とすれば詐欺・錯誤・強迫等に関する証拠として録音テープ、労働者本人の陳述書等を、撤回に関する証拠として撤回申入書、郵便物等配達証明書等が考えられる。ただし、前述のとおり、辞職の効力は使用者に辞職の意思表示が到達した時点で発生するので、それまでに撤回の申入れをしないと撤回できないことに注意する必要がある。

> **例**　録音テープ／労働者本人の陳述書撤回申入書／郵便物等配達証明書

第4　解　雇

1　解雇とは

解雇とは、使用者による労働契約の解約である。以下では、①普通解雇と②整理解雇に分けて説明する。なお、労働者より地位保全及び賃金仮払い仮処分を申し立てられた場合の証拠収集については、本章第10節を参照。

2　普通解雇

ア　総論

普通解雇について、労働契約法は、「解雇は、客観的に合理的な理由を欠き、社会通念上相当であると認められない場合は、その権利を濫用したものとして、無効とする」（労契16条）と規定している。民法は、期間の定めのない雇用契約については、いつでも解約申入れができるものとしているが（民627条1項）、裁判例においては「使用者の解雇権の行使も、それが客観的に合理的な理由を欠き社会通念上相当として是認することができない場合に

119

第2章 労働関係訴訟における事件内容類型別要件事実と証拠

は、権利の濫用として無効となる」とする解雇権濫用法理を確立していたが（日本食塩製造事件：最判昭和50年4月25日民集29巻4号456頁）、それを明文化したものである。

イ　要件事実と証拠収集

a　請求原因

労働者が普通解雇の無効を争う場合、要件事実としては、以下の二つを主張立証することになる（山口・審理ノート9頁以下）。

　　① 労働契約の存在（締結日、賃金の額、支払方法＜締め日・支払日＞）

　　② 使用者による労働契約終了の事実（意思表示の内容、年月日、方法・態様等）

そのため、労働者とすれば、要件①・②に関する証拠を収集することになるが、要件①については労働契約書、労働条件通知書、給与明細書等が、要件②については解雇通知書、解雇理由証明書等が考えられる。

なお、解雇の無効を争う場合には、解雇後の未払賃金を請求することがあるが、その場合には給与明細書や源泉徴収票により解雇日以降の賃金相当額を立証することが考えられる（賃金請求の詳細については第2章第1節第3を参照）。

> **例**　労働契約書、労働条件通知書、給与明細書解雇通知書、解雇理由証明書

b　使用者からの抗弁

これに対して、使用者としては抗弁として、以下を主張立証することになる（山口ほか・審理ノート16頁以下）。

　　① 解雇（又は解雇予告）の意思表示をしたこと（意思表示の内容、解雇（予告）の時期、方法・態様、効力発生時期）

　　② 解雇（又は解雇予告）後30日の経過（又は解雇除外事由）

そのため、使用者とすれば、要件①・②に関する証拠を収集することになるが、要件①については解雇通知書、郵便物等配達証明書、解雇通告した者の陳述書（特に解雇が口頭による場合）、要件②については解雇通知書、解雇通告した者の陳述書（特に解雇が口頭による場合）、銀行送金票・領収証等（解雇予告手当支払の事実）、賃金台帳（解雇予告手当の支払額が適法である事実）、

120

労働基準監督署の除外認定許可書等が考えられる。

> **例** 解雇通知書／郵便物等配達証明書／解雇通告した者の陳述書／解雇通知書／銀行送金票／領収証等／賃金台帳／労働基準監督署の除外認定許可書

c 労働者からの再抗弁

また、労働者からの再抗弁として、以下を主張立証することになると解される（山口ほか・審理ノート16頁以下）。前記解雇権濫用法理については、再抗弁と再々抗弁において主張立証することとなる。

① 解雇権濫用の評価根拠事実
② 就業規則（労働協約）上の解雇事由の定めがあること（争いがある。限定列挙説を前提）

そのため、労働者とすれば、要件①・②に関する証拠を収集することになるが、要件①については業務日報、営業報告書、労働者本人の陳述書等、要件②については就業規則、労働協約が考えられる。

> **例** 業務日報／営業報告書／労働者本人の陳述書／就業規則／労働協約

d 使用者からの再々抗弁

さらに、使用者からの再々抗弁として、以下を主張立証することになる（山口ほか・審理ノート16頁以下）。

① 再抗弁①に対する再々抗弁として解雇権濫用の評価障害事実
② 再抗弁②に対する再々抗弁として就業規則（労働協約）上の解雇事由に該当すること

そのため、使用者とすれば、要件①・②に関する証拠を収集することになるが、要件①については業務日報、営業報告書・営業成績に関する記録、売上台帳、業務改善命令書、労働契約書等、要件②については就業規則、労働協約、業務日報、営業報告書・営業成績に関する記録、売上台帳、業務改善命令書等が考えられる。

> **例** 業務日報／営業報告書／営業成績に関する記録／売上台帳／業務改善命令書／労働契約書／就業規則／労働協約／営業成績に関する記録

第2章 労働関係訴訟における事件内容類型別要件事実と証拠

3 整理解雇

ア 総 論

整理解雇とは、企業が経営上必要とされる人員削減のために行う解雇をいう。

イ 要件事実と証拠収集

a 請求原因

労働者が整理解雇の無効を争う場合、要件事実としては、以下の二つを主張することになる（山口ほか・審理ノート9頁以下）。

① 労働契約の存在（締結日、賃金の額、支払方法＜締め日・支払日＞）

② 使用者による労働契約終了の事実（意思表示の内容、年月日、方法・態様等）

そのため、労働者とすれば、要件①・②に関する証拠を収集することになるが、要件①については労働契約書、労働条件通知書、給与明細書等が、要件②については解雇通知書、解雇理由証明書等が考えられる。

なお、解雇の無効を争う場合には、解雇後の未払賃金を請求することがあるが、その場合には給与明細書や源泉徴収票により解雇日以降の賃金相当額を立証することが考えられる（賃金請求の詳細については第2章第1節第3を参照）。

> **例** 労働契約書／労働条件通知書／給与明細書／解雇通知書／解雇理由証明書／源泉徴収票

b 使用者からの抗弁

これに対して、使用者としては抗弁として、以下について主張立証することになる（山口ほか・審理ノート34頁以下）。

① 整理解雇の意思表示をしたこと（意思表示の内容、解雇（予告）の時期、方法・態様、効力発生時期）

② 解雇（又は解雇予告）後30日の経過（又は解雇予告の除外事由）

③ 整理解雇が有効であることを根拠づける事実

要件③の整理解雇の有効要件（要素）については、裁判例（東洋酸素事件：東京高判昭和54年10月29日労民30巻5号1002頁等）は、㋐人員削減の必要性、㋑解雇回避努力を尽くしたこと、㋒人選の合理性、㋓手続の相当性が

122

第11節　退職・解雇

必要であるとする（エについては労働者側が再抗弁として主張立証すべきであるとする裁判例（ゼネラル・セミコンダクター・ジャパン事件：東京地判平成15年8月27日判タ1139号121頁等）があり、本書もこの裁判例の見解を前提とする）。

　そのため、使用者とすれば、要件①〜③に関する証拠を収集することになるが、要件①については解雇通知書、解雇通告した者の陳述書（特に解雇が口頭による場合）、要件②については懲戒解雇通知書、懲戒解雇通告した者の陳述書（特に解雇が口頭による場合）、銀行送金票・領収証等（解雇予告手当支払の事実）、賃金台帳（解雇予告手当の支払額が適法である事実）、労働基準監督署の除外認定許可書等、要件③中⑦については決算書、組織図、労働者への説明資料等、⑦については整理解雇の計画書、希望退職者募集要項、労働者への説明資料、労使協定・団体交渉議事録（例えば、解雇を回避するために賃金減額等を行った事実等）等、⑦については組織図、マニュアル等が考えられる。なお、使用者においてアの証拠を提出しない場合には、労働者より決算書等について文書提出命令の申立てがなされることがある（民訴223条等）。

> **例**　解雇通知書／解雇通告した者の陳述書／懲戒解雇通知書／懲戒解雇通告した者の陳述書／銀行送金票／領収証／賃金台帳／労働基準監督署の除外認定許可書／決算書／組織図／労働者への説明資料／整理解雇の計画書／希望退職者募集要項／労働者への説明資料／労使協定／団体交渉議事録／マニュアル

ウ　労働者からの再抗弁

　また、労働者からの再抗弁として、整理解雇が有効であるとの効果を障害する事実である前述の要件4（手続の相当性がないこと）の事実を主張立証することになる。そのため、労働者とすれば、収集提出する証拠としては、労働者への説明資料、労働者本人の陳述書等が考えられる。

> **例**　労働者への説明資料、労働者本人の陳述書

〔村林　俊行〕

第2章 労働関係訴訟における事件内容類型別要件事実と証拠

第12節　非正規雇用

第1　非正規労働者

　非正規労働者とは、契約の形態や内容上、正規の雇用関係にある従業員とは区別された労働者をいう。具体的には、パート社員、アルバイト、契約社員、期間社員、嘱託社員等と呼ばれている。

　非正規労働者と使用者とのトラブルのうち、典型例として、「期間満了に伴う雇止め」と「期間途中の解雇」について解説する。

第2　期間満了に伴う雇止め

1　総論

　有期雇用契約の期間満了に伴う雇止めについて、労働契約法は、①非正規労働者との短期雇用契約が反復更新されて期間の定めのない契約と実質的に異ならない状態となった場合（東芝柳町事件：最判昭和49年7月22日判タ312号151頁）、②雇用継続に対する労働者の期待利益に合理性がある場合（日立メディコ事件：最判昭和61年12月4日労判486号6頁）には、契約期間が満了する日までの間に労働者が当該有期労働契約の更新の申込みをした場合または当該契約期間の満了後遅滞なく有期労働契約の締結の申込みをした場合であって、使用者が当該申込みを拒絶することが客観的に合理的な理由を欠き、社会通念上相当であると認められないときは、使用者は、従前の有期労働契約の内容である労働条件と同一の労働条件で当該申込みを承諾したものとみなすと規定している（労契19条）。労働契約法19条は、前述の東芝柳町事件判決（最判昭和49年7月22日）および日立メディコ事件判決（最判昭和61年12月4日）が判示する雇止め法理を明文化したものである。

　契約更新がある場合に労働者が②の合理的な期待を放棄したといえるためには、労働者において本件労働契約が従前とは異なり更新されないことを真に理解して契約を締結したかどうかが問われ、そのため使用者としては、契約更新ができなくなった事情等について労働者に十分に理解を求めるべく説明を尽くすことが重要となる。

124

第12節　非正規雇用

2　要件事実と証拠収集

ア　請求原因

　労働者が雇止めの無効を争う場合、争いがあるが要件事実としては、以下を主張・立証することが必要となるものと解される（山口・審理ノート51頁以下）。

1. 労働契約の存在（締結日、雇用期間、更新に関する約定の有無・内容、賃金の額、支払方法〈締め日・支払日〉）
2. 使用者による労働契約終了の事実（意思表示の内容、雇止めの時期、方法・態様等）
3. 予備的請求原因1として、
   - ⑦　短期労働契約が実質的に期間の定めのない労働契約と異ならない状態となったことの評価根拠事実（各期間における労働契約書等の書面作成の有無・内容等）
   - ⑦　雇止めが客観的に合理的な理由を欠き、社会通念上相当であると認められないことの評価根拠事実（その後の交渉経緯、非正規労働者及び正規労働者の各労働条件・業務内容、雇止めに対する使用者側の説明内容、雇止め回避努力の有無・内容等）

　または

4. 予備的請求原因2として、
   - ⑦　労働者が雇用継続の期待を持つことが合理的であることの評価根拠事実（非正規労働者及び正規労働者の募集条件・採用手続・更新手続、非正規労働者及び正規労働者の各員数の変化等）
   - ⑦　雇止めが客観的に合理的な理由を欠き、社会通念上相当であると認められないことの評価根拠事実（その後の交渉経緯、非正規労働者及び正規労働者の各労働条件・業務内容、雇止めに対する使用者側の説明内容、雇止め回避努力の有無・内容等）

　そのため、労働者とすれば、要件1〜3又は要件4に関する証拠を収集することになるが、要件1については労働契約書、労働条件通知書、給与明細書等が、要件2については雇止め通知書、雇止め理由証明書等、要件3アについては募集要項、労働者の陳述書等、要件4アについては募集要項、全期

125

間の労働契約書、就業規則、更新時に交わされた文書、多数回の更新・長期間の雇用継続・ほかに雇止め事例がないことについて記載した書面、更新時の手続がルーズで形式的なものとなっていること・正規労働者と異ならない職務を担当していること等について記載した書面等、要件③・④の各イについては雇止め後の交渉にかかる文書（労働者への説明資料、労使協定・団体交渉議事録）、人員の推移等のデータ、財務諸表等が考えられる。

　なお、雇止めの無効を争う場合には、雇止め後の未払賃金を請求することがあるが、その場合には給与明細書や源泉徴収票により雇止め日以降の賃金相当額を立証することが考えられる（賃金請求の詳細については第2章第1節第3を参照）。

> **例**　労働契約書／労働条件通知書／給与明細書／雇止め通知書／雇止め理由証明書／募集要項／労働者の陳述書／全期間の労働契約書／就業規則／更新時に交わされた文書／多数回の更新・長期間の雇用継続・ほかに雇止め事例がないことについて記載した書面／更新時の手続がルーズで形式的なものとなっていること・正規労働者と異ならない職務を担当していること等について記載した書面／雇止め後の交渉にかかる文書（労働者への説明資料、労使協定・団体交渉議事録）／人員の推移等のデータ／財務諸表／給源泉徴収票

イ　使用者からの抗弁

これに対して、使用者は抗弁として、以下を主張・立証することになる（山口・審理ノート52頁以下）。

① 期間の定めの存在

② 期間満了

③ （予備的請求原因1に対して）

　　ア　短期労働契約が実質的に期間の定めのない労働契約と異ならない状態となったことの評価障害事実（各期間における労働契約書等の書面を作成したこと等）

　　イ　雇止めが客観的に合理的な理由を欠き、社会通念上相当であると認められないことの評価障害事実（その後の交渉経緯、非正規労働者及び正規労働者の各労働条件・業務内容、雇止めに対する使用者側の説明内容、雇止め回避努力の内容等）

第12節　非正規雇用

または

（予備的請求原因2に対して）

ウ　労働者が雇用継続の期待を持つことが合理的であることの評価障害事実（非正規労働者及び正規労働者の募集条件・採用手続・更新手続、非正規労働者及び正規労働者の各員数の変化等）

エ　雇止めが客観的に合理的な理由を欠き、社会通念上相当であると認められないことの評価障害事実（その後の交渉経緯、非正規労働者及び正規労働者の各労働条件・業務内容、雇止めに対する使用者側の説明内容、雇止め回避努力の内容等）

　そのため、使用者とすれば、要件1〜3に関する証拠を収集することになるが、要件1については労働契約書、労働条件通知書等、要件2については主張するだけで特に証拠は必要なく、3アについては全期間の労働契約書、更新時に交わされた文書等、ウについては募集要項、全期間の労働契約書、就業規則、更新時に交わされた文書、非正規労働者の更新状況等のデータ、担当者の報告書等、要件イ・エについては雇止めに対する使用者側の説明内容やその後の交渉経緯を記載した文書・雇止め回避努力について記載した文書（労働者への説明資料、労使協定・団体交渉議事録等）、財務諸表等が考えられる。

> **例**　労働契約書／労働条件通知書／全期間の労働契約書／更新時に交わされた文書／募集要項／全期間の労働契約書／就業規則／更新時に交わされた文書／非正規労働者の更新状況等のデータ／担当者の報告書雇止めに対する使用者側の説明内容やその後の交渉経緯を記載した文書・雇止め回避努力について記載した文書（労働者への説明資料、労使協定・団体交渉議事録等）／財務諸表

第3　期間途中の解雇

1　総論

　期間を定めた雇用契約の解雇について、民法は「当事者が雇用の期間を定めた場合であっても、やむを得ない事由があるときは、各当事者は、直ちに契約の解除をすることができる。この場合において、その事由が当事者の一

第2章 労働関係訴訟における事件内容類型別要件事実と証拠

方の過失によって生じたものであるときは、相手方に対して損害賠償の責任を負う」（民628条）と、労働契約法は「使用者は、期間の定めのある労働契約（以下この章において「有期労働契約」という。）について、やむを得ない事由がある場合でなければ、その契約期間が満了するまでの間において、労働者を解雇することができない」（労契17条1項）と規定している。労働契約法17条1項では、民法628条第1文とは異なり、「やむを得ない事由」があるときに該当しない場合は解雇することができないことを明らかにしたものである。

2 要件事実と証拠収集

ア 請求原因

それゆえ労働者が期間途中の解雇の無効を争う場合、要件事実としては、以下の二つを主張・立証することになる（山口・審理ノート9頁以下）。

1　労働契約の存在（締結日、期間の定め、賃金の額、支払方法〈締め日・支払日〉）

2　使用者による労働契約終了の事実（意思表示の内容、年月日、方法・態様等）

そのため、労働者とすれば、要件1・2に関する証拠を収集することになるが、要件1については労働契約書、労働条件通知書、給与明細書等が、要件2については解雇通知書、解雇理由証明書等が考えられる。

なお、解雇の無効を争う場合には、解雇後の未払賃金を請求することがあるが、その場合には給与明細書や源泉徴収票により解雇日以降の賃金相当額を立証することが考えられる（賃金請求の詳細については第2章第1節第3を参照）。

> **例**　労働契約書／労働条件通知書／給与明細書／解雇通知書／解雇理由証明書／源泉徴収票

イ 使用者からの抗弁

これに対して、使用者は抗弁として、以下を主張・立証することになる（山口・審理ノート12頁以下参照）。

1　解雇（または解雇予告）の意思表示をしたこと（意思表示の内容、解

雇（予告）の時期、方法・態様、効力発生時期）

② 解雇（または解雇予告）後30日の経過（または解雇除外事由）

③ （予備的抗弁）解雇にやむを得ない事由があったこと

そのため、使用者とすれば、要件①～③に関する証拠を収集することになるが、要件①については解雇通知書、郵便物等配達証明書、解雇通告した者の陳述書（特に解雇が口頭による場合）、要件②については解雇通知書、解雇通告した者の陳述書（特に解雇が口頭による場合）、銀行送金票・領収証等（解雇予告手当支払の事実）、賃金台帳（解雇予告手当の支払額が適法である事実）、労働基準監督署の除外認定許可書等が、要件③については決算書等が考えられる。

> **例** 解雇通知書／郵便物等配達証明書／解雇通告した者の陳述書／銀行送金票・領収証／賃金台帳／労働基準監督署の除外認定許可書／決算書

ウ 労働者からの再抗弁

また、労働者からの再抗弁として、以下を主張・立証することになると解される（山口・審理ノート16頁以下参照）。

① 雇用期間中の解雇であること

② 解雇権濫用の評価根拠事実

③ 就業規則（労働協約）上の解雇事由の定めがあること（争いがある。限定列挙説を前提）

そのため、労働者とすれば、要件①～③に関する証拠を収集することになるが、要件①については労働契約書、労働条件通知書、解雇通知書等、要件②については業務日報、営業報告書、労働者本人の陳述書等、要件③については就業規則、労働協約が考えられる。

> **例** 労働契約書／労働条件通知書／解雇通知書／業務日報／営業報告書／労働者本人の陳述書／就業規則／労働協約

エ 使用者からの再々抗弁

さらに、使用者からの再々抗弁として、以下を主張・立証することになる（山口・審理ノート16頁以下参照）。

第2章 労働関係訴訟における事件内容類型別要件事実と証拠

1　再抗弁②に対する再々抗弁として解雇権濫用の評価障害事実

2　再抗弁③に対する再々抗弁として就業規則（労働協約）上の解雇事由に該当すること

　そのため、使用者とすれば、要件1・2に関する証拠を収集することになるが、要件1については業務日報、営業報告書・営業成績に関する記録、売上台帳、業務改善命令書、労働契約書等、要件2については就業規則、労働協約、業務日報、営業報告書・営業成績に関する記録、売上台帳、業務改善命令書等が考えられる。

> **例**　業務日報／営業報告書・営業成績に関する記録／売上台帳／業務改善命令書／労働契約書／就業規則／労働協約

〔村林　俊行〕

第13節　不当労働行為

　不当労働行為は、組合員であること等を理由とする不利益取扱い（労組7条1号）、団体交渉拒否（同条2号）、支配介入（同条3号）、及び労働委員会への救済申立て等を理由とする不利益取扱い（同条4号）の四種類の使用者の行為を指し、労働者や労働組合は、労働委員会に対してその救済を申し立てることができる（労組第2節）。この手続の詳細は後記する（第3章第6節）。

　労働委員会の発する救済命令は、不当労働行為を是正するために行う行政上の措置であり、これに私法上の効力はない。一方、労働委員会の手続ではなく、一般の民事訴訟において、ある処分等が不当労働行為であることを主張して、当該処分等の私法上の効力を争うことも可能である。例えば、解雇という不利益な取扱いについては、解雇権の濫用を理由にその無効を主張するだけでなく、それが不当労働行為（1号または4号）であることを理由に無効主張することができる（医療法人新光会事件：最三小判昭和43年4月9日労判74号79頁）。不当労働行為禁止規定に違反する行為は、私法上も効力が否定されるのである。

　ところで、民事訴訟において不当労働行為を主張する際に、どのような事実を主張し、どのような証拠を検討すべきかは、実際は、労働委員会での手続でこれらをどうするかという問題と概ね重なる。そこで、民事訴訟で不当労働行為を主張する際の要件事実や証拠等については、第3章第6節を参照していただきたい。

〔岩野　高明〕

第2章 労働関係訴訟における事件内容類型別要件事実と証拠

第14節 労働災害・後遺障害関係

第1 労災保険給付不支給処分取消請求

1 労災保険給付の手続の概要

労災保険給付は、被災労働者またはその遺族により、労働基準監督署長宛に請求され、労働基準監督署長により、支給または不支給が決定される。

労働基準監督署長により不支給処分とされ、その決定に不服がある場合には、労働者災害補償保険審査官に審査請求をすることができる。その審査請求に対する処分に不服がある場合には、労働保険審査会に再審査請求をすることができる（労災37条1項）。

労災保険給付に関する処分に対する取消しの訴えは、一定の例外を除き、再審査請求に対する労働保険審査会の裁決を経た後でなければ提起することはできない（労災40条）。取消訴訟の被告は国である。

例外とは、①再審査請求がされた日から3か月を経過しても裁決が出ないとき、②再審査請求についての裁決を経ることにより生ずる著しい損害を避けるため緊急の必要があるときその他その裁決を経ないことにつき正当な理由があるときのいずれかである。

2 要件事実

① 労災保険給付の不支給決定がされたこと

② ア～エいずれかを満たすこと

　ア ①についての再審査請求に対する裁決を経たこと

　イ ①についての再審査請求がなされた日から3か月を経過しても裁決がないこと

　ウ ①についての再審査請求に対する裁決を経ることにより生ずる著しい損害を避けるため緊急の必要があること

　エ ②についての再審査請求に対する裁決を経ないことにつき正当な理由があること

③ 出訴期間（再審査請求に対する裁決があったことを知った日から6か月以内）を遵守したこと

これに対して、国が労災保険給付を不支給とした理由について主張し、それに対し、さらに、被災者等が、以下の個別の要件事実を満たすことを主張・立証することとなる。

⑤　被災者が労働者であること

⑥　⑤の者の負傷、疾病、障害または死亡の事実

⑦　⑥が業務に起因すること（業務災害の場合）、または通勤によること（通勤災害の場合）

⑧　その他各給付

例えば、過労死の場合、厚生労働省は、以下のとおり、脳・心臓疾患の労災認定基準を示している。

要件１　対象疾病に罹患していること

　　脳血管疾患　　　・脳内出血

　　　　　　　　　　・くも膜下出血

　　　　　　　　　　・脳梗塞

　　　　　　　　　　・高血圧性脳症

　　虚血性心疾患等　・心筋梗塞

　　　　　　　　　　・狭心症

　　　　　　　　　　・心停止（心臓性突然死を含む）

　　　　　　　　　　・解離性大動脈瘤

要件２

　次の３つのいずれかの出来事が存在し、脳・心臓疾患の発症の有力な原因が業務によることが明らかであり、医学的経験則に照らし、脳・心臓疾患の発症の基礎となる血管病変等が、自然的経過を超えて著しく増悪し発症したと認められれば、業務上の疾病と認定される。

　つまり、もともと本人がもっている動脈硬化等による血管病変または動脈瘤、心筋変性等の基礎的病態が、加齢、食生活、生活環境等の日常生活の諸々の要因により徐々に悪化していったのではなく、それを超えて著しく増加し発症した場合に労災認定される。

①　異常な出来事

発症直前から前日までの間において、発生状態を時間的及び場所的に明確にし得る異常な出来事に遭遇したこと

・極度の緊張、興奮、恐怖、驚愕等の強度の精神的負荷を引き起こす突発的または予測困難な異常な事態

→例：業務に関連した重大な人身事故や重大事故に直接関与し、著しい精神的負荷を受けた場合

・緊急に強度の身体的負荷を強いられる突発的または予測困難な異常な事態

→例：事故の発生に伴って、救助活動や事故処理に携わり、著しい身体的負荷を受けた場合

・急激で著しい作業環境の変化

→例：屋外作業中、極めて暑熱な作業環境下で水分補給が著しく阻害される状態や特に温度差のある場所への頻回な出入りなど

② 短期間の過重業務

発症に近接した時期（発症前概ね1週間）において、特に過重な業務に就労したこと

③ 長期間の過重業務

発症前の長期間にわたって、著しい疲労の蓄積をもたらす特に過重な業務に就労したこと

②③の「特に過重な業務」かどうかは、業務量、業務内容、作業環境等具体的な負荷要因を考慮し、同僚等にとっても、特に過重な身体的、精神的負荷と認められるか否かという観点から、客観的かつ総合的に判断する。

業務の過重性の具体的な評価にあたっては、疲労の蓄積等の観点から、ア、労働時間、イ、不規則な勤務、ウ、拘束時間の長い勤務、エ、出張の多い業務、オ、交替制勤務・深夜勤務、カ、作業環境（温度環境・騒音・時差）、キ、精神的緊張を伴う業務の負荷要因について十分検討を行う(厚生労働省のリーフレット参照)。

第14節 労働災害・後遺障害関係

> 労働時間の評価の目安
>
> 発症日を起点とした1か月単位の連続した期間をみて、
> ① 発症前1か月間ないし6か月間にわたって、1か月あたり概ね45時間を超える時間外労働が認められない場合は、業務と発症との関連性が弱いと評価できること
> ② 概ね45時間を超えて時間外労働時間が長くなるほど、業務と発症との関連性が徐々に強まると評価できること
> ③ 発症前1か月間に概ね100時間または発症前2か月間ないし6か月間にわたって、1か月あたり概ね80時間を超える時間外労働が認められる場合は、業務と発症との関連性が強いと評価できること

3 証拠の収集

過労死の業務起因性の立証については、まずは、タイムカード等による労働時間の立証を行い、その他、厚生労働省の労災の認定基準を参考にして、不規則な勤務、拘束時間の長い勤務、出張の多い業務、交替制勤務・深夜勤務、作業環境（温度環境・騒音・時差）、精神的緊張を伴う業務の事実を主張・立証する必要がある。

業務の過重性、過密性については、以下のもので立証する。

> **例** 勤務表／業務報告書／業務内容を1日単位・1か月単位・数か月単位に分け、タームシートやフローチャート等で説明したもの／証言／メール数／パソコンのログ記録／作成したファイル量

医師に経過を書面で説明し、今までの診療録等を検討してもらい、業務起因性があることについて意見書を書いてもらうこともある。

4 裁判例

裁判例は、業務起因性について、過重業務が基礎疾患の自然的経過を超えて急激に増悪させる関係にある場合に業務起因性ありとしたり（大館労基署長事件：最三小判平成9年4月25日労判722号13頁）、労働者の基礎疾患の内容、程度、発症前の業務の内容、態様、遂行状況等を総合的に考慮して、他

135

第2章 労働関係訴訟における事件内容類型別要件事実と証拠

に確固たる増悪要因が見出せない以上、発症前に従事した業務による過重な精神的、身体的負荷が基礎疾患を自然の経過を超えて増悪させ、発症に至ったとして（横浜南労基署長事件：最一小判平成12年7月17日労判786号14頁）、業務起因性を肯定している。

第2　労働災害による民事損害賠償請求

1　要件事実

1　会社に安全配慮義務違反（債務不履行）または不法行為があること

2　損害の発生

3　安全配慮義務違反または不法行為と損害との間に因果関係があること

　これに対し、会社が因果関係を否定したり、過失相殺、労働者の素因による損害の減額を主張する場合には、これらの要因としては、当該労働者の年齢や、当該労働者が、元々、高血圧、飲酒、喫煙、高脂血症、肥満、糖尿病等であったこと、労働者の特異な身体的特徴、労働者の精神的傾向である心因的素因（うつ病等の精神障害の既往症があること等）等を主張することが考えられる。

　そのほか、一定の部下を有する管理職クラスの人であれば、適切に職務を割り振るなどして、自己の労働時間を削減したり、上司に伝えることができたはずだとされ、自己の健康管理義務違反が過失相殺の原因とされることもある。裁判例でも、従業員を指示監督する立場にあった店長について、店舗全体の仕事量の配分により、自らの業務量を適正なものとし、休息や休日を十分にとって疲労の回復に努めるべきであったとして過失相殺を認めた例（グルメ杵屋事件：大阪地判平成21年12月21日労判1003号16頁）や、工夫次第で労働時間を減じることが可能であったことを理由に過失相殺を認めた例（オーク建設事件：広島高松江支判平成21年6月5日労判990号100頁）がある。

2　証拠の収集

ア　安全配慮義務違反または不法行為の成立の主張・立証

　会社の安全配慮義務違反または不法行為の成立については、労災の業務起

因性の立証と同様、主として労働時間の立証を行い、会社が長時間労働を放置していた事実を主張・立証する。

業務の過重性や過密性についても、労災保険給付の不支給処分取消訴訟と同様の事実を主張・立証する。

> **例** 労災の業務上認定の調査復命書／意見書

労災認定を受けている場合には、労働局に対し、労災の業務上認定の調査復命書等の記録の提出を求め、証拠として提出することを検討する。当該労働者本人であれば、行政機関個人情報保護法に基づき、開示請求が可能である。もっとも、同法14条に掲げる不開示情報（開示請求者以外の個人情報、法人の情報であって開示することにより正当な利益を害する情報、公共の安全に関する情報等）に該当すると判断された場合、その部分についてマスキングして開示がなされることがある。

また、医師に意見書を書いてもらうことも有用である。

イ 過失相殺等の主張・立証

> **例** 定期健診の診断結果／診療録

過失相殺や因果関係を否定する原因となる労働者の基礎的要因については、会社の定期健診の診断結果や、裁判手続の文書送付嘱託や調査嘱託等を通じて、病院に診療録等の一切の記録を提出してもらって立証する。

既往歴について、かかっていた病院が不明な場合は、会社の健保組合に文書送付嘱託や調査嘱託等の手続により、診療報酬支払先を照会することも検討できるが、個人情報保護の関係上、明らかにならない場合もある。

労働者自らの健康管理義務違反や労働時間管理義務違反については、労働者の役職、部下の数、業務内容、業務量、時間的裁量（出退勤の時間の拘束性や、業務の時間配分などについて裁量があったか）等について、主張・立証する。

ウ 損害についての主張・立証

原則として、交通事故における損害の主張・立証と同様に行う（赤い本平成31年版上巻参照）。

137

a　積極損害について

(1)　治療関係費

病院等から領収証をもらって立証する。

> **例**　病院等の領収証／医師の診断書・意見書／入通院期間の証明書／症状の映像

(2)　付添費用

入院付添費については、医師の指示または受傷の程度、被害者の年齢等により必要があれば職業付添人については実費全額が認められるとされている（赤い本平成31年版上巻13頁）。

実費については領収証で、必要性については医師の診断書、意見書等で立証する。

近親者の付添は、1日について6,500円が被害者本人の損害として認められるとされている（赤い本平成31年版上巻13頁）ので、病院に入通院期間の証明書を出してもらって立証する。

通院付添費については、症状又は幼児等必要と認められる場合に1日につき3,300円が認められるとされる（赤い本平成31年版上巻19頁）。

> **例**　領収書／付添いに係る看護証明書等／陳述書

(3)　将来看護費

医師の指示または症状の程度により必要があれば被害者本人の損害として認めるとされている（赤い本平成31年版上巻24頁）。比較的重度の等級の後遺障害が認められた場合に将来看護費が認定されることが多い。

職業付添人は実費全額、近親者付添人は1日につき8,000円が認められるとされているので、実費については領収証で、必要性については医師の診断書、意見書等で立証する。

> **例**　領収証／将来介護の必要性に係る証明書（医師の診断書、意見書等）／陳述書

(4)　雑　費

第14節　労働災害・後遺障害関係

　入院雑費は1日につき1,500円が被害者本人の損害として認めるとされている（赤い本平成31年版上巻39頁）。入院期間は病院に入通院期間の証明書を出してもらって立証する。

　介護にかかる将来の費用（おむつ代等）についても、かかる実費を立証すれば認められる場合もある。

┌───┐
│ 例　入通院期間の証明書／診断書   │
└───┘

　(5)　通院交通費・宿泊費等

　症状などによりタクシー利用が相当とされる場合以外は電車、バス等の公共交通機関の料金、自動車の場合ガソリン代等の実費が認められる（赤い本平成31年版上巻41頁）。

　領収証や、公共交通機関の場合はインターネットなどで料金をプリントアウトするなどして提出することにより立証する。

　宿泊費は、比較的重度の等級の傷害の場合、遠隔地の場合などに必要性があれば認められる（赤い本平成31年版上巻42頁）。付添人の交通費が認められることもある。領収証等で立証する。

┌───┐
│ 例　通院交通費明細書／領収書   │
└───┘

　(6)　装具・器具等購入費

　必要があれば認められるとされている。義歯、義眼、義手、義足、その他相当期間で交換の必要があるものは将来の費用も原則として認められる。このほか、眼鏡、コンタクトレンズ、車椅子（手動・電動、入浴用）、盲導犬費用、電動ベッド、介護支援ベッド、エアマットリース代、コルセット、サポーター、折り畳み式スロープ、歩行訓練器、歯・口腔清掃用具、吸引機、障害者用はし、脊髄刺激装置等が認められる余地があるとされている（赤い本平成31年版上巻49頁）。

　実費については領収証で、必要性については医師の診断書、意見書等で立証する。

┌───┐
│ 例　領収証／医師の診断書、意見書等   │
└───┘

　(7)　家屋・自動車等改造費

被害者の受傷の内容、後遺症の程度・内容を具体的に検討し、必要性が認められれば相当額が認められる。浴室・便所・出入口・自動車などの改造費などが認められるとされている。転居費用や家賃差額が認められる場合もあるとされている（赤い本平成31年版上巻53頁）。

実費については領収証で、必要性については医師の診断書、意見書等、現在の症状の映像等で立証する。

> **例** 領収証／医師の診断書、意見書等／現在の症状の映像等

(8) 葬儀関係費用

葬儀費用は原則として150万円が認められるとされている（これを下回る場合は実際に支出した額とされている。赤い本平成31年版上巻61頁）。領収証等で立証する。

> **例** 領収証

(9) 損害賠償請求関係費用・後見等関係費用

診断書料等の文書料、成年後見開始の審判手続費用、保険金請求手続費用など、必要かつ相当な範囲で認めるとされている（赤い本平成31年版上巻64頁）。領収証等で立証する。

(10) 弁護士費用

請求認容額の10％程度を相当因果関係のある損害として認めるとされている（赤い本平成31年版上巻69頁）。

(11) 遅延損害金

不法行為に基づく請求の場合、労災事故や過労死等の発生日から起算して年5％の遅延損害金が認められる。安全配慮義務違反（債務不履行）に基づく請求の場合、請求する通知が相手方に到達した日の翌日から起算して年6％の遅延損害金が認められる。

b　消極損害について

> **例** 給与明細／源泉徴収票／就業規則／医師の診断書・意見書／CT・MRIなどの画像／診療録／入通院期間の証明書

第14節　労働災害・後遺障害関係

⑴　休業損害

給与所得者の場合、事故前の収入を基礎として受傷によって休業したことによる現実の収入減が休業損害として認められるとされている。休業中、昇給、昇格のあった後はその収入を基礎とし、休業に伴う賞与の減額・不支給、昇給・昇格遅延による損害も認められるとされている（赤い本平成31年版上巻71頁）。給与明細、源泉徴収票等で立証する。

賞与の減額・不支給は、給与明細等で、前年までの賞与支給実績を示して立証し、昇給・昇格遅延は、就業規則、給与明細等で前年までの昇給実績を示す等して立証する。

⑵　後遺症による逸失利益

㋐　後遺障害

労災や交通事故の自賠責保険では、後遺障害について、最重度の1級から最軽度の14級まで、14段階に格付けされ、精神・神経、眼、耳、鼻、口、上肢、下肢、手指、足指、脊柱、その他体幹骨、胸腹部臓器など、部位ごとに障害の内容が細かく定められている。

その他、醜状障害もある。

精神・神経の障害の中には、脳の器質性障害（高次脳機能障害・麻痺）、脳の器質性障害（てんかん）、非器質性精神障害、脊髄障害、末梢神経障害、特殊な性状の疼痛、頭痛などがある。

いずれも、医師の診断書や意見書が立証に必要となるほか、CT、MRIなどの画像所見や、神経学的検査方法の反応結果により、他覚的所見があるかどうかが等級認定の重要な要素となりやすい。

例えば、痺れ等の末梢神経障害の場合、①画像から神経圧迫の存在が考えられ、かつ、②圧迫されている神経の支配領域に知覚障害などの神経学的異常所見が確認できれば、より上位の等級と認定されることがある。

画像や診療録は、病院から取り寄せて立証する。

㋑　逸失利益

後遺障害による逸失利益は、後遺障害等級により、労働能力喪失率が決まっており、有職者または就労可能者であれば、下記の計算式で算出する（赤い本平成31年版上巻155頁）。

第2章 労働関係訴訟における事件内容類型別要件事実と証拠

基礎収入額×労働能力喪失率×労働能力喪失期間に対応するライプニッツ係数

(ウ) 死亡による逸失利益

死亡による逸失利益は、下記の計算式で算出する（赤い本平成31年版上巻155頁）。

基礎収入額×（1－生活費控除率）×就労可能年数に対応するライプニッツ係数

基礎収入については、給与所得者は、原則として事故前の収入を基礎として算出するとされている。現実の収入が賃金センサスの平均賃金以下の場合、平均賃金が得られる蓋然性があればそれを認めるとされ、若年労働者（概ね30歳未満）の場合には、学生との均衡の点もあり全年齢平均の賃金センサスを用いるのを原則とするとされている（赤い本平成31年版上巻156頁）。

生活費控除率は、亡くなったのが一家の支柱の場合、被扶養者が1人の場合は40％、被扶養者が2人以上の場合は30％、女性は30％、独身男性は50％とされている（赤い本平成31年版上巻172頁）。

逸失利益の計算においては、原則として税金の控除はされず、就労可能年数は原則として67歳までとして計算する（赤い本平成31年版上巻172頁）。

2020年4月1日に施行される民法改正により、法定利率が年5％から3％に引き下げられ、将来的に、法定利率は、市中の金利動向に合わせ、自動的に変更されることになった。中間利息控除についても、改正された法定利率によって控除されることになる。

(エ) 慰謝料

(a) 死亡慰謝料

個々の事例によって増減額はあるが、目安として、一家の支柱の場合には、2,800万円とされ、母親、配偶者の場合には2,400万円とされ、その他（独身の男女等）は2,000～2,500万円とされている（赤い本平成31年版上巻179頁）。

(b) 入通院慰謝料

原則として、入通院期間により、算出する（赤い本平成31年版上巻186頁）。

142

第14節　労働災害・後遺障害関係

　　　　(c)　後遺症慰謝料

　後遺障害等級に応じて、慰謝料額の目安が決まっている（赤い本平成31年版上巻190頁）。

第1級	第2級	第3級	第4級	第5級	第6級	第7級	
2800万円	2370万円	1990万円	1670万円	1400万円	1180万円	1000万円	
第8級	第9級	第10級	第11級	第12級	第13級	第14級	無等級
830万円	690万円	550万円	420万円	290万円	180万円	110万円	×

　(3)　損益相殺

　すでに労災保険から保険給付を受けている場合は、損害額から控除される（労基84条2項）。

　すでに給付を受けている各種社会保険給付（遺族厚生年金、健康保険の傷病手当金等）も、損害額から控除される。

　もっとも、労災保険給付は、逸失利益の補償を行うものであり、慰謝料や入院雑費・付添看護費等の積極損害を填補しないとされている（青木鉛鉄事件：最二小判昭和62年7月10日民集41巻5号1202頁）。よって、会社は、労災保険給付を控除してなお残る逸失利益と慰謝料については、支払う必要がある。

　また、労災保険給付の遺族特別支給金については、損害賠償額から控除できない。裁判所は、労働福祉事業の一環として、被災労働者の療養生活の援護等によりその福祉の増進を図るもので、労働者の損害の填補の性質を有するということはできないとし、損害賠償額からの控除を認めなかった（コック食品事件：最二小判平成8年2月23日民集50巻2号249頁）。

　さらに、労災保険給付等の将来給付分を控除することは認められない（三共自動車事件：最三小判昭和52年10月25日民集31巻6号836頁、最大判平成5年3月24日民集47巻4号3039頁）。

　もっとも、これらの判決を受けて、労災保険法が改正され、会社は、損害賠償責任を負う場合でも、遺族補償年金の前払一時金の最高限度額（給付基礎日額の1000日分）までは損害賠償の履行が猶予されている（労災64条）。

　3　裁判例

　控除を認めたものとして以下のような裁判例がある。

第2章 労働関係訴訟における事件内容類型別要件事実と証拠

> **ハヤシ（くも膜下出血死）事件：福岡地判平成19年10月24日労判956号44頁**
>
> 会社による履行猶予の主張が認められ、遺族補償年金の前払一時金最高限度額（給付基礎日額の1000日分）の履行の猶予を認め、今後、遺族らが遺族補償年金を受給することで免除されるので、控除を認めた。

> **KYOWA（心臓病突然死）事件：大分地判平成18年6月15日労判921号21頁**
>
> 遺族らが、時効により前払い一時金の請求ができなかった事案であるが、遺族らは今後遺族年金として受給できることから会社の支払猶予を認め、請求可能であった遺族補償年金の前払一時金最高限度額を損益相殺として損害賠償額から控除することを認めた。

4　改正民法

ア　遅延損害金

前述した2020年4月1日施行の民法改正により、法定利率が引き下げられたので、遅延損害金についても改正された法定利率で請求することとなる。なお、民法改正に合わせて、商事法定利率（年6％）が廃止されたことから、会社の安全配慮義務違反等による債務不履行に基づく損害賠償請求権も民事法定利率で遅延損害金を請求することとなる。

イ　消滅時効

前述した2020年4月1日施行の民法改正以前は、不法行為に基づき損害賠償請求する場合の消滅時効期間は、損害及び加害者を知ったときから3年以内であり、かつ、不法行為のときから20年以内であった。

そして、会社の安全配慮義務違反等による債務不履行に基づき損害賠償請求する場合の消滅時効期間は、権利を行使することができるときから10年以内であった。

2020年4月1日施行の民法改正により、不法行為に基づく損害賠償請求の消滅時効期間は、不法行為により物を壊された場合の損害賠償請求については従来どおりであるが、人の生命又は身体の損害による損害賠償請求については、損害および加害者を知ったときから5年以内であり、かつ、不法行為のときから20年以内とされた。

また、会社の安全配慮義務違反等による債務不履行に基づき損害賠償請求する場合の消滅時効期間についても、人の生命又は身体の損害による損害賠償請求については、損害及び加害者を知ったときから5年以内であり、かつ、不法行為のときから20年以内とされた（物が壊された場合の損害賠償請求については、権利を行使することができることを知ったときから5年以内であり、かつ、権利を行使することができるときから10年以内である）。

　そして、人の生命又は身体の損害による損害賠償請求の消滅時効期間については、施行日の2020年4月1日の時点で改正前の民法による消滅時効が完成していない場合には、改正民法が適用される。

〔石居　　茜〕

第**3**章

訴訟以外の争訟方法

第3章 訴訟以外の争訟方法

第1節 労使関係調停

第1 調停制度の概要

簡易裁判所における民事調停は、訴訟と異なり、裁判官（調停主任）のほかに、一般市民から選ばれた調停委員2人以上が加わって組織した調停委員会（民調6条）が当事者の言い分を聴き、必要があれば事実も調べ、法律的な評価を基に条理に基づいて歩み寄りを促し、当事者の合意によって実情に即して争いを解決する手続である（民調1条以下）。

調停は、訴訟や労働審判ほどには手続が厳格ではないため、誰でも簡単に利用でき、法律的な制約にとらわれず自由に言い分を述べることができるという利点がある。

このように、調停は本人申立てが容易な手続といえ、国民一般の支持を受け、幅広く利用されている。

例えば、過労死等の労災民事賠償事件で、立証上の困難があり訴訟追行が難しい場合には、調停制度のもつ役割は大きいといえる。

また、手続が非公開であるため、話し合いによる解決になじむセクハラ・パワハラ事案や、金銭的な請求になじまず、現在在職中で処遇を問題としたい場合などに、調停の役割が期待される（ロア・労働争訟99頁）

さらに、以下のような場合は、労働審判手続を利用するよりも、調停制度による解決がふさわしいといえるだろう（茗茄＝近藤・書式調停302〜303頁）。

> ① 相手方も賃金等につき支払義務を認めているが、その具体的な支払方法をめぐって争いとなっているような場合
> ② 労働審判においては、事実関係及び法律関係についての主張や立証活動が必要となるところ、このような活動に不慣れな場合や法律知識のある人からの援助を得られないような場合
> ③ 当事者が調停委員会からじっくりと話を聴いてもらうことを望んでいる場合

第1節　労使関係調停

第2　労使関係調停

　調停は、民事に関する争いを取り扱うものであり、労働事件も対象となる。

　この点、雇用や賃金をめぐる労使間トラブルの増加に対応するため、平成23年4月から、東京簡易裁判所において、労働問題に精通した弁護士を調停委員として参加させて行う労使関係調停が始まっている。

　紛争解決機能も高いとのことであり、紛争解決手段の一つとして注目されている。現在は民事調停法の枠内で試験的に実施されているものであるが、今後、解決事例が増加すれば、労使関係調停が制度化され、東京以外の地域の主要都市の簡易裁判所でも同調停が実施される予定であるとのことである（ロア・労働争訟99頁）。

第3　管　轄

1　調停の申立て

　調停の申立ては、相手方の住所、居所、営業所もしくは事務所の所在地を管轄する簡易裁判所に対して行うのが原則である（民調3条1項前段）。義務履行地の管轄（民訴5条1号）の定めはない。

　ただし、当事者の合意があれば、特定の簡易裁判所または地方裁判所も利用することが可能である（民調3条1項後段）。

2　移　送

　事件の全部または一部がその管轄に属しない場合は、裁判所は、申立てまたは職権により、管轄のある地方裁判所または簡易裁判所に移送するのが原則である（民調4条1項本文）。

　ただし、事件を処理するために特に必要がある場合は、職権で、土地管轄の規定にかかわらず、事件の全部または一部を他の管轄裁判所に移送し、または自ら処理することができるものとされている（民調4条1項ただし書）。

第4　申立て、呼出し

　調停の申立ては、申立書の趣旨、紛争の要点等を記載した申立書を裁判所に提出して行う（民調4条の2）。

　申立てを受理した裁判所（調停委員会）は、調停期日を定めて、当事者を

第3章 訴訟以外の争訟方法

呼び出す（民調12条の2）。呼出しを受けた事件の関係人が正当な理由なく調停期日に出頭しないときは、5万円以下の過料に処せられるものとされている（民調34条）。

ただし、実務の運用においては、正規の呼出しを受けながら出頭しない者も存在するが、これに対して過料の制裁をした事例はほとんどないとのことである（梶村＝深沢・和解・調停422頁）。

第5　調停期日における手続

調停は非公開で行われ（民調22条、非訟30条）、調停委員が当事者双方から紛争の実情を聴取する。

なお、調停を実施する場所は、通常、裁判所内の調停室であるが、事件の実情を考慮して、裁判所外の適当な場所で調停を行うことができるものとされている（民調12条の4、現地調停）。

例えば、労災民事賠償事件において、当事者は労災事故現場の写真や図面を提出するであろうが、写真等だけでは調停委員会が十分なイメージを持ちにくい場合がある。

そこで、現場で調停を実施してもらい、例えば機械に身体が巻き込まれたという事故であれば、調停委員会に実際に機械を見てもらい、作業工程を実演して、どれだけ巻き込まれる危険性が高いか、危険防止措置が不十分かを理解してもらうことが考えられる。また、工場内で滑って転んで怪我をしたという事故であれば、床面の材質や滑り具合、床の傾斜具合を実際に見てもらい、どれだけ滑りやすいかを理解してもらうといったことが考えられる。

なお、厳密にいえば、現地調停と、証拠調べの方法として実地を検証すること、あるいは事実の調査の方法として実地を検分することとは区別しなければならないであろうが、両者を区別する実益はないので、通常は両者を含めて現地調停といっている（梶村＝深沢・和解・調停427頁）。

第6　証拠調べ手続等

調停委員会は、職権で事実の調査をし、かつ、申立てによりまたは職権で、必要と認める証拠調べをすることができるとされている（民調12条の7）。

調停手続が非訟事件手続であることを前提に、職権探知主義を原則としている手続を簡易・迅速に進めるとともに、紛争の実情をありのままに把握するためである。

事実の調査とは、証拠調べのような強制力を用いず、かつそのような厳格な方式によらず、自由な手続により、調停をする上で必要な資料（実情の把握が中心）を収集することである。例えば、当事者からその言い分を聴いて実情を把握したり、参考人を呼んで事情を聴取したり、現地に臨んで実地や物件の形状その他を検分したり、証拠書類やその他の書類を点検したり、商慣習とか比準賃料を文献とかその他適当な方法で調べるといったことがある（梶村＝深沢・和解・調停428～429頁）。

証拠調べ手続は、調査嘱託（民調規16条）のほか、民事訴訟と同様に、証人尋問、当事者尋問、鑑定、書証（文書提出命令や文書送付嘱託を含む）、検証（検証物提示命令を含む）が可能である（民調22条、非訟53条）。

ただし、非訟事件手続であることから、証明することを要しない事実（民訴179条）、集中証拠調べ（民訴182条）、参考人等の審尋（民訴187条）、証人尋問の先行（民訴207条2項）、真実擬制（民訴208条・224条（229条2項及び232条1項において準用する場合を含む）及び229条4項）の準用はない（民調22条、非訟53条1項）。

もっとも、出頭命令や文書提出命令を受けながら正当な理由なく当事者が従わない場合等には、調停委員会が必要な資料を収集できないことになること等から、過料の制裁を科すことができることとされている（民調22条、非訟53条3項4項）。

第7　調停案の提示、説得

調停委員会が紛争の実情を把握すると、解決のために最も適当な調停案を当事者双方に提示し、説得することになる。複雑困難な紛争でない限り、通常は平均3回程度の調停期日が開かれ、調停案が示されることになる（茗茄＝近藤・書式調停522頁）。

第8　利害関係人の参加

第3章 訴訟以外の争訟方法

調停の結果について利害関係を有する者は、調停委員会の許可を受けて調停手続に参加することができる（任意参加。民調11条1項）。

また、調停委員会は、相当であると認めるときは、調停の結果について利害関係を有する者を調停手続に参加させることができる（強制参加。民調11条2項）。

例えば、セクハラ・パワハラの被害者が会社を相手方として調停を申し立てた場合に、直接的加害者を手続に参加させ、三者間の紛争を一挙に解決することが考えられる。

第9　調停の終了

1　調停が成立した場合

話し合いがまとまると、裁判所書記官がその内容を調書に記載して（民調12条の5本文）、調停成立となる。この調書には、裁判上の和解と同一の効力があり（民調16条。つまり、確定判決と同一の効力、民訴267条）、原則として、後から不服を申し立てることはできない。

この調書において、金銭の支払など一定の行為をすることを約束した場合には、当事者はこれを守る必要がある。もし一方当事者がその約束した行為をしない場合には、他方当事者は、調停の内容を実現するため、強制執行を申し立てることができる。

2　調停が成立しなかった場合

お互いの意見が折り合わない場合、調停不成立として、手続は打ち切られることになる（民調14条）。

調停不成立の場合に、なお紛争の解決を求める当事者は、訴訟を提起することになる。訴訟は、紛争の対象となっている金額が、140万円以下の場合には簡易裁判所に、140万円を超える場合には地方裁判所に提起する（裁判所33条1項1号・24条1号）。

調停打切りの通知を受けた日から2週間以内（初日は算入しない）に同じ紛争について訴訟を起こした場合には、調停申立ての時に、その訴訟提起があったものとみなされるので（民調19条）、調停申立ての際に納めた収入印紙の額は、訴訟提起に必要な収入印紙の額から差し引くことができる（民訴

費用 5 条 1 項）。ただし、そのためには調停不成立証明書（調停を行っていた簡易裁判所が発行する）を入手する必要がある。

3 調停に代わる決定

裁判所は、当事者双方の意見が折り合わず、調停が成立する見込みがない場合であっても、相当であると認めるときは、調停委員会を組織する民事調停委員の意見を聴き、当事者双方のために衡平に考慮し、一切の事情を見て、職権で、当事者双方の申立ての趣旨に反しない限度で、事件の解決のために必要な決定をすることができる。これを「調停に代わる決定」という（民調17条）。

当事者双方の意見が大筋で一致していながら、細部についてわずかな相違があるために完全な合意に至らない場合や、事実の調査などを十分に行い、紛争の実情を明確にしたにもかかわらず、当事者の一方が自己の主張にのみ固執するため合意が成立しない場合などに調停を不成立として終了させることは、調停委員会のそれまでの尽力が徒労に帰すこととなるので、裁判所が適当と認める解決の内容を決定という形で示し、これによって条理にかない実情に即した紛争の解決を図ることができるようにしたものである。

調停に代わる決定は、実務上、以下のような場合に行われている（茗茄＝近藤・書式調停599〜600頁）。

① 基本的な部分では合意に達しているが、付随的な部分で合意に至っていない場合

② 当事者の感情的な理由や法律の解釈適用の点から合意に達していない場合

③ 当事者が、決定を希望するか又はこれを拒否しない意思表示をしている場合

④ 一方当事者が欠席した場合で、欠席した当事者が調停委員会の解決案に同意した場合

調停に代わる決定は、当事者双方に（利害関係人が参加している場合は利害関係人にも）告知される。告知は、決定正本を送達する方法によって行われるのが実務の取扱いである。

調停に代わる決定について当事者又は利害関係人から異議申立てがなけれ

第3章 訴訟以外の争訟方法

ば裁判上の和解と同一の効力を有するが（民調18条5項）、当事者又は利害関係人が決定の告知を受けた日から2週間以内（初日は算入しない）に異議を申し立てると、決定はその効力を失い、調停は成立しなかったことになる（民調18条4項）。

4 調停をしない場合

調停委員会は、事件が性質上調停をするのに適当でないと認める場合は、調停をしないものとして、事件を終了させることができる（民調13条前段）。

例えば、争点が多数あり、または多数の当事者が関与しているなど複雑困難な事案の場合や、手続外の第三者の利害に関わる事案で、調停を行うことによりかえって紛争が拡大する結果となることが予想される場合などが考えられる。

5 取下げ

調停申立ては、調停成立前または調停に代わる決定が告知される前であれば、相手方の同意を要せず、申立人はいつでも自由に取り下げることができ（民調19条の2）、これにより手続は終了する。

一度取下げをした後、同一請求について再び調停申立てをすることも可能であるが、これを繰り返すような場合には、調停委員会により、「当事者が不当な目的でみだりに調停の申立てをしたと認めるとき」に該当すると判断され、調停をしない認定がなされる可能性がある（民調13条後段）。

〔木原　康雄〕

第2節　労働審判

第1　概　要

　労働審判とは、個別労働関係民事紛争に関し、裁判官と労働関係に関する専門的な知識経験を有する者が、事件を審理し、調停による解決の見込みがある場合にはこれを試み、その解決に至らない場合には、権利関係を踏まえつつ事案の実情に即した解決をするために必要な解決案（労働審判）を定める手続をいい（労審1条）、平成18年4月1日から施行されている。

　通常の労働関係訴訟の判決では、要件事実を立証できるか否かにより、請求認容か棄却かというオール・オア・ナッシングの判断がなされることになるが、労働審判の場合には、「権利関係を踏まえつつ事案の実情に即した解決をするために必要な」判断を柔軟に行うことができる（例えば、解雇無効を争っている事件で、使用者が労働者に解決金を支払うことを条件に、労働契約関係を終了させるなど）。

　また、民事調停の場合は、たとえ「調停に代わる決定」（民調17条）が行われても、当事者が異議申立てをすれば失効し、紛争はそのまま放置されることになる。これに対し、労働審判の場合、調停が功を奏しないときには原則として常に労働審判を行い、また、仮に当事者が異議申立てをしても、通常訴訟に自動的に移行する（菅野・労働法1093頁）。このように、労働審判手続には、民事調停より強力な紛争解決機能がある。

第2　利用状況

　最高裁判所事務総局行政局「平成29年度労働関係民事・行政事件の概況」（曹時70巻8号45頁）によれば、全国の労働審判事件の平成29年の新受件数は3369件である。事件の類型別にみると、地位確認が44.9％（1511件）、賃金手当等が40.2％（1353件）となっている。このように、解雇・雇止め事件や賃金支払請求事件などの典型的個別労働紛争が主なものであるが、多様であり、整理解雇、残業手当請求、パワハラ・セクハラなどの比較的複雑で難しい事件も、調停による解決の意向がある場合には申立てが行われてい

る（菅野・労働法1093頁）。

　平成29年の既済事件3372件の内訳を終局事由別にみると、調停成立によるものが71.8％（2421件）、労働審判によるものが14.4％（487件）、調停成立と労働審判への異議申立てなく確定したものを含めると解決率は77.8％（2624件）である。ほかに、労働審判法24条（事案の性質に照らし、労働審判手続を行うことが紛争の迅速かつ適正な解決のために適当でないと認めるとき）による終了が4.7％（159件）、取下げが7.8％（264件）であった。

　後述のとおり労働審判手続においては3回以内の期日で審理を終結しなければならないとされているが（労審15条2項）、平成29年の既済事件のうち、第1回期日で終結したものが34.6％（1166件）、第2回期日で終結したものが37.1％（1251件）、第3回期日で終結したものが21.4％（720件）であり、77.5％（2613件）が、（期日を実施しなかった事件を含め）2回までの期日で終結している。なお、平均審理期間は2.6月である。

第3　手続の対象

　労働審判手続の対象は、「労働契約の存否その他の労働関係に関する事項について個々の労働者と事業主との間に生じた民事に関する紛争」（労審1条）である。労働者と事業主との間の解雇や雇止めの効力に関する紛争、賃金や退職金に関する紛争、安全配慮義務違反による損害賠償を求める紛争等がこれにあたる。

　労災事故後に合併、吸収分割が行われた場合や、事業譲渡でも包括承継が認められる場合には、合併先や譲受先を事業主として労働審判の対象となる（菅野ほか・労働審判57 〜 58頁）。

　また、直接の労働契約関係はなくとも、例えば、過労死等の場合の遺族による損害賠償請求（菅野ほか・労働審判57頁）、派遣労働者と派遣先事業主間の紛争（菅野・労働法1095頁）も手続の対象となる。

　さらに、労働審判申立却下決定に対する抗告事件（大阪高決平成26年7月8日労判1094号89頁（労働審判ダイジェスト））は、労働審判法1条にいう「『労働関係』とは、純然たる労働契約に基づく関係に限られず、事実上の使用従属関係から生じる労働者と事業主との関係を含むというべきであ」

り、「労働審判手続が3回の審理で紛争の柔軟かつ相当な解決を行おうとする趣旨に鑑みると、事実上の使用従属関係にあることについては、そのような手続により解決を図ることが適当と考えられる状況が存在することについて一応の根拠を明らかにすることを要するというべきであり、かつそれで足りる」と述べ、個人業務請負契約の更新拒否を解雇として争う審判申立てにつき、指揮監督関係を基礎づける事実関係について一応の根拠が明らかにされているので、申立てを却下できないとした。

　他方、「個々の労働者と事業主との間」の紛争であるから、労働組合と事業主との間に生じたいわゆる集団的労使紛争は、労働審判の対象とならない。

　国家公務員法や地方公務員法によって規律されている公務員関係に関する紛争も、「民事に関する紛争」ではないのであたらない。

　労働者と事業者との間の紛争であっても、個人的な金銭の貸借をめぐる紛争などは、「労働関係に関する事項」についての紛争でないので、やはり労働審判の対象とならない（菅野ほか・労働審判57頁）。

　募集・応募の段階は、事業主と採用申込者との間には契約関係がないことから、「労働関係」とはいいがたいが、労働契約関係が解約権留保付きで成立している採用内定関係に入れば、「労働関係」といえ、労働審判の対象となる（菅野・労働法1095頁）。

　他の従業員による暴行、セクハラ、パワハラ等に関する損害賠償事件で、直接的加害者たる他の従業員に対する損害賠償請求は、「個々の労働者と事業主との間」の紛争でないので労働審判の対象とはならない。もっとも、直接的加害者を調停時に利害関係人として参加させることにより（労審29条2項、民調11条）、労働者・加害者・事業主の三者間の紛争を一挙に解決することが可能である。

　なお、使用者側としては、労働組合も紛争に関与している事件では、労働組合を利害関係人として労働審判手続に参加させ、個別・集団労使紛争を一挙的に解決する必要がある。そうしないと、労働者との間の個別労使紛争が解決されたにもかかわらず、団交問題や別に提起された労働委員会の審査事件が残ってしまう。

第3章 訴訟以外の争訟方法

第4 管轄裁判所等

労働審判の申立ては、原則として、相手方の住所・居所・営業所・事務所所在地を管轄する地方裁判所のほか、紛争が生じた労働関係に基づいて当該労働者が現に就業し、もしくは最後に就業した事業所所在地を管轄する地方裁判所、または、当事者が合意で定める地方裁判所に対して行う（労審2条）。合意は書面でしなければならない（労審規3条）。

なお、労働審判制度の運用開始当初は、各地方裁判所の本庁でのみ取り扱っていたが、平成22年4月1日から、東京地方裁判所立川支部、福岡地方裁判所小倉支部でも取扱いが開始されている。また、平成29年4月1日から、静岡地方裁判所浜松支部、長野地方裁判所松本支部、広島地方裁判所福山支部でも取扱いが開始されている。

第5 申立書・答弁書等

1 記載内容等

申立書には、申立ての趣旨及び理由、並びに、予想される争点及び当該争点に関連する重要な事実、予想される争点ごとの証拠、当事者間においてされた交渉その他申立てに至る経緯の概要に関する事項等を記載する（労審5条3項、労審規9条1項）。

また、予想される争点についての証拠書類があるときは、その写しを申立書に添付する（労審規9条3項）。

答弁書についても同様に、申立ての趣旨に対する答弁、申立書に記載された事実に対する認否、答弁を理由づける具体的な事実、予想される争点及び当該争点に関連する重要な事実、予想される争点ごとの証拠、当事者間においてされた交渉その他申立てに至る経緯の概要に関する事項等を記載し、予想される争点についての証拠書類の写しを添付する（労審規16条1項・2項）。

なお、未払残業代請求の労働審判の申立てを行う場合、労働審判手続は訴訟ではなく非訟手続とされており、労働審判では付加金（労基114条）の支払を求めることはできない。しかし、付加金請求には2年の除斥期間が設けられている。時間が経過した案件の場合は、後述のとおり労働審判に対して異議申立てがなされた場合には申立ての時点で訴えの提起があったものとさ

158

第2節　労働審判

れるので（労審22条1項）、除斥期間の適用を排除するため、労働審判申立
ての段階から付加金請求を行っておくべきである（岩出・大系33頁）。

2　申立書や答弁書の記載の充実と時系列表の添付

ア　申立書や答弁書の記載の充実

労働審判手続は、原則として3回以内の期日において審理を行うため（労審15条2項）、第1回期日から充実した審理を行うことが重要となる。実務上、第1回期日で実質的な審理を終え、個別の事情聴取を経て、調停案を提示し、第2回期日で調停が成立するといったパターンが多い。第2回期日において主張立証の補充がされることはあるものの、多くの事件では、第1回期日における審理において、期日における主張立証により、あるいは加えて第2回期日で当事者が補充しようとする主張立証の概要を聴取することでおおむね方向性が決定する（佐々木ほか・労働関係訴訟431頁）。すなわち、第1回目の審理が「勝負」と言っても過言ではない（山口・審理ノート196〜197頁）。

また、裁判所により運用の差異はあり得るが、東京地裁では、証拠は労働審判員には事前にも事後にも送付されない。そのため、労働審判員の心証形成が申立書と答弁書のみでなされる可能性が大きい。

したがって、申立書や答弁書の記載の充実が必要であり、関係書証を利用する場合も、必要な内容を申立書等に引用すべきである。

イ　時系列表の添付

事実関係の時系列表は、通常訴訟における事実認定でも使われているが、労働審判員もこれを重視して、自ら作成している場合も多いということである。

良い結果を得ようとするならば、労働審判員の作業を先取りして申立書等に時系列表を添付しておくことが、特に関連する事実関係が長期間にわたって発生していたり、登場人物が多い等、事実経過を把握・整理しづらい事案の場合は不可欠といえるであろう。

ウ　代理人

制度施行から平成23年7月末までの東京地裁本庁における既済事件のうち約72％の事件で申立人・相手方双方に代理人が選任されており、いずれにも代理人が選任されない事件は全体の5％にすぎない（山口・審理ノート

159

203頁)。

代理人は原則として弁護士に限られ、例外的に、当事者の権利利益の保護及び労働審判手続の円滑な進行のために必要かつ相当と認めるときは、裁判所は弁護士でない者を代理人とすることを許可することができる（労審4条1項）。ただし、東京地裁労働部では、現時点では、ごく限られた例外を除き、弁護士以外の代理人を認めない取扱いをしているとのことである（山口・審理ノート197頁）。

弁護士に限るとしたのは、労働審判手続が権利関係を踏まえて労働審判を行うものとされ、権利関係の審理を行うことが当然の前提とされており、しかも、原則として3回以内の期日において審理を終結し、その手続の中で争点の整理や事実の調査、証拠調べ等を行わなければならず、これらを適切かつ効率的に行うためには、労働関係法令を含む実体法・手続法に関する十分な知識や、民事通常訴訟に関する一定の経験が不可欠であると考えられたためである。自分の言い分を労働審判手続に十分に反映し、自己の権利の実現を目指した解決を求めるのであれば、一般的には、弁護士を代理人として選任するのが好ましいであろう（佐々木ほか・労働関係訴訟415〜416頁）。

第6　手続の主体

1　労働審判委員会の構成

労働審判手続は、裁判官である労働審判官1名、労働関係に関する専門的な知識経験を有する労働審判員2名で組織する労働審判委員会で行う（労審7条）。労働審判員は、事件ごとに指定される（労審10条）。

2　労働審判員の特徴

労働関係に関する専門的な知識経験を有する労働審判員2名は、実際には、労使団体の推薦者の中から選任されているが、労働者側・使用者側という立場に立つものではなく、中立かつ公正である（労審9条1項）。労働審判員2人のうち、どちらが使用者側でどちらが労働者側かということも明らかにされないようになっている。

したがって、例えば、労働委員会の労使各委員とは異なり、労働審判員が労使に分かれ、使用者側の審判員が使用者側に対して説明をしたり説得をし

たりすることもない。

第7　手続の進行

1　第1回期日の指定

第1回期日は、原則として申立てがなされた日から40日以内の日になされ（労審規13条）、また、一旦指定された期日は原則として変更できない。

なお、実務上の取扱いとして、期日指定後1週間以内程度の間であれば、上記40日の範囲内で調整が可能な場合もある。

2　口頭主義

第1回期日までに申立人・相手方から提出された申立書、答弁書、証拠、証拠説明書以外は、口頭主義が貫徹されている。補充書面の提出は（労審規17条1項）、詳細な計算が必要である場合など、口頭での主張を補充または整理することが審理に資する場合以外は、予定されていない（最高裁・執務資料57頁）。

現実の運用では、この点がやや緩和されている感があるが、しかし、期日における即座の回答等によって、労働審判委員会の心証が形成されていくことが基本であり、そのことを念頭に置いた対応が必要である。

3　迅速な審理

労働審判手続においては、特別の事情がある場合を除き、3回以内の期日で審理を終結しなければならないとされ（労審15条2項）、迅速な審理が要求されている。

上記「特別な事情がある場合」は限定的に解釈されるべきであり、審尋を予定していた参考人が急病で出頭できなくなった場合において、別に審尋のための期日を設けるときや、調停が4回目の期日に成立することが確実である場合などに限られるであろう（最高裁・執務資料64頁）。

4　非公開

当事者双方の率直な意見交換、議論や、歩み寄りに向けた交渉を促進するため、審理は、原則として非公開で行われる（労審16条本文）。

ただし、労働審判委員会は、相当と認める者の傍聴を許すことができる（労審16条ただし書）。一般に、事情をよく知っている会社の担当者など、労働

審判手続の審理において参考人となるような者については、傍聴を許可することが多いであろう（最高裁・執務資料63頁）。

5 証拠調べ等

ア 法の規定

労働審判委員会は、職権で自ら事実の調査ができ、当事者の申立てまたは職権で、必要な証拠調べができる（労審17条1項）。

労働審判手続が非訟事件手続であることを前提に、職権探知主義を原則として採用しているのであり、これは民事調停法、非訟事件手続法でも同じである（民調12条の7、非訟49条）。ただし、個別労働関係民事紛争は争訟的性格が強く、当事者に攻撃・防御を尽くさせることにより、より妥当な解決を図ることができると考えられるので、当事者の申立てによる証拠調べをすることもできるとしているのである（菅野ほか・労働審判93頁）。

事実の調査とは、特別の方式によらず、かつ、強制力によらないで、資料を収集することであり、例えば、当事者から言い分を聴いて実情を把握すること、参考人その他の関係人に事情を聴くこと、陳述書や契約書等の書類を点検すること、官公署に所轄事項について照会し、回答を得ること等、審判に必要な限りで適当と思われる種々の方法が考えられる（最高裁・執務資料56頁）。

証拠調べは、民事訴訟の例によるとされているので（労審17条2項）、証人尋問、当事者尋問、鑑定、書証（文書提出命令や文書送付嘱託を含む）、検証（検証物提示命令を含む）、審尋、調査嘱託が可能である。

しかし、弁論主義を前提とする規定（交互尋問等）は適用されないと解される。

また、過料・罰則による強制（不出頭、証言拒否、宣誓拒絶、宣誓拒絶に対する過料や罰金、当事者尋問での虚偽の陳述に対する過料、文書提出命令や検証物提示命令に従わない場合の過料等）、文書提出命令等に従わない場合の真実性の擬制（民訴224条）等を定める規定についても、労働審判手続が非訟事件手続であって、しかも3回以内の期日で審理を終了させることが予定されていることなどの特質から、適用されないものと解される（菅野ほか・労働審判93〜94頁）。

ただし、労働審判官の呼出しを受けた事件の関係人が正当な理由なく出頭しない場合等は、過料が科される（労審29条1項・31条）。

イ　実務上の運用と対策

法律上の規定は以上のとおりであるが、実際の運用は、労働審判委員会（労働審判官）による口頭での審尋が中心となっている。そして審尋の進め方も、通常の民事訴訟とは様相を異にし、口頭での連続した質問・回答による。

証拠としてのVTR、テープなども、決定的なセクハラ、パワハラシーンなどの場合には採用されることもあり得るが、あまり期待はできない。VTR、テープなどは、必ず反訳を証拠として提出すべきである。

また、前述のとおり、3回という限られた時間しかなく、しかも第1回目が「勝負」である。証拠は、申立てと答弁の段階で出し切る必要があるし、労働審判委員会が理解しやすいよう、ベストエビデンスを選択し、重要な証拠と補充的な証拠を明確に峻別すること、就業規則の該当条文や、書証のうち重要部分にマーカーを引く、詳細な証拠説明書を作成するなどの工夫が必要となる（東京弁護士会法友全期会民事訴訟実務研究会編『証拠収集実務マニュアル（改訂版）』（ぎょうせい、平成21年）182頁）。

なお、通常、訴訟や仮差押え・仮処分手続では、当事者の陳述書を提出する。しかし、労働審判手続では、前述のとおり、裁判所により運用の差異はあるが、東京地裁では労働審判員に証拠が送付されないことからも、申立書等の内容を「です・ます」調に変えただけの陳述書などは、実際上、労働審判委員会の心証形成には寄与しない。むしろ、陳述書は不要であり、そこで述べるべき内容を申立書等に記載し、また、関係書証を利用する場合も必要な内容を申立書等に引用すべきである（岩出・実務講義下1497頁）。

ただし、前述のとおり、第1回期日で実質的な審理を終え、調停案の提示までを第1回で行うという運用がなされており、そのため、申立書に加えて陳述書を提出する方が事案の理解に資する事案の場合には、期日における口頭中心の審理を充実させるために陳述書の提出が要請される場合もあり得るとのことである（平成29年11月21日「東京地裁労働部と東京三弁護士会の協議会（第15回）」労判1173号5頁）。

ウ　記録が残らないこと

第3章　訴訟以外の争訟方法

特に必要があり、労働審判官が命じた場合には、期日の調書が作成される（労審14条3項）。ただし、労働審判手続は簡易迅速な非訟事件手続であるから、調書が作成される場合でも、手続の要領を簡潔に記載すればよく、審尋の結果を詳細に記載したり、別途審尋調書を作成する必要はないとされている（最高裁・執務資料66～67頁）。

すなわち、基本的に、期日の内容を調書等の記録に残すことは想定されていない。また、現に実施もされておらず、当事者がテープ録音することも禁じられている。

6　審理進行の実態

期日は概ね、1回目約2～3時間、2回目1～1.5時間、3回目1～1.5時間程度で、一定の心証をとった段階で随時、1回目から調停が試みられている。

第8　利害関係人の参加

労働審判手続の結果について利害関係を有する者は、労働審判委員会の許可を受けて、労働審判手続に参加することができ（労審29条2項、民調11条1項、任意参加）、また、労働審判委員会は、相当であると認めるときは、労働審判手続の結果について利害関係を有する者を労働審判手続に参加させることができる（労審29条2項、民調11条2項、強制参加）。

前述のとおり、他の従業員による暴行、セクハラ、パワハラ等に関する損害賠償事件で、直接的加害者たる他の従業員を調停時に利害関係人として参加させたり、労働組合も紛争に関与している事件において、労働組合を利害関係人として労働審判手続に参加させ、個別・集団労使紛争を一挙的に解決することが考えられる。

なお、労働審判手続に参加した利害関係人を名宛人として労働審判をすることについては、民調18条1項と異なり、労審21条1項は、労働審判に対し異議を申し立てることができる者を当事者に限定していること等を理由に消極に解されている（佐々木ほか・労働関係訴訟442頁）。

第9　調　停

調停の成立による解決の見込みがある場合には、調停が試みられる（労審

1条）。事案に即して、第1回期日からも調停が試みられるのが、労働審判制度の特徴といえる。

　前述のとおり、平成29年の既済事件のうち、調停成立により終局した事件が71.8％にのぼっている。

　調停が成立した場合には、裁判上の和解と同一の効力が与えられ、これに基づき強制執行をすることが可能である（労審29条2項、民調16条）。

第10　労働審判

　労働審判委員会は、調停による解決に至らなかったときは、当事者間の権利関係及び労働審判手続の経過を踏まえて労働審判を行う（労審1条）。

　労働審判においては、当事者間の権利関係を確認し、金銭の支払、物の引渡しその他の財産上の給付を命じ、その他個別労働関係民事紛争の解決をするために相当と認める事項を定めることができる（労審20条2項）。

　ただし、労働審判委員会が、申立人の申立てに係る請求に理由がないと判断すれば、これを棄却する旨の労働審判がなされる（日本コクレア事件：東京地判平成29年4月19日労判1166号82頁は、中途キャリア採用者の勤務成績・勤務態度不良等を理由とする解雇有効例であるが、労働者が訴訟前に地位確認等を求める労働審判を申し立てたものの、申立てに係る請求をいずれも棄却する労働審判がなされた事案である）。

　労働審判に不服のある当事者は、審判書が送達され、または期日において労働審判の主文及び理由の要旨が口頭で告知された日から2週間の不変期間内に書面にて異議の申立てをすることができ（労審21条1項、労審規31条1項）、その場合、労働審判はその効力を失い、通常訴訟に移行する（労審21条3項・22条）。なお、不変期間の不遵守について「当事者がその責めに帰することができない事由」がある場合には、不変期間内にするべき訴訟行為の追完をすることができる旨の規定があるが（民訴97条1項）、岐阜地方裁判所平成25年2月14日判決最高裁HPは、この規定に則り、裁判所書記官による異議申立て期間の起算点に関する誤った回答を信じたため期間を徒過してしまった申立人（原告）本人による異議申立てにつき、追完を認めた。

　一旦異議申立てをしたならば、その取下げ（撤回）は認められないと解さ

第3章 訴訟以外の争訟方法

れる。双方が異議申立権を有するのであるから、自由にその取下げを認めると、自らも労働審判の内容に不服があったにもかかわらず、当事者の一方が異議申立てをしたことにより労働審判が効力を失ったものと考えて異議申立てをしなかった者に、不測の不利益が生じるおそれがあるからである（菅野ほか・労働審判104頁）。

異議の申立てがないときは、労働審判は、裁判上の和解と同一の効力を有する（労審21条4項）。

通常、労働審判は、その主文及び理由の要旨が口頭で告知され、この場合、審判調書は後で作成される（労審20条6項・7項）。ただし、異議が出されて通常訴訟に移行する場合は、申立書のみが訴訟担当裁判官に回付される。

なお、前述のとおり、平成29年の既済事件のうち、労働審判で終局したのは14.4%（487件）であり、そのうち58.3%（284件）の事件で異議申立てがなされ訴訟に移行している。

第11　労働審判によらない事件の終了

1　労働審判をしない場合の労働審判事件の終了

労働審判委員会は、事案の性質に照らし、労働審判手続を行うことが紛争の迅速かつ適正な解決のために適当でないと認めるときは、労働審判を行うことなく労働審判事件を終了させることができる（労審24条1項）。事案の性質上3回以内の期日で審理を終えることが困難であるような事件、労働審判や調停による解決に適さない事件などは、「適当でない」事件といえる。

例えば、差別や人事評価に関する事件など、事業主の雇用状況に関する全体的な審理が必要である事件、就業規則の不利益変更に関する事件など、労働審判手続の結果が他の労働者に影響を及ぼすおそれがある事件、職務発明の対価に関する事件など、高度な専門的知識が必要となる事件といった、3回の期日で審理を終えることが困難である事件がこれに当たり得る（最高裁執務資料・79頁）。

また、事案が複雑であり、争点整理に相当の期間を要するような事件（解釈が分かれている新法の規定の適用が問題となる事件や、特定の集団の構成員である労働者の長期にわたる差別的処遇の有無が問題となるような事件等）、事実認

定上の争点が多く、証拠調べに時間を要するような事件（残業代請求事件において、労働時間性が激しく争われているが、客観的証拠に乏しい事件）、事件の進行と証拠収集を並行させようとするような事件（残業代の請求額を暫定的なものであると明示したうえで、労働審判申立てと同時に文書提出命令の申立てをし、相手方の提出拒否にあっても、文書提出命令の申立てを維持するような事件）、当事者の一方が非協力的であり、労働審判手続内では、適切な主張立証を期待することができないような事件（相手方が期日に出頭しないような事件、当事者の一方が外国に所在し、連絡をとることが困難であるような事件）等も、労働審判法24条1項による終了の対象となり得る（佐々木ほか・労働関係訴訟438頁）。

なお、当事者が所在不明で、公示送達によらなければ呼出し等ができない事件も、調停成立の見込みもなく、労働審判を行っても労働審判法23条1項（当事者の住所、居所その他審判書を送達すべき場所が知れない場合の労働審判の取消し）により取り消されることになるから、同法24条1項により終了されることになる（最高裁・執務資料80頁）。

2　取下げ

労働審判手続の申立ては、労働審判が確定するまで、その全部または一部を取り下げることができる（労審24条の2）。また、調停成立（労審29条2項、民調16条）まで、もしくは、訴えの提起があったとみなされる（労審21条3項・22条1項・24条2項）までならば、同様に取下げが可能と解される。

この場合、相手方の同意は不要である。

なお、労働審判手続の期日においてする場合を除き、取下げは書面で行う（労審29条1項、非訟63条2項、民訴261条3項）。

第12　通常訴訟への移行

1　手　続

労働審判に対して異議の申立てがあった場合には、労働審判手続申立てにかかる請求については、労働審判手続の申立ての時に、労働審判がなされた地方裁判所に訴えの提起があったものとみなされる（労審22条1項）。

労働審判を行うことなく労働審判事件が終了した場合についても、同様で

ある（労審24条1項・2項）。

通常訴訟に移行する場合、手数料（収入印紙）については、労働審判手続の申立てについて納めた手数料の額を控除した額の手数料を納めれば足りる（民訴費用3条2項2号）。

2 訴状に代わる準備書面・答弁書・証拠等の提出

通常訴訟に移行する場合、前述のとおり、労働審判手続申立書は訴訟担当裁判官に回付されるが、東京地方裁判所等では、申立書の内容に、労働審判での審理内容を踏まえた争点整理と反論、補充主張を加えた「訴状に代わる準備書面」の提出を原告に求め、その提出を待って第1回期日を指定する運用をしている。

被告に対しても、同様に整理された、「訴状に代わる準備書面」への答弁書の提出が求められている。

なお、労働審判手続において提出された証拠等は引き継がれないため、原告・被告ともに、改めて提出しなければならない（労働審判手続において提出された資料等で移行後の訴訟において利用することができるものは、労働審判法22条3項、労働審判規則32条により訴状とみなされる労働審判手続申立書、申立ての趣旨又は理由の変更申立書及び口頭で申立ての趣旨又は理由の変更がされた場合におけるその期日調書のみである）。

3 労働審判官の訴訟担当の可能性

前述のとおり、労働審判事件が係属していた地方裁判所に訴えの提起があったものとみなされるので（労審22条1項）、特に裁判官の数が少ない裁判所においては、労働審判の時と同じ裁判官が訴訟を担当することもあり得る。

この点、小野リース事件（最三小判平成22年5月25日労判1018号5頁）も、民事訴訟法23条1項6号にいう「前審の裁判」とは、当該事件の直接又は間接の下級審の裁判を指すと解すべきであるから、労働審判に対し適法な異議申立てがあったため訴えの提起があったものとみなされて訴訟に移行した場合において、当該労働審判が「前審の裁判」に当たるということはできないので、本件訴訟に先立って行われた労働審判に関与した裁判官が、本件の一審判決をしたことに違法はないとしている。

〔木原　康雄〕

第3節 保全処分

第3節　保全処分

第1　概　要

1　意　義

　訴訟を起こし、費用と時間をかけて勝訴の判決（債務名義）を得ても、その間に、債務者（被告）が、自己の財産を第三者に処分したり、どこかに隠してしまう場合がある。このように将来勝訴判決を得てもその強制執行ができなくなったり、著しく困難になるような事態を避けるため、債権者に暫定的に一定の権能や地位を認めるのが民事保全制度の趣旨である（岩出・実務講義下1507頁）。

2　類　型

　民事保全手続の類型として、仮差押え、係争物に関する仮処分及び仮の地位を定める仮処分がある。

　仮差押えとは、金銭債権の支払を保全するために、執行の目的たる債務者の財産のうち債権額に相応する適当な財産を選択して、その現状を維持し、将来の強制執行を確保する手段である（民保20条以下）。

　係争物に関する仮処分とは、債権者が債務者に対し特定物についての給付請求権を有し、かつ、目的物の現在の物理的または法律的状態が変わることにより将来における権利実行が不可能または著しく困難になるおそれがある場合に、目的物の現状を維持するのに必要な暫定措置をする手続である（民保23条1項）。

　仮の地位を定める仮処分とは、争いがある権利関係について、債権者に生ずる著しい損害または急迫の危険を避けるために、暫定的な法律上の地位を定める仮処分である（民保23条2項）。

第2　手　続

1　申立て

　保全命令の申立ては、本案の管轄裁判所または仮に差し押さえるべき物もしくは係争物の所在地を管轄する地方裁判所に行う（民保12条1項）。

　保全命令の申立書には、請求債権の表示または仮処分により保全すべき権利の表示、申立ての趣旨、申立ての理由（被保全権利）と保全の必要性等を

169

記載する（民保13条、民保規6条・13条、民訴規2条3号～5号）。

裁判所が紛争の実体や争点を正確かつ迅速に把握できるようにするため、被保全権利、保全の必要性を具体的に記載し、立証を要する事由ごとに証拠を記載する（民保規13条2項）ほか、申立ての理由中では、いわゆる要件事実、これを基礎づける重要な間接事実、予想される抗弁とこれに対する反論等を記載し、被保全権利の記述の最後に「まとめ」の項目を設け、被保全権利の法的内容を明記することが重要である（八木＝関・民事保全上91～98頁）。

2　審理の方式

審理手続は、緊急性と暫定性の要請から、簡易迅速な手続であり、口頭弁論は任意的で（民保3条）、その他書面による方式、当事者の審尋による方式（民保7条、民訴87条2項）により進められる。

仮差押え、係争物に関する仮処分では、密行性の要請から、また、現状を固定するだけであるため債務者に対する打撃も小さいことから、原則として債務者の言い分を聴くことなく、債権者作成の書面による方式または債権者だけに対する審尋の方式により、秘密裏に審理される。

これに対し、仮の地位を定める仮処分は、暫定的に新たな法律関係を形成するものであり、債務者に対する打撃が大きいため、その期日を経ることにより仮処分の目的を達することができない事情のある場合を除き、原則として、債務者の立ち会うことができる審尋または口頭弁論の期日を経なければ仮処分命令を発することができない（民保23条4項）。

3　疎　明

ア　立証の程度

保全命令の要件である、被保全権利及び保全の必要性の立証は、疎明で足りる（民保13条2項。ただし、管轄や当事者能力等の保全命令手続における訴訟要件については、証明を要する）。保全命令手続は、迅速性が求められ、かつ、権利義務の存否を暫定的に定める手続であるからである。

通常の民事訴訟で要求される「証明」が、裁判官が事実の存否について十分な確信を得た状態をいい、合理的な疑いを容れることができないほど高度の蓋然性であるのに対し、「疎明」は、一応確からしいとの推測を得た状態をいい、いわば優越的蓋然性である（八木＝関・民事保全上30頁）。

もっとも、実務上、仮の地位を定める仮処分（後述の地位保全・賃金仮払いの仮処分等）において双方審尋をしてこれを発する場合の疎明の程度は、これを行わないで仮差押えや係争物に関する仮処分を発する場合のそれよりは高度であり、通常の民事訴訟の請求認容の場合の心証の程度と大差がないものと考えられている（八木＝関・民事保全上30～31頁）。これは、当事者による攻撃・防御がなされていること、及び、仮の地位を定める仮処分の債務者に与えるダメージの大きさによる。

イ　疎明の即時性

a　書証

疎明は、即時に取り調べることができる証拠によってしなければならない（疎明の即時性。民訴188条）。

そのため、書証は、口頭弁論を開く場合にはその期日に提出できるものに、書面審理の場合には裁判をするまでの間に提出できるものに限られ、文書提出命令の申立てや文書送付嘱託の申立てはできない。

なお、口頭弁論が開かれることのほとんどない保全命令手続においては、当事者・関係者の陳述書、報告書が、本人尋問・証人尋問に代わるものとなる。記載が平板で、保全命令申立書の記載とほぼ等しいものも存するが、有利な裁判を得ようとするならば、内容を充実させ、保全命令の申立てを行わなければならなかった事情について具体的な事実に基づいて記載する必要がある（八木＝関・民事保全上33頁）。

また、後述のとおり、即時に提出されない鑑定も許されないため、その代わりに、専門家の作成した鑑定書を書証として提出することも有益である（八木＝関・民事保全上33頁）。

b　人証

疎明の即時性から、在廷しない人証の採用決定や呼出しは許されない。

したがって、証人等を期日に在廷させておき、その場で採用決定を得て、取調べを行ってもらう必要がある。

c　検証・鑑定

検証・鑑定も疎明の即時性から、口頭弁論を開いた場合に、その期日に裁判所に提出できる検証物、在廷している鑑定人に限られ、裁判所外での検証

第3章　訴訟以外の争訟方法

や鑑定書の作成に長時間を要する鑑定を命ずることはできない。

したがって、現場の状況が特に問題となる事案では、裁判外の検証の代わりに、写真やビデオ、録音テープ（反訳書も提出する）の提出（準文書、民訴231条）を活用すべきである（八木＝関・民事保全上34〜35頁）。

4　和　解

仮差押え及び係争物に関する仮処分においては、債務者審尋が行われないため、和解による解決が図られることはほとんどないが、仮の地位を定める仮処分では、口頭弁論又は双方審尋が原則的に必要とされるから、和解が決定と並ぶ重要な終局事由となっている。

紛争が判決手続等で解決されるまでの暫定的措置を定める和解のほか、被保全権利（本案の権利又は権利関係）について紛争の終局的解決を図る和解を行うことも可能である。

例えば、解雇無効を理由とする地位保全・賃金仮払い仮処分が申し立てられた場合に、その手続において、使用者が解雇を撤回した上で、労使が退職の合意をし、使用者が解決金等を支払うといった内容の和解がなされている場合も多い。

なお、この場合、債権者たる労働者は、当該和解の中で保全命令申立てを取り下げることになる（なお、この取下げを行う取扱いは、民事保全においては、被保全権利自体は訴訟物ではないとして、被保全権利に関する和解が成立しても民事保全手続の終了効はないという見解を前提としているが、このような取下げ条項がなくとも、訴訟終了効を排除する特段の表示がない限り、和解の成立により民事保全手続は当然終了したものとする見解もある。八木＝関・民事保全上171〜172頁）。

5　取下げ

保全命令の申立てに対する裁判については既判力は生じないので、債権者が保全命令の申立てを取り下げても、債務者は特段不利益を受けるわけではない。そのため、保全命令の申立ての取下げについては、債務者の同意は不要である（保全異議又は保全取消しの申立てがあった後も同様。民保18条）。

保全命令手続における裁判が確定した段階、更には保全執行の終了後においても、債務者の同意を要することなく債権者は申立てを取り下げることが

172

第3節　保全処分

できると解される（八木＝関・民事保全上124〜125頁）。

　取下げは、口頭弁論又は審尋期日においてする場合を除き、書面で行う（民保規4条1項）。

　この取下げは、口頭弁論若しくは審尋期日の呼出し又は保全命令の送達を受けた債務者に対して通知される（民保規4条2項）。

6　担　保

　保全命令手続においては、前述のとおり、本案訴訟における証明より証明度の低い疎明で足りるため（民保13条2項）、後の本案訴訟で判断が逆転する可能性があり、この場合、債務者は損害を被るおそれがある。

　そこで、裁判所は、担保を立てさせて、もしくは相当と認める一定の期間内に担保を立てることを保全執行の実施の条件として、保全命令を発することができるものとされている（民保14条1項。なお、個別労働関係紛争における運用については、後述第3-1・2参照）。

7　決　定

　緊急性の要請から、保全命令は簡易な決定により発せられる（民保16条）。

　保全命令を発する決定は、当事者に送達されるが（民保17条）、保全命令の申立てを却下する決定及びこれに対する即時抗告を却下する決定は、債務者に対し口頭弁論または審尋の期日の呼出しがされた場合を除き、債務者に告知することを要しないものとされている（民保規16条）。

　なお、保全執行は、緊急性及び密行性の要請から、保全命令が債務者に送達される前でも行うことができる（民保43条3項）。実務上、例えば目的不動産に仮差押登記がなされた後に、また、債権の仮差押えであれば第三債務者に命令が送達された後に、債務者に送達する取扱いをしている。

8　不服申立て

ア　債権者（労働者）側の不服申立て

　保全命令の申立てを却下する裁判に対しては、債権者は、告知を受けた日から2週間の不変期間内に、即時抗告をすることができる（民保19条1項）。

　即時抗告を却下する裁判に対しては、債権者は更に抗告をすることができない（民保19条2項）。

イ　債務者（使用者）側の不服申立て

173

第3章 訴訟以外の争訟方法

a 保全異議

まず、保全命令に対しては、債務者は、その命令を発した裁判所に保全異議を申し立てることができる（民保26条）。保全命令の申立てを却下する決定が即時抗告により取り消され保全命令が発せられた場合も、同様に保全異議を申し立てることができる。

法は、保全異議申立てにつき期間制限していないので、債務者は、保全命令が有効に存在する限りはいつでも申し立てることができる。

異議事由としては、被保全権利又は保全の必要性がないこと、管轄違い、担保の額が低額すぎること、解放金（民保25条）が高額すぎること、保全命令の内容が不当であること等制限はない。

保全異議の申立て自体には保全執行を停止する効力がない。そこで、保全異議に伴う執行停止が認められている（民保27条）。ただし、この申立てが認められることは極めて稀である（東弁・マニュアル544頁）。

b 保全取消し

保全取消しとは、保全命令自体の当否を争わず、保全命令の存在を前提とし、発令後の事情変更、特別事情その他の事由により命令の取消しを求めるものである。法は、①本案訴訟を提起しない場合等による場合（民保37条）、②事情変更による場合（民保38条）、③特別事情による場合（民保39条）の３類型について取消しを定めている。

保全取消しの申立期間に制限はない。

保全執行を停止させるためには、保全取消しの申立てとともに執行停止の申立てを行う必要があることは、保全異議の場合と同様である（民保40条1項、27条）。

ウ 債権者及び債務者の不服申立て

保全異議又は保全取消しの申立てについての裁判に対して不服のある債権者又は債務者は、その送達を受けた日から2週間の不変期間内に保全抗告をすることができる（民保41条1項）。

債務者が保全執行を停止させるためには、保全抗告の申立てとともに執行停止の申立てを行う必要があることは、保全異議の場合と同様である（民保41条4項・27条）。

保全抗告についての裁判に対しては、更に抗告をすることができない（民保41条3項）。

保全異議又は保全取消しの申立てに基づき保全命令を取り消す決定がなされた場合、その決定は告知により直ちに効力が生じ（民保7条、民訴119条）、債権者が同決定に対して保全抗告をしても、取消決定の効力は当然には停止されない。そこで、債権者は、保全命令の取消決定の効力の停止を命ずる裁判をするよう申し立てる必要がある（民保42条1項）。

第3　個別的労働関係事件での利用形態

1　仮差押えや係争物に関する仮処分

まず、仮差押えの利用形態としては、使用者が、労働者からの賃金・退職金請求を逃れようと財産隠匿を図ろうとしているときに、使用者の不動産や預金等を押さえることが考えられる。

次に、係争物に関する仮処分の利用形態としては、使用者が隠匿のため、財産を関連会社等に低廉譲渡したような場合は、さらなる転売を防ぐために、当該関連会社に対する詐害行為取消権（民424条）に基づく処分禁止の仮処分等をなすことが考えられる。

これらの仮差押えや係争物に関する仮処分については、実務上、通常の企業間の保全命令手続の場合に比べて、労働者の経済事情を考慮して担保（民保14条等）の額が減額されている場合が多い（仮差押えであれば通常、請求債権の30%程度の額が求められるところ、労働債権に基づく場合には10%〜0%等（岩出・大系842頁）。山口・審理ノート188頁によれば、東京地裁労働部では、立担保を条件とした仮差押命令が発令された例は見受けられないとのことである）。

2　仮の地位を定める仮処分

これらに対し、個別労働関係事件において、労働者によって最も利用されてきたのが、「仮の地位を定める仮処分」としての、地位保全・賃金仮払いの仮処分である。

仮の地位を定める仮処分は、必要的審尋事件である（民保23条4項）。審尋期日では、債権者・債務者同席で主張書面、疎明資料の提出を行い、口頭で主張等の補充を行う。法律上は口頭弁論を開くことも可能であるが（同

条項)、最近、東京地裁の労働部で口頭弁論が開かれた例はない（山口・審理ノート194頁）。他方、法律上、債務者が立ち会うことができる審尋の期日を経なければ命令を発することができないとされているだけであるから（同条項）、一度対面方式で審尋をした後は、電話会議システムによる審尋も可能と解される（山口・審理ノート193頁によれば、実施例もあるとのことである）。

上記のとおり、審理に際しては口頭弁論または審尋が行われるが、即時に取り調べることのできる証拠で疎明しなければならないことから（民訴188条）、前述のとおり文書提出命令の申立てや人証調べは認められない。

地位保全・賃金仮払いの仮処分については、ほとんどの決定例が無担保でされている（山口・審理ノート194頁）。

3　審理期間

なお、審理期間は、保全手続が簡易迅速な手続によって暫定的な救済を与える制度であることから、東京地裁労働部では、概ね、10日から2週間の間隔で審尋期日を開き、3か月以内に審理を終結することを目途に進行させることが多いとのことである（山口・審理ノート193〜194頁）。

ただし、前述のとおり、仮の地位を定める仮処分では和解が試みられており、その場合には多くの期日を実施することもある。

第4　地位保全・賃金仮払いの仮処分

1　利用形態と「保全の必要性」の判断の厳格化

ア　従前の実務的取扱い

解雇された労働者が解雇無効を主張して申請する仮処分の多くのケースでは（文献・裁判例の紹介等については、岩出誠「解雇事件における労働仮処分の必要性」日本労働協会雑誌345号22頁以下参照）、被保全権利を「労働契約上の従業員たる地位」として、労働契約上の地位を有することを仮に定める旨の「地位保全の仮処分」と、解雇時から本案判決確定時までの賃金仮払いを命ずる旨の「賃金仮払いの仮処分」の併合申立てがなされている。

そして、従前の多数の裁判例は、上記申立てを認容する場合、「債権者が賃金のみによって生計を立てている労働者であり、賃金の支払がないことによって生活の困窮を来す」という事情から、保全の必要性を認めてきた。

第3節　保全処分

イ　近時における判断の厳格化

しかし、近時では、具体的に生活が困窮し、回復しがたい損害を被るおそれがあるかどうかを厳格に判断するようになっている。

2　地位保全の仮処分

ア　保全の必要性否定例

保全の必要性の判断の厳格化の一つの表れとして、賃金仮払いの仮処分と併合申立てされた場合の地位保全の仮処分について、保全の必要性が否定され、申立てが却下される裁判例が増えている。

すなわち、地位保全の仮処分で保全しようとする権利ないし利益の具体的内容の中核は賃金の支払であるから、賃金仮払いのほかに地位保全を必要とする特別の事情がない限り、賃金仮払い仮処分に加えて、地位保全の仮処分を認める必要はないとするのである（エールフランス事件：東京地決平成12年5月9日労判800号89頁、ホンダ運送事件：大阪地決平成15年12月3日労判865号85頁、東大阪市環境保全公社（仮処分）事件：大阪地決平成22年1月20日労判1002号54頁、セネック事件：東京地決平成23年2月21日労判1030号72頁等）。

新生銀行事件：東京地決平成18年8月9日労判921号89頁

　労働契約上の権利を有する地位にあることを仮に定める仮処分は、賃金仮払いの仮処分と異なり、強制執行をすることができず、任意の履行に期待する仮処分であり、実効性に乏しいものであるから、このような仮処分を本案判決確定前に発令することは極めて慎重であるべきであって、これを発する高度の必要性が疎明された場合に発せられるべきところ、本件においてかかる必要性の疎明があるとはいえないとして、労働契約上の権利を有する地位にあることを仮に定める仮処分を却下している。（同旨のものとして、原審判断（横浜地決平成27年11月27日労判1151号70頁）を維持したコンチネンタル・オートモーティブ（解雇・仮処分）事件：東京高決平成28年7月7日労判1151号60頁など）

イ　保全の必要性肯定例

しかし、例外的に、上記「特別の事情」「高度の必要性」があるとして、地位保全の仮処分が認められた例もある。

第3章 訴訟以外の争訟方法

アサヒ三教事件：東京地決昭和62年1月26日労判497号138頁

　英語学校の外国人教師が解雇された事案で、当該外国人教師が我が国における在留資格を認められるためには一定の職業に就いていることが必要であり、我が国における英会話教師の求人状況等を考えると、地位保全の必要性があるとされた。

北陸大学事件：金沢地決平成19年8月10日労判948号83頁

　債権者らは、北陸大学の教授の職にあり、その地位に照らせば、教授として講義等を担当したり、研究活動を行うことは、単なる雇用契約上の債務者に対する労務の提供にとどまらず債務者が保障すべき雇用契約上の権利または利益に該当すること、地位保全の決定は、少なくとも債権者に図書館や研究室を利用させることなどを事実上強制する効果が認められるし、第三者に対しても、債権者らが北陸大学教授の地位にあることを前提にした研究発表活動を行うことが可能になることから、仮の地位の保全を認めなければ、債権者らの前記権利または利益に関し著しい損害または急迫の危険が生じるとして、地位保全の必要性を認めた（近時でも、私立大学准教授が解雇された事案で、「相手方は、教育・研究活動に従事する者であり、抗告人の教職員の地位を離れては、相手方の教育・研究活動に著しい支障が生ずることは明らかであり、抗告人との間で、労働契約上の権利を有する地位にあることを仮に定めなければ、抗告人に回復し難い著しい損害が生じる」として、保全の必要性を肯定した学校法人常葉学園（短大准教授・保全抗告）事件：東京高決平成28年9月7日労判1154号48頁がある）。

ワークプライズ（仮処分）事件：福井地決平成21年7月23日労判984号88頁

　派遣労働者が雇用契約期間中に解雇された事案で、就業機会の確保、社会保険の被保険者資格の継続の必要性を理由に、地位保全の必要性が認められた。

釜屋電機（仮処分）事件：札幌地決平成21年7月7日労判991号163頁

　債権者らは、賃金労働者として生計を立てていたのであるから、賃金労働者としての社会保険の取扱いを受けることが必要であるし、疎明資料によれば、債権者Bは、債務者の独身寮に居住していたこと、債務者から、平成21年4月30日をもって、独身寮から退去するよう、少なくとも二度にわたって

第3節　保全処分

要求されていることが認められるとして、地位保全の必要性を認めた。

　以上のとおり、地位保全仮処分の申立てにあたっては、単に賃金を仮払いさせる必要性を疎明するだけではなく、特段の事情の存在、すなわち、賃金仮払い仮処分によっては保全されない雇用契約上の権利又は利益（福利厚生施設の利用、社会保険の適用、技術の習得ないし維持、企業内組合活動をすること等）が存在すること及びそれらの権利又は利益を享受できないために著しい損害を受けるおそれがあることについて具体的に主張・疎明する必要がある（東弁・マニュアル535頁）。

3　賃金仮払い仮処分

　賃金仮払い仮処分においても、保全の必要性が厳格に判断される。

　すなわち、賃金仮払い仮処分は、債権者（労働者）が、権利の存否が未確定の間に確定判決によって執行したのと同様な結果を享受することができる、いわゆる満足的仮処分である。債権者（労働者）は、仮払いされた金銭を生活費等として費消するから、債務者（使用者）が本案訴訟で勝訴しても、その返還を受けることは、ほぼ不可能である。そのため、賃金仮払い仮処分においては、強度の保全の必要性が求められる（白石・労働関係訴訟558頁）。

　この点、東亜石油事件（東京地判昭和51年9月29日労判264号51頁）は、「賃金等の仮払を命ずる仮処分は」「労働者及びその扶養する家族の経済生活が危殆に瀕し、これに関する本案判決の確定を待てないほど緊迫した事態に立ちいたり又はかかる事態に当面すべき現実かつ具体的なおそれが生じた場合、その労働者に対し、暫定的に使用者から右緊急状態を避けるに必要な期間、必要な金額の仮払を得させることを目的とするもの」であると述べている。

　そして、保全の必要性の判断基準について、前掲東亜石油事件（東京地判昭和51年9月29日労判264号51頁）は、「仮処分の必要性は、前記緊急状態の現存又はその具体的な発生のおそれの存在の疎明によって理由づけられるべきものであり、通常は、賃金を唯一の生計手段とする労働者が解雇によって収入の途が絶たれた事実が疎明されれば、右必要性の存在も疎明されたも

179

のとして扱うことができるのであるが、その場合においても、(1)賃金全額の支払を命ずべきかどうかは、労働者及びその家族の経済生活の危殆を避止するに足るかどうかの見地から慎重に判断して決すべきものであるし、(2)仮払を命ずる期間も、労働者が本案訴訟を追行するために他に暫定的な生活の資を獲得するに必要な期間を判定して決すべきものである」と述べている。

　これからすると、債権者（労働者）においては、債権者の家族構成、必要経費（生活費、借家の場合の家賃、住宅ローンの額、就学する子供の学費、病人の治療費等）、保有資産の有無及び内容、アルバイト・副収入の有無及び額、配偶者等の収入の有無及び額、保有資産の有無及び内容、親族や支援団体の援助の有無及び額等について、保全の必要性を基礎付ける事情として具体的に主張するとともに、住民票、所得証明や給与振込口座の通帳等客観的資料を申立書、準備書面で逐一引用しつつ、これらを疎明することが必要となってくる（白石・労働関係訴訟567頁）。

　逆に、債務者（使用者）としては、労働者が賃金以外の収入を基に生活していたこと（保有する資産や配偶者の収入で生活していたこと等）や、労働者が無収入でないことを疎明することになる。

　なお、上記の「無収入でないこと」の具体的内容として、例えば、「労働者が解雇後に他に就業し固定収入を得ていたこと」というものが考えられるが、ただし、短期間のアルバイト収入等があるというだけでは保全の必要性を否定するに十分であるとはいえない。また、「失業保険を得ていた」という事情も考えられるが、しかし、短期間のものでいずれ返却しなければならないものであるとして保全の必要性を阻却しないとした裁判例もある（中村製菓不当解雇事件：福岡地判昭和36年12月20日労民12巻6号1085頁等）。さらに、「解雇後に労働者が労働組合から救援金を受けている」という事情も考えられるが、これについては多くの裁判例（日本鋼管川崎製鉄所懲戒解雇事件：東京地判昭和35年7月29日労民11巻4号783頁等）が、組合救援金は臨時的・応急的な措置であることから保全の必要性を阻却しないとしている（以上、東弁・マニュアル536～537頁）。

　　ア　仮払い額の限定

　　a　仮払い額を限定した裁判例

第3節　保全処分

　賃金仮払い仮処分における保全の必要性判断の厳格化については、仮払い額そのものと仮払い期間への制限の傾向としても現れている（岩出・大系844頁。最近の裁判例の動向の照会については、東弁・マニュアル537頁以下参照）。

　まず、仮払い額については、労働者の社会的地位、生活程度等を考慮して、暫定的に緊急状態を避けるに必要な金額が認められる。

　例えば、特段の主張・疎明のない限り、債権者らの居住する地域における債権者らと同様の家族構成の家庭で必要とする標準生計費の額をもって一応の基準と考えるべきとしたもの（アイスター事件：熊本地決平成17年5月25日労判894号88頁）、仮払いを認めるべき金額は、従前の生活を維持するために必要な金額ではなく、人並みの生活を維持するのに必要な金額であるから、平成18年4月の全国の標準生計費を参考に、扶養家族がないものと推認される債権者2名については1か月10万円、扶養家族が1名と推認される債権者1名については同17万円、扶養家族が3名と推認される債権者1名については同24万円とするのが相当であるとしたもの（三郡福祉会（虹ヶ丘学園）事件：福岡地飯塚支決平成19年1月12日労判939号91頁）、標準生計費を基準に考え保全の必要性を否定したもの（原審判断（横浜地決平成27年11月27日労判1151号70頁）を維持した前掲コンチネンタル・オートモーティブ（解雇・仮処分）事件（東京高決平成28年7月7日労判1151号60頁）、給与額の8割としたもの（聖マリア学園事件：横浜地決昭和58年11月26日労判424号80頁）、給与の約7割としたもの（コマキ事件：東京地決平成18年1月13日判時1935号168頁）などがある。

　なお、前掲北陸大学事件（金沢地決平成19年8月10日労判948号83頁）では、仮払い額を限定する理由の一つとして、解雇処分に伴って債務者が退職手当を支払ったが、債権者らがそれを「解雇後の賃金に充当することは可能であるにも関わらず全額供託していること」が考慮されている。

　また、債権者の賃金月額は175万円であり他に年1回以上高額の賞与を得ていたことがうかがわれ、このような高収入を継続的に得ていた場合は相当程度の預貯金等の蓄えがあることが推認されるから、債務者からの賃金が途絶えたからといって直ちに生活に困窮を来すとはいえず、民事保全法23条

２項に定める保全の必要性についての疎明がないとして、賃金仮払い仮処分申立てを却下した例（前掲新生銀行事件：東京地決平成18年8月9日労判921号89頁）もある。

さらに、労働者が、解雇以降預貯金額が少なくなってきていると主張したのに対し、解雇から2年以上経過しており、それまでの間、労働者としては本案訴訟を提起することは十分に可能な状態であったとして、保全の必要性を否定した例（前掲コンチネンタル・オートモーティブ（解雇・仮処分）事件：東京高決平成28年7月7日労判1151号60頁）もある。

b　仮払い額を限定せず実支給額とした裁判例

もっとも、近時でも、仮払い額を実支給額とするものもある（前掲釜屋電機（仮処分）事件：札幌地決平成21年7月7日労判991号163頁）。

当該裁判例は、実支給額の仮払いを認める理由として、「債権者Aは、教員の妻と二人暮らしであり、砂川市内の戸建て住宅に、夫婦で居住しており、債務者から支払われる賃金と妻の収入で生計を維持していたこと、債権者Bは、債務者から支払われる賃金のみで生計を維持していたこと」を挙げているが、この判断は必ずしも一般化できるものではなく、各債権者の実支給額が高額でなかった（債権者Aにつき月額218,351円、債権者Bにつき月額165,317円）という当該事案の特殊事情が影響しているものと思われる。

c　残業手当を含めるか

仮払い額を残業手当を含めて算定するかどうかについては、残業手当は現実に残業を行って初めて請求権が発生するものであるとして、これを含めないとする場合がある（メイコー（仮処分）事件：甲府地決平成21年5月21日労判985号5頁等）。

d　所得税や社会保険料等の控除

裁判例には、所得税や社会保険料等を控除した後の金額の範囲で保全の必要性を認めて仮払い額とするものと（トモエタクシー事件：大阪地決昭和60年10月11日労判464号27頁等）、債務者が現実に仮払いをする際に控除できるとするもの（小太郎漢方製薬事件：大阪地決昭和52年6月27日労判282号65頁等）とがあるが、いずれにしても、労働者が受け取ることができる金額は控除後の金額ということになる（東弁・マニュアル538頁）。

第3節　保全処分

イ　仮払い期間の限定

a　仮払い期間を限定した裁判例

　古くから早期の終期を設けるものもあったが、近時では、保全の必要性に関する流動的要素が多いこと等を理由として、仮払い期間を、仮処分決定後（ないし審尋終了後）1年以下とするものが増えている（1年を認めた例として、藤川運輸倉庫事件：東京地決平成12年4月18日労判793号86頁、丸林運輸事件：東京地決平成18年5月17日労判916号12頁、前掲三郡福祉会（虹ヶ丘学園）事件：福岡地飯塚支決平成19年1月12日労判939号91頁等。また、6か月とした三菱重工相模原製作所事件：東京地決昭和62年7月31日労判501号6頁もある）。

　このように期間を限定した決定がなされた場合、期間経過後においてなお仮払いを要するときは、第2次仮処分を申し立てる必要がある。

b　第一審本案判決言渡しまでの仮払いを認めた裁判例

　ただし、近時でも、事案の経緯・内容等、事情等の変更可能性、債務者（使用者）の被る経済的不利益の程度等を考慮して、仮処分決定時（ないし審尋終了時）から第一審本案判決言渡しまで認めるものもある（前掲ホンダ運送事件：大阪地決平成15年12月3日労判865号85頁、生興事件：大阪地決平成17年6月2日労判900号89頁、前掲北陸大学事件：金沢地決平成19年8月10日労判948号83頁、前掲釜屋電機（仮処分）事件：札幌地決平成21年7月7日労判991号163頁、前掲セネック事件：東京地決平成23年2月21日労判1030号72頁等）。

c　過去分の賃金の仮払い

　債権者（労働者）が現に生活してきた以上、過去分（解雇等以降、仮処分決定時・審尋終了時までの賃金）については、原則として、保全の必要性は認められない。本案訴訟で救済を図ることができるからである。ただし、債権者（労働者）が高利の借金をして生活しており、早急に返済しなければならないなど極めて例外的な特段の事情がある場合には、過去分についても保全の必要性が認められる（白石・労働関係訴訟562頁）。

　過去分を認めた裁判例としては、解雇以降の未払い賃金のうち固定給合計480万円のうち、銀行からの借入金及び税金滞納額の合計額に相当する115

第3章 訴訟以外の争訟方法

万2264円の限度で仮払いの必要性を認めた八房カントリー倶楽部事件・東京地決平成元年10月26日労判550号29頁や、解雇時以降の実支給額の仮払いを認めた前掲釜屋電機（仮処分）事件（札幌地決平成21年7月7日労判991号163頁）などがある。

d 有期労働契約の場合

　有期労働契約の場合、その契約期間中のみ仮払いの必要性を認めるものがある（前掲東大阪市環境保全公社（仮処分）事件：大阪地決平成22年1月20日労判1002号54頁は、6か月の有期労働契約が10～24回更新された後に行われた雇止めは無効であるとしつつ、使用者は次回の契約満了日をもって契約を更新しない可能性が高く、かつ、その時点における雇止めの有効性については別個に考える必要があること等の諸事情を総合的に勘案すると、仮払いの必要性が認められるのは次回契約期間満了日までであるとした）。

〔木原　康雄〕

第4節　個別労働関係紛争の裁判外の紛争調整機関等

第4節　個別労働関係紛争の裁判外の紛争調整機関等

第1　個別紛争法

1　個別労働紛争解決制度とは

　個別労働紛争解決制度とは、労働条件その他労働関係に関する事項についての個々の労働者と事業主との間の紛争を解決しようとする行政によるADR（裁判外紛争解決手続）のことである。

　同制度では、①総合労働相談コーナーにおける情報提供・相談、②都道府県労働局長による助言・指導、③紛争調整委員会によるあっせんの3つの解決手段を設けている。

2　個別紛争法の主な内容

　上記制度を規律しているのが、個別労働関係紛争の解決の促進に関する法律（以下、「個別紛争法」という。平成13年成立、平成29年最新改正）である。その主な内容は、以下のとおりである（個別紛争19条）。

ア　目　的（個別紛争1条）

　個別紛争法は、労働条件その他労働関係に関する事項についての個々の労働者と事業主との間の紛争（以下、「個別労働関係紛争」という）について、その実情に即した迅速な解決を図ることを目的とする。

　個別紛争法は、個々の労働者と事業主との間の個別的労働関係に関して生じた紛争を対象にしているため、例えば、労働組合は当事者になりえないことになる。

イ　紛争の自主的解決（個別紛争2条）

　個別労働関係紛争が生じたときは、紛争当事者は、早期にかつ誠意をもって、自主的な解決を図るように努めなければならない。

ウ　都道府県労働局長による情報提供、相談等（個別紛争3条）

　都道府県労働局長は、個別労働関係紛争を未然に防止し、及び個別労働関係紛争の自主的な解決を促進するため、労働者または事業主に対し、情報の提供、相談その他の援助を行う。

　具体的には、各都道府県労働局や全国の労働基準監督署において、「総合

労働相談コーナー」が設置されており、個別労働関係に関する相談に応じて、労働法の法的状況を説明している。個別労働紛争の中には、単に法令や判例に関する知識が十分でなかったために生じたものが少なくなく、まずは幅広く相談に応じ、必要な情報を提供することによって、紛争の早期解決や民事紛争に発展することを防止することが期待される。また、相談案件のうち労働基準法違反の案件は、労働基準監督署に回して、違反案件として処理される。

総合労働相談コーナーには、年間100万件を越す相談が寄せられており、本制度が成立以来多くの労働当事者に利用されている（厚労省HPに毎年度掲載される、「個別労働紛争解決制度施行状況」参照。最新版は、「平成29年度個別労働紛争解決制度施行状況」（平成30年6月27日））。

エ　都道府県労働局長による助言及び指導（個別紛争4条）

都道府県労働局長は、個別労働関係紛争に関し、紛争当事者の双方または一方からその解決につき援助を求められた場合には、必要な助言または指導をすることができる（何らかの措置を強制するのではなく、あくまで紛争当事者に対して、話合いによる解決を促す制度である）。

また、都道府県労働局長は、以上の助言または指導をするため必要があると認めるときは、広く産業社会の実情に通じ、かつ、労働問題に関し専門的知識を有する者の意見を聴くものとする（個別紛争4条2項）。このほか、裁判で係争中である、又は確定判決が出ているなど、他の制度において取り扱われている紛争については、助言・指導の必要性がないものとして本制度の対象にならない。

なお、ここで助言・指導の対象になる紛争から雇用機会均等法、障害者雇用促進法、パートタイム有期労働法、育児介護休業法のもとでの紛争については除かれ（均等16条、障害雇促74条の5、パート有期23条、育児介護52条の3）、これらの紛争については、各法律において、都道府県労働局長による助言・指導・勧告の権限を定めている。

オ　紛争調整委員会によるあっせん

都道府県労働局長は、個別労働関係紛争について、紛争当事者の双方または一方からあっせんの申請があった場合において、当該紛争の解決のために

必要があると認めるときは、紛争調整委員会（以下、本章において「委員会」という）にあっせんを行わせる（個別紛争5条、詳細については2で後述）。

なお、第2以降で後述するように、雇用機会均等法、パートタイム有期労働法、育児・介護休業法などにおける紛争解決援助制度の一環としての調停のため、各法により、この紛争調整委員会による調停制度が設けられている。

カ　地方公共団体の施策等—都道府県労働委員会によるあっせん

地方公共団体は、国の施策と相まって、当該地域の実情に応じ、個別労働関係紛争を未然に防止し、および個別労働関係紛争の自主的な解決を促進するため、労働者、求職者または事業主に対する情報の提供、相談、あっせんその他の必要な施策を推進するように努める（個別紛争20条）。

上記地方公共団体の施策として、地方自治法180条の2の規定に基づく都道府県知事の委任を受けて地方労働委員会が行う場合には、中央労働委員会は、当該地方労働委員会に対し、必要な助言又は指導をすることができる（個別紛争20条3項）。

しかし、実態は、都道府県の労働局ほどには利用されていないようである。

キ　船員に関する特例

船員職業安定法6条1項に規定する船員及び同項に規定する船員になろうとする者に関しては、「都道府県労働局長」に代わり「地方運輸局長」（運輸監理部長を含む）が助言・指導等を行う。なお、かつて船員法の適用を受ける船員の労働関係については、船員労働委員会が設けられていたが、平成20年の労組法改正により廃止されている。

ク　地方公務員等への適用除外

個別紛争法は、国家公務員及び地方公務員については、適用しない。ただし、行政執行法人の労働関係に関する法律2条2号の職員、地方公営企業法15条1項の企業職員、地方独立行政法人法47条の職員及び地方公務員法57条に規定する単純な労務に雇用される一般職に属する地方公務員であって地方公営企業労働関係法3条4号の職員以外の者の勤務条件に関する事項についての紛争については適用される（個別紛争22条）。

ケ　不利益取扱いの禁止

事業主は、労働者が個別紛争法4条1項の助言・指導等の援助を求めたこ

第3章 訴訟以外の争訟方法

と（個別紛争4条3項）、または同法5条1項のあっせん申請（書式3・4参照）
をしたことを理由として、当該労働者に対して解雇その他不利益な取扱いを
してはならない（個別紛争5条2項）。

3　委員会によるあっせんの具体的内容

ア　あっせんの委任

前述のとおり、都道府県労働局長は、個別労働関係紛争について、紛争調
整委員会（以下「委員会」という）にあっせんを行わせる（個別紛争5条）。た
だし、ここでのあっせん対象から、労働者の募集及び採用に関する事項につ
いての紛争は除かれ、また、第2以降で後述するとおり、雇用機会均等法、パー
トタイム有期労働法、育児・介護休業法などにおける一定の紛争に関しては、
委員会によるが、ここでのあっせんではなく調停に委ねられていることに注
意が必要である（例えば、均等18条）。逆に、それらの法律で調停の対象と
されていない各法に絡む紛争は、都道府県労働局のあっせん等に委ねられる
ことになる。

イ　委員会の設置

委員会は、都道府県労働局に置かれ（個別紛争6条1項）、委員は学識経験
者から厚生労働大臣が任命され（個別紛争7条2項）、3名以上の委員で委員
会が組織される（個別紛争7条1項）。

ウ　あっせん手続

あっせんの申請を受けて、都道府県労働局長がその必要性を認めて、委員
会にあっせんを委任して、あっせん委員を指名し（個別紛争則6条1項）、あっ
せんの申請人・被申請人にあっせんを開始する旨及びあっせん委員の指名を
通知することによって開始する（個別紛争則6条2項）。

その後、被申請人に対し、あっせんへの参加・不参加の意向が確認され、
不参加の場合はあっせん打ち切りとなるが、参加の意向が示された場合には、
あっせん委員はあっせん期日を定めて当事者に通知し（個別紛争則8条1項）、
あっせん期日へと手続が進行する。

あっせん委員は、紛争当事者の双方の主張の要点を確かめ、実情に即して
事件が解決されるように努める（個別紛争12条2項）。

あっせん委員は、紛争当事者から意見を聴取するほか、必要に応じ、参考

人から意見を聴取し、またはこれらの者から意見書の提出を求め、事件の解決に必要なあっせん案を作成し、これを紛争当事者に提示することができる。ただし、上記あっせん案の作成は、あっせん委員の全員一致による（個別紛争13条）。

エ　労使代表団体からの意見聴取

あっせん委員は、紛争当事者からの申立てがある場合で、その必要があると認めるときは、当該委員会が置かれる都道府県労働局の管轄区域内の主要な労働者団体または事業主団体が指名する関係労働者を代表する者または関係事業主を代表する者から当該事件につき意見を聴く（個別紛争14条。実態は、利用されていないようである）。

オ　あっせんの打切り

あっせん委員は、あっせんにかかる紛争について、あっせんによっては紛争の解決の見込みがないと認めるときは、あっせんを打ち切る（個別紛争15条）。

具体的には、①被申請人があっせん手続に不参加の表明をしたとき、②提示されたあっせん案について、紛争当事者の一方又は双方が受諾しないとき、③紛争当事者の一方又は双方があっせんの打切りを申し出たとき、④前述の意見聴取手続その他あっせんの手続の進行に関して紛争当事者間で意見が一致せず、あっせんの手続の進行に支障があると認められるとき、⑤その他あっせんによっては紛争の解決の見込みがないと認めるときである（個別紛争則12条1項各号）。

カ　時効の中断

上記オによりあっせんが打ち切られた場合、当該あっせんの申請をした者がその旨の通知を受けた日から30日以内にあっせんの目的となった請求について訴えを提起したときは、時効の中断（平成32年4月1日以降は、民法改正に合わせて「時効の完成猶予」と改正施行される）に関しては、あっせんの申請の時に、訴えの提起があったものとみなされる。

キ　資料提供の要求等

委員会は、当該委員会に係属している事件の解決のために必要があると認めるときは、関係行政庁に対し、資料の提供その他必要な協力を求めること

ができる（個別紛争17条。実態は、利用されていないようである）。

ク　あっせん状況の報告

委員会は、都道府県労働局長に対し、厚生労働省令で定めるところにより、あっせんの状況について報告しなければならない（個別紛争18条）。

4　労働局のあっせんの実務上の諸問題

ア　原則1回結審の限界

実務的に、原則1回結審であるため、こみいった案件の処理には対応できない難点がある。ただし、1回での解決を目指し、本人申立てが多い中、労働局での助言による主張や証拠の整理等につき運用上の配慮がなされている。

イ　利害関係者等を含めた解決の困難

また、この手続が、「個々の労働者と事業主との間の紛争」に限られているため、いわゆるパワハラ案件での直接の加害者をも含めた解決には適さないことがある。実際上の処理としては、当事者に異議ない場合には、利害関係人を含めた和解の成立例はある。なお、セクハラ事案での直接の加害者に関する場合については、平成19年4月以降は、加害者も交えた調停が可能となっている。

ウ　あっせんの結果の和解の効力

なお、ここでのあっせんにより解決した場合には、仲裁と裁判所の調停以外の他のADR全般に共通する課題だが、一定の合意書が作成されるものの、その法的性格は、あくまで民法上の和解（民695条・696条）である。したがって、それ自体で、調停や確定した労働審判、裁判上の和解のような強制力をもっていないため、相手方の不履行に対しては改めて労働審判、訴訟等の法的手続を要する限界を持っている。

エ　事業主側からの利用の工夫

事業主側からも、少ないが、あっせんが利用されることがある。

具体的事案に応じ、後述のとおり、その利用も検討されるべきである。

第2　雇用機会均等法上の紛争調整手続等

1　紛争調整手続等の共通性

助言・指導・勧告・均等調停会議の調停等を含む紛争調整手続等は、まず、

雇用の分野における男女の均等な機会及び待遇の確保等に関する法律（以下、「雇用機会均等法」という）で発展を遂げ、平成18年改正で現在の姿に整備された。この制度は、短時間労働者及び有期雇用労働者の雇用管理の改善等に関する法律（以下、「パートタイム有期労働法」という）、改正された育児休業、介護休業等育児又は家族介護を行う労働者の福祉に関する法律（以下、「育児介護休業法」という）でも、ほぼ同様な形で導入されている。

各法において、紛争調整手続として、①都道府県労働局長による紛争解決の援助、②調停会議による調停・調停案の作成・受諾勧告の2つの手続が設けられている。

2　厚生労働大臣による助言・指導・勧告・企業名公表制度等

雇用機会均等法においては、後述する当事者の求めがある場合における都道府県労働局長の助言・指導・勧告の権限とは別に、厚生労働大臣による一般的な指導権限が規定されている。すなわち、厚生労働大臣は、労働者からの相談や援助の求めの有無にかかわらず、雇用機会均等法の施行に関し必要があると認めるときは、事業主に対して、報告を求め、または助言、指導もしくは勧告をすることができる（均等29条1項）。ただし、実際には、その権限は、具体的には都道府県労働局長により行使される（均等29条2項）。

上記の指導等を実効あらしめるため厚生労働大臣の勧告に従わない場合に、厚生労働大臣が、セクハラ問題等も含めて、違反企業名を公表する制裁制度が用意されている（均等30条）。

3　都道府県労働局長による紛争解決の援助

都道府県労働局長の援助とは、都道府県労働局長が、パートタイム労働者と事業主との間のトラブルを公正・中立な立場から、当事者双方の意見を十分に聴取し、双方の意見を尊重しつつ、問題解決に必要な具体策の提示（助言・指導・勧告）をすることにより紛争の解決を図る制度である。

具体的には、労働局長は、事業主の措置について女性労働者と事業主間で紛争が生じたとき、当事者の双方または一方からその解決につき援助を求められた場合には、紛争の当事者に対し、必要な助言、指導、勧告して必要な援助を行う（均等17条、書式5参照）。労働局雇用均等室の職員が、紛争の相手方に事情を聴くとともに、書類の提出を求める等の方法で事実関係を把握

する。次に紛争の当事者がどのような解決を望んでいるのかを把握するとともに、労働局長は双方の納得のいくような援助を行う。

また、この援助は労働者と事業主間の紛争解決を両者の意思を尊重しつつ迅速・簡便に対応することを目的としているので、両当事者以外の申し立てや職権で行われることがない。

なお、この援助は書面で行う必要はない。事業場を管轄する都道府県労働局の雇用均等室にて口頭で行うこともできる。

4 都道府県基準局の紛争調整委員会への調停申請

雇用機会均等法では、同法16条に定める紛争（性別を理由とする差別の禁止〈均等5条・6条関係〉、性別以外の事由を要件とする措置〈均等7条関係〉、妊娠、出産等を理由とする不利益取扱いの禁止等〈均等9条3項4項関係〉、並びに妊娠中及び出産後の健康管理に関する措置に係る事項〈均等12条・13条関係〉）について、紛争調整委員会内に設置される「均等調停会議」が調停を担当し（均等18条・19条ないし27条、均等則3条ないし12条）、労使一方または双方からの申請により調停が開始される（均等18条）。

都道府県労働局長は、紛争の当事者の双方または一方から調停の申請（書式6参照）があり、当該紛争の解決のために必要があると認めるときは、機会均等調停会議（3人の調停委員）に調停を行わせるものとしている。

調停の対象は、女性に対して差別が禁止されている配置・昇進・教育訓練、福利厚生及び定年・退職・解雇の紛争とし、募集・採用の紛争については対象としていない（均等15条・18条1項）。

調停申請は関係当事者からの一方からの申請でも可能である。また、委員会は、調停のため必要があると認めるときは、関係当事者の出頭を求め、その意見を聴くことができる（均等20条1項）。さらに、委員会は、調停案を作成し、関係当事者に対しその受諾を勧告することができる（均等22条）。

5 紛争調整手続等利用者への不利益取扱禁止

労働者が調停の申請をしたことや、都道府県労働局長への援助要請を理由として、事業主は、当該女性労働者に対して解雇その他不利益な取扱いをしてはならない（均等17条2項・18条2項）。

6 セクハラ・マタハラ事案での均等調停の効用・利用上の留意点

ア　加害者を加えた三者間調停の可能性

　均等調停会議による調停では、セクハラ・マタハラに関する事項についての労働者と事業主との間の紛争にかかる調停のために必要があると認め、かつ、関係当事者の双方の同意があるときは、関係当事者のほか、当該事件に係る職場において性的な言動を行ったとされる者の出頭を求め、その意見を聴くことができる（均等20条2項）。これにより、被害者と事業主に加えて、加害者を加えた三者間調停の可能性が高まった。

イ　セクハラの存否等につき真偽不明の際の均等調停の利用

　セクハラ指針・マタハラ指針によれば、「事実関係を迅速かつ正確に確認しようとしたが、確認が困難な場合などにおいて、法第18条に基づく調停の申請を行うことその他中立な第三者機関に紛争処理を委ねること」とされている。これにより、セクハラ・マタハラの存否等につき真偽不明等の紛争が継続している場合（セクハラ・マタハラと申し立てられた行為自体の存否や同意の有無、賠償額、謝罪方法、加害者への処分内容、再発防止措置等をめぐる紛争をも含むものと解される）、均等調停を事業主が申請することにより、迅速な全面的解決が実現できる可能性があるばかりでなく、少なくとも、事業主は、均等室や（セクハラ指針・マタハラ指針は「事業主は、……相談の申出があった場合において、その事案に係る事実関係を迅速かつ正確な確認及び適正な対処につき」、同指針の定める一定の「措置を講じなければならない」としている）、被害者からのセクハラ・マタハラの被害申出後の対応上の責任を免れる可能性が高まった。

第3　パートタイム有期労働法上の紛争調整手続等

1　手続の概要

　働き方改革により、パートタイム労働法は、「パートタイム有期労働法」（短時間労働者及び有期雇用労働者の雇用管理の改善等に関する法律）に改正施行される（平成32年4月1日。中小企業における適用は平成33年4月1日）。

　紛争調整手続に関しては、改正前のパートタイム労働法において既に導入されている。また、平成27年に改正施行されたパートタイム労働法において、雇用管理の改善措置の規定に違反している事業主に対して、厚生労働大臣が

第3章 訴訟以外の争訟方法

勧告をしても事業主がこれに従わない場合には、当該事業主名を公表できる仕組みも設けられている（パート有期18条2項）。

2　紛争解決の援助

労働局長は、事業主間で紛争が生じたとき、当事者の双方または一方からその解決につき援助を求められた場合には、紛争の当事者に対し、必要な助言、指導、勧告をして必要な援助を行う（パート有期24条1項）。

対象となる事項は、①労働条件の文書交付等、②待遇の差別的取扱い禁止、③職務の遂行に必要な教育訓練、④福利厚生施設の利用の機会の配慮、⑤通常の労働者への転換を推進するための措置、⑥待遇の決定についての説明に関するパートタイム労働者・有期雇用労働者と事業主との間の紛争であり、労働組合と事業主の間の紛争や労働者と労働者の間の紛争等は対象外である。

援助の申立て（書式7参照）は、パートタイム労働者・有期雇用労働者と事業主のいずれからも可能であるが、パートタイム労働者・有期雇用労働者が援助の申立てをしたことを理由とする不利益取扱いは禁止されている（パート有期24条2項）。

なお、紛争解決援助の申立ては電話等でも可能で、申立書等の文書の提出は必要ない。

3　調停制度

パートタイム有期労働法による調停を、均衡待遇調停会議による調停という。

調停の手続については、雇用機会均等法上の調停に関する手続規定が準用されていることについては、後述の各法律と同様である（パート有期26条）。なお、パートタイム有期労働法では、雇用機会均等法で「関係当事者」（均等20条1項）と規定している部分が、「関係当事者又は関係当事者と同一の事業所に雇用される労働者その他の参考人」と規定されているため（パート有期26条）、雇用機会均等法以上に幅広い者が参加する紛争処理が可能となっていることである。いたずらに参加者を増やすのが必ずしも良いとは言えないが、多くの関係者からの事情聴取等で調停委員により妥当な調停案を勧告してもらうチャンスが増えると思われる。

194

なお、調停を行う場合は、調停申請書（書式8参照）を都道府県労働局雇用均等室に提出する必要がある。調停開始の決定後、均等待遇調停会議が非公式で開催される。

4 使用者側からの利用の工夫

これらの制度は、多くの場合、労働者側から利用される場合が多いと考えられる。しかし、昨今、非典型雇用労働での個別的労働関係紛争が、いわゆる個人加盟組合の関与等により、集団紛争化へと拡大・深刻化するリスクが高まっていることを考慮すると、企業側に一定の正当性があると考えられる場合には、企業の側で先手をとって、上記調停の利用により早期な解決を図ることが得策である場合も少なくない。

第4 育児・介護休業法上の紛争調整手続等

1 手続の概要

育児・介護休業法上の紛争調整手続等も基本的に、雇用機会均等法上の手続と同様の手続を採用している。なお、育児・介護休業法では、雇用機会均等法と同様に、企業名公表制度が採用されている（育児介護56条の2）。

2 紛争解決の援助

労働局長は、事業主間で紛争が生じたとき、当事者の双方又は一方からその解決につき援助を求められた場合には、紛争の当事者に対し、必要な助言、指導、勧告をして必要な援助を行う（育児介護52条の4第1項）。

ここで対象となる事項は、①育児休業制度・介護休業制度、②子の看護休暇制度、③時間外労働の制限、深夜業の制限、④勤務時間の短縮等の措置、⑤育児休業等を理由とする不利益取扱い、⑥労働者の配置に関する配慮に関する労働者と事業主との間の紛争である。労働組合と事業主の間の紛争や労働者と労働者の間の紛争等が対象外である。

援助の申立て（書式9参照）は、労働者と事業主のいずれからも可能だが、労働者が援助の申立てをしたことを理由とする不利益取扱いは禁止されている（育児介護52条の4第2項）。

なお、本法に基づく紛争解決援助の申立ても、電話等でも可能で、申立書等の文書の提出は必要ない。

第3章 訴訟以外の争訟方法

3　調停制度

育児・介護休業法による調停を、両立支援調停会議による調停という。この調停の手続については、雇用機会均等法上の調停に関する手続規定の大部分が準用されている（育児介護52条の6）。

また、前述第3-4でも指摘したとおり、これらの制度を、企業の側で先手をとって、上記調停の利用により早期な解決を図ることが得策である場合も少なくない。

なお、本法に基づく調停を行う場合は、調停申請書（書式10参照）を都道府県労働局雇用均等室に提出する必要がある。調停開始の決定後に両立支援調停会議が非公開で開催される。

第5　障害者雇用促進法上の紛争調整手続等

1　手続の概要

平成28年4月（一部公布日又は平成30年4月）改正施行された障害者雇用促進法により、紛争調整手続の定めが導入された。

前述した男女雇用機会均等法のように、厚生労働大臣による助言、指導、勧告の権限も規定されている（障害雇促36条の6）。

2　紛争解決の援助

労働局長は、事業主間で紛争が生じたとき、当事者の双方又は一方からその解決につき援助を求められた場合には、紛争の当事者に対し、必要な助言、指導、勧告をして必要な援助を行う（障害雇促74条の6第1項）。また、他の法律と同様、障害者である労働者が援助の申立てをしたことを理由とする不利益取扱いは禁止されている（障害雇促74条の6第2項）。

対象となる事項は、福利厚生施設の利用その他の待遇に関する障害者に対する差別的取扱いの禁止（障害雇促35条）や、募集・採用過程、職場における合理的配慮の提供に関する紛争などである（障害雇促36条の2・36条の3）。

3　調　停

紛争当事者の双方又は一方から調停の申請があった場合において、当該紛争の解決に必要と認めるときは、紛争調整委員会に調停を行わせる（障害雇

促74条の7第1項）。なお、調停では、労働者の募集及び採用についての紛争は対象外である。

障害者雇用促進法でも、その調停手続については、男女雇用機会均等法の規定が準用されている（障害雇促74条の8）。

第6　労働者派遣法上の紛争調整手続等

1　手続の概要

働き方改革による改正を受け、令和2年4月1日に改正施行される労働者派遣法において、派遣労働者がより救済を求めやすくするよう、行政による履行確保の規定を整備するとともに、行政ADRを利用し得るよう、紛争調整手続が導入された。

2　紛争の解決の援助

都道府県労働局長は、不合理な待遇の禁止（労派30条の3・30条の4）、説明義務に関する事項（労派31条の2第2項〜第5項）、教育訓練の実施と福利厚生施設の利用（労派40条2項・3項）について、派遣労働者と派遣元・派遣先との間の紛争に関して、紛争当事者の双方又は一方から解決につき援助を求められた場合には、助言、指導、又は勧告することができる（労派47条の6第1項）。

3　調　停

上記紛争につき、紛争の当事者の双方又は一方から調停の申請があった場合には、都道府県労働局長は、紛争調整委員会に調停を行わせることができる（労派47条の7）。

調停の手続については、男女雇用機会均等法上の調停に関する手続規定が準用されていることについては他の法律と同様である（労派47の8条）。なお、労働者派遣法においても、雇用機会均等法で「関係当事者」（労派20条1項）と規定している部分が、「関係当事者又は関係当事者と同一の事業所に雇用される労働者その他の参考人」として規定されている（労派47条の8）。

〔織田　康嗣〕

第3章 訴訟以外の争訟方法

第5節　労災保険給付をめぐる紛争調整手続

第1　労災保険の請求手続

　労災保険の保険給付は、被災労働者等の請求に基づき、または行政庁の職権（傷病補償年金のみ）により、支給決定が行われ、発生することになる（労災12条の8第2項3項）。傷病補償年金についても、被災労働者が提出する「傷病の状態等に関する届書」または「傷病の状態等に関する報告書」の内容から支給決定の適否が判断される。すなわち、労災保険の保険給付は、被災労働者等の請求や所定の書類の提出により、支給決定されるのであって、事業主からの請求で行われるものではない。ただし、保険給付の請求にあたっては、事業主の捺印や証明等が必要となる。脳・心臓疾患や精神障害（過労死や過労自殺も含め）の場合などは、業務上外の主張について、被災労働者等と事業主の間で争いがあることも多い。このような場合、事業主は、「災害の原因及び発生状況」等については、証明をしないこともあるが、そのような場合でも、被災労働者等による請求手続自体は可能である。

　請求手続は、各労働基準監督署に備え付けてある各保険給付の請求書を使用するか、厚生労働省のHPからダウンロードし、所定の添付書類があれば、これを添付し、事業所の所在地を管轄する労働基準監督署（以下「所轄労基署」という）へ提出することになる（二次健康診断等給付を除く）。具体的な保険給付の請求手続は、厚生労働省のHP（http：//www.mhlw.go.jp/new-info/kobetu/roudou/gyousei/rousai/）を参照されたい（請求書のダウンロード先はhttp：//www.mhlw.go.jp/bunya/roudoukijun/rousaihoken06/03.html）。

　なお、脳・心臓疾患や精神障害に関しては、それぞれ、「脳血管疾患及び虚血性心疾患等（負傷に起因するものを除く）の認定基準」（平成22年5月7基発0507第3号）、「心理的負荷による精神障害の認定基準」（平成23年12月26日基発1226第1号）が出されており（70頁参照）、当該基準に則って労災認定の可否が判断されることになる。

　所轄労基署に労災保険の請求がなされると、その内容によっては、同労基署による調査が行われるが、脳・心臓疾患や精神障害に関しては、労働者、

事業主双方の聴取が必ずと言っていいほど行われている。また、労働者については、「申立書」の提出が求められている（書式11・12参照。申立書の書式を例示するが、所轄労基署によって、若干の違いがある可能性がある）。提出は義務ではないが、例えば長時間労働が原因でうつ病に罹患したと考えられる場合、認定基準に即した時間外労働の状況確認欄があるため、具体的時間数を記載し、タイムカード等による管理時間と実際の残業時間等に差異がある場合には、その証拠として、手帳、日記、カレンダー、家計簿、メール等を添付する仕組みになっている。したがって、労働者は、脳・心臓疾患や精神障害については、「申立書」に則した形で、業務性を立証していくことが有効であり、審査期間の短縮にもつながる。

第2　労働保険審査官への審査請求

一般に、行政庁の違法または不当な処分が行われた場合、これに不服がある者は、行政不服審査法に基づき、審査請求または異議申立てを行うことができる。しかし、労災保険の「保険給付に関する決定」については、比較的請求件数が多く、審査にあたり専門的知識が要求されることから、労災保険法に特例的規定があり（労災12条の8第1項2項）、実施のために、特別法である労働保険審査官及び労働保険審査会法（以下、「労保審査法」という）が定められている。このため、労保審査法の手続と行政不服審査法の手続が重複する場合には、行政不服審査法の適用が排除されることになる（労災39条）。

まず、「保険給付に関する決定」に不服がある被災労働者等は、最初の申立ては、都道府県労働局ごとに置かれている労働者災害補償保険審査官（以下、「労働保険審査官」という）宛てに審査請求の申立てをすることになる（労災38条1項）。保険給付の対象者ではない事業主は、不服申立てはできない。

この審査請求は、処分のあったことを知った日の翌日から3か月以内に文書または口頭で行うこととなるが（労保審8条・9条）、労働保険審査官に直接するのが原則であるが、所轄の労働基準監督署長または最寄りの労働基準監督署長を経由して申し立てることもできる（労保審令3条1項2項）。

199

第3章 訴訟以外の争訟方法

第3 労働保険審査会への再審査請求

　さらに、労働保険審査官に対して行った審査請求を受けて審査決定がなされ、その決定についてなお不服がある被災労働者等は、今度は労働保険審査会に対して再審査請求の申立てをすることができる（労災38条1項）。労働保険審査会は、合議体で、国会の承認を得た9名（うち3名は非常勤）の委員と事業主代表、労働者代表、それぞれ6名の参与で構成されている（労保審25条以下）。この再審査請求は、審査請求と異なり必ず文書で行わなければならず、再審査請求ができる期間は、労働保険審査官の審査決定を受けた日の翌日から起算して2か月以内であるが（労保審38条1項）、労働保険審査会に直接行うほか、所轄の労働基準監督署長または最寄りの労働基準監督署長もしくは決定をした労働保険審査官を経由して申し立てることもできる（労保審令23条1項2項）。また、審査請求をした日の翌日から起算して3か月経過しても労働保険審査官による決定がないときは、決定を経ないで労働保険審査会に対して再審査請求の申立てをすることができる（労災38条2項）。

　最近の労働保険再審査取扱状況の詳細については、厚生労働省HPで「労働保険再審査関係統計表（平成30年3月31日現在）」（http：//www.mhlw.go.jp/topics/bukyoku/shinsa/roudou/dl/03.pdf）が公表されている。

　なお、審査請求または再審査請求は、少なくとも、支給決定を受けた保険給付の支払を受ける権利に関し、裁判上の請求と同じ時効中断の効力を生じるが（労災38条3項）、審査請求または再審査請求が却下され、または、これを取り下げた場合には時効中断の効力は生じない（民149条）。

第4 不支給処分取消行政訴訟

1 不服申立期間の始期

　行政事件訴訟法14条1項及び2項では、出訴期間は処分があったことを知った日から6か月経過するまで、かつ、処分の日から1年経過するまでと定められ、審査請求や再審査請求を経由した場合においては、出訴期間は、採決があったことを知った日から6か月経過するまで、かつ、採決の日から1年経過するまでと定められている。

200

2 審査請求前置を要しない場合

　ある行政処分に対して、審査請求と取消訴訟の二つの争訟手続が認められる場合における処分取消しの訴えは、その処分について法令の規定により審査請求ができる場合でも直ちに提起することができるとされている（これを「自由選択主義」という。行訴8条1項）。ただし、法律にその処分についての審査請求に対する裁決を経なければ処分の取消しの訴えを提起することができない旨の定めがある場合にはこの限りでないとしている（行訴8条1項ただし書）。

　そして、労災保険法旧40条においては、保険給付に関する処分が大量に行われており、行政の統一性を図る必要があること、処分の内容が専門的知識を要するものが多い上、保険給付に関する審査請求及び再審査請求の審査機構が第三者性を持っていること、行政庁に対する不服申立てを前置するほうが、訴訟費用・係争期間等を考慮すると簡易・迅速に国民の権利、利益の救済を図るのに有効である等の理由から、保険給付に関する決定の処分の取消しの訴えは、当該処分についての再審査請求に対する労働保険審査会の裁決を経た後でなければ、提起することができないと定められていた（これを「審査請求前置主義」または「不服申立前置」という）。

　しかしながら、平成26年の法改正後は、取消訴訟提起の前に、審査請求手続をとる必要はあるものの、再審査請求手続をとらずに取消訴訟提起が可能となった。なお、法改正後も、これまでどおり再審査請求をとることも可能である。

　例外的に審査請求前置を要しないのは、再審査請求があった日から3か月を経過しても裁決がない場合（行訴8条2項1号）、処分・処分の執行又は手続の続行により生ずる著しい損害を避けるため緊急の必要があるとき（同項2号）、及びその他その裁決を経ないことにつき正当な理由があるとき（同条3号）とされている。

　なお、3か月の期間経過の要件は、取消訴訟提起の時に存在すればよく、訴訟提起後に審査請求を取り下げても、既に提起された訴えは、不適法にはならない（福岡地判昭和55年5月7日判時980号121頁）。

3 不支給処分取消行政訴訟の動向

第3章 訴訟以外の争訟方法

　労災保険、特に過労死等に関しては、一般に、行政訴訟としては、比較的原告勝訴率（行政側敗訴率）が高い方であるといわれてきた。

　具体的には、「脳・心臓疾患」について、少し古い統計になるが、平成12年（具体的には、平成12年1月から同年12月26日まで）の、労災保険全体における行政訴訟での行政側の勝訴率は83％であるが、「脳・心臓疾患」に限定してみると勝訴率は65％と大きく下がっている。平成11年でも、労災保険全体では勝訴率91％であるが、脳・心臓疾患に限定してみると、83％の勝訴率となる（平成12年12月26日第2回「脳・心臓疾患の認定基準に関する専門検討会」議事録より）。

　最近の状況については、平成29年度「脳・心臓疾患と精神障害の労災補償状況」（平成30年7月6日発表）で、審査請求事案の取消決定等による支給決定状況の件数が公表されている（「脳・心臓疾患の労災補償状況」。詳細は、厚労省HP（https：//www.mhlw.go.jp/stf/newpage_0039.html）参照のこと）。ただし、こちらは、訴訟のみではなく、審査請求、再審査請求、訴訟により処分取消しとなったことに伴い新たに支給決定した件数である（後述、「精神障害の労災補償状況」においても同じ）。

平成25年度	平成26年度	平成27年度	平成28年度	平成29年
12件	7件	6件	16件	6件

　次に「精神障害」については、「参議院議員浜田和幸君提出労災認定状況及び労災認定に係る判断指針に関する質問に対する答弁書」（平成22年12月3日受領）で、次のような詳細な数字が示されている。すなわち、精神障害事案において、「不支給処分の取消しを求めて行政訴訟が提起された件数（以下「提訴件数」という）及び不支給処分件数に対する提訴件数の比率（以下「提訴比率」という）」は、以下のとおりとされている。

	平成15年度	平成16年度	平成17年度	平成18年度	平成19年度	平成20年度	平成21年度
提訴件数	5件	3件	22件	17件	17件	34件	37件

第5節　労災保険給付をめぐる紛争調整手続

提訴比率	2.2 パーセント	1.0 パーセント	6.8 パーセント	4.2 パーセント	3.1 パーセント	5.7 パーセント	6.0 パーセント

　却下・棄却決定件数に対する提訴件数の比率は、以下のとおりとされている。

平成 15年度	平成 16年度	平成 17年度	平成 18年度	平成 19年度	平成 20年度	平成 21年度
6.0 パーセント	2.2 パーセント	19.5 パーセント	14.9 パーセント	8.9 パーセント	14.8 パーセント	15.4 パーセント

　さらに、「行政訴訟判決のうち、不支給処分を取り消す旨の判決の件数（以下「取消判決件数」という。）及び行政訴訟判決の件数に対する取消判決件数の比率（以下「取消判決比率」という。）」は、以下のとおりとされている。

	平成 15年度	平成 16年度	平成 17年度	平成 18年度	平成 19年度	平成 20年度	平成 21年度
取消判決件数	1件	1件	1件	6件	9件	4件	7件
取消判決比率	33.3 パーセント	50.0 パーセント	33.3 パーセント	66.6 パーセント	47.4 パーセント	14.8 パーセント	15.2 パーセント

　最近の状況は、前掲「脳・心臓疾患」同様、平成29年度「脳・心臓疾患と精神障害の労災補償状況まとめ」で、審査請求事案の取消決定等による支給決定状況の件数が公表されている（「精神障害の労災補償状況」。詳細は、厚労省HP（https：//www.mhlw.go.jp/stf/newpage_0039.html）参照のこと）。前掲のとおり、訴訟のみではなく、審査請求及び再審査請求を含めて、処分取消となったことに伴い新たに支給決定した件数となるが、以下のとおりとなっている。

平成25年度	平成26年度	平成27年度	平成28年度	平成29年度
12件	21件	21件	13件	7件

　同資料によると、精神障害による労災保険の請求件数は、平成28年度が1586件、同29年度が1732件と高止まり状態、このうち、支給決定数は、

203

第3章 訴訟以外の争訟方法

平成28年度は498件（認定率36.8%）、同29年度が506件（認定率32.8%）となっている。請求件数の増加は、平成23年に策定された「心理的負荷による精神障害の認定基準」（平成23年12月25日基発1226第1号）が認知されてきたことも影響していると思われる。

〔中村　仁恒〕

第6節　集団的労働事件の紛争調整・不当労働行為審査手続等

第1　労働関係調整法上の紛争調整手続

　労働委員会（都道府県労働委員会及び中央労働委員会）は、集団的な労働関係紛争について、労働関係調整法に基づく労働争議のあっせん、調停、及び仲裁等を通じて、主に当事者間の協議を通じた迅速な解決を図っている。労働争議というのは、「労働関係の当事者間において、労働関係に関する主張が一致しないで、そのために争議行為が発生してゐる状態又は発生する虞がある状態」をいう（労調6条）。また、争議行為というのは、「同盟罷業、怠業、作業所閉鎖その他労働関係の当事者が、その主張を貫徹することを目的として行ふ行為及びこれに対抗する行為であつて、業務の正常な運営を阻害するもの」をいう（労調7条）。労働争議の典型例としては、使用者と労働組合との間で団体交渉を重ねたものの、当事者間での交渉による解決が困難となり、労使間の対立が先鋭化しているような場合が挙げられる。労働関係調整法に基づく紛争調整手続は、これらの労働争議について、労働委員会が公平な第三者の立場で関与することにより、当事者による自主的な紛争の解決を導くことに主眼を置くものである（労調2条・3条）。

　上記のとおり、労働関係調整法に基づく紛争解決手続には、あっせん、調停、及び仲裁の三種類があるが、いずれも、労働委員会が解決を強制するものではなく、当事者間の意見の調整を通じて、双方が受け入れられる解決方法を模索するというものである。ただし、仲裁手続において、仲裁裁定がなされた場合は、同裁定は労働協約と同一の効力を有することになるので（労調34条）、当事者はこれに拘束される。

　三種類の調整方法のうち、最も手続が緩やかで利用しやすいのはあっせんであり、実際にも、労働関係調整法に基づく調整手続の9割以上があっせんを申請するものである。そして、そのうち半数程度の紛争については、あっせんの結果、当事者間で何らかの合意が成立することにより解決している。これに対し、労使間で合意が成立しない場合、または申請の相手方当事者が

第3章 訴訟以外の争訟方法

手続に応じない場合には、あっせんは打切りとなるが、その前に、あっせんを申請した当事者がこれを取り下げることも多い。手続の開始から終結までの期間は、紛争が解決する場合で平均3か月程度であるが、労使間で合意が難しいような場合には、手続が長期化することも多い。なお、いずれの手続も無料である。

第2　不当労働行為救済手続

1　労働委員会の審査と主張・立証責任の分配

労働委員会は、労働関係調整法上の紛争調整手続のほか、不当労働行為の救済の申立てを受け付けている。不当労働行為には、組合員であること等を理由とする不利益取扱い（労組7条1号）、団体交渉拒否（同条2号）、支配介入（同条3号）、及び労働委員会への救済命令申立て等を理由とする不利益取扱い（同条4号）の四種類があるが、本稿では、労働委員会の手続の特徴を概観した上で、これらの不当労働行為の類型に応じ、主張・立証すべき事実と立証方法について解説する。

不当労働行為の救済は、裁判所ではなく労働委員会に申し立てる手続であるため、裁判における事実認定の原則（主張・立証責任の分配や弁論主義等）がそのまま当てはまるわけではなく、労働委員会は、立証事実の内容や性質に応じて、当事者間の衡平の観点から立証責任の軽減や部分的な転換を行うこともできるとされている（菅野・労働法1049頁参照）。

もっとも、攻撃防御を巡る手続を保障して不意打ちを防止する要請は、民事訴訟の場合と同様に認められることから、救済手続においても、基本的には、民事訴訟に準じた扱いがされるべきである。例えば、当事者の主張しない事実を労働委員会が独自に認定することはできないものと解される。また、労働組合法の平成16年改正により、審査計画に基づく適正な審査の実現が図られた趣旨からすると（労組27条の6）、当事者の主張・立証活動に不十分な点がある場合には、労働委員会による積極的な求釈明により、必要な審理の補充がなされることが要請される。例えば、証拠に現れているにもかかわらず当事者が主張していない重要な事実については、労働委員会が、当事者に対してこれを主張するのか否かを確認するなどの措置が必要となるであ

ろう（労委規41条の２第４項参照）。

以上のとおり、不当労働行為の救済手続においても、基本的には、民事訴訟に準じた要件事実の設定と主張・立証責任の分配の原則が妥当し、労働委員会の補充的な指揮の下で、当事者の立証の対象が明確化されることになる。

2　労働組合の資格審査

次に、労働組合の資格審査に触れておきたい。

労働組合は、労働委員会に証拠を提出して労働組合法２条及び５条２項の各規定に適合することを立証しなければ、同法に規定する手続に参与する資格を有せず、かつ同法に規定する救済を与えられない（労組５条１項）。したがって、労働組合が不当労働行為の救済申立て（労組27条）をする場合には、この手続（「資格審査」という。労委規22条）によって、当該労働組合が労働組合法の上記各規定に定める要件を満たしていることを立証することを要する。審査を求める労働組合は、組合規約等の証拠とともに、資格審査申請書を管轄の労働委員会に提出すればよい。申請を受けた労働委員会は、提出された証拠等を検討した上、要件に不備があれば、相当の期間を定めてこれを補正するよう勧告し（労委規24条）、不備がなければ、当該労働組合が労働組合法の上記各規定に適合する旨の決定をする（労委規25条１項）。

なお、資格認定は、不当労働行為の救済を申し立てる際に取得している必要はなく、救済申立てと同時に申請し、救済命令等が発せられるまでの間に取得すれば足りる。

具体的な立証事項は、以下のとおりである。

① 役員等使用者の利益を代表する者の参加を許すものでないこと（労組２条１号）

② 団体の運営のため、使用者の経理上の援助を受けていないこと（労組２条２号）

③ 共済事業その他福利事業のみを目的とするものでないこと（労組２条３号）

④ 主として政治運動又は社会運動を目的とするものでないこと（労組２条４号）

第3章 訴訟以外の争訟方法

⑤　名称（労組5条2項1号）

⑥　主たる事務所の所在地（労組5条2項2号）

⑦　組合員が、全ての問題に参与する権利及び均等の取扱いを受ける権利を有すること（労組5条2項3号）

⑧　人種、宗教、性別、門地または身分によって組合員たる資格を奪われないこと（労組5条4号）

⑨　役員が、組合員の直接無記名投票によって選挙されること（労組5条2項5号）

⑩　総会が、少なくとも毎年1回開催されること（労組5条2項6号）

⑪　会計報告が、組合員によって移植された職業的に資格のある会計監査人による正確であることの証明書とともに、少なくとも毎年1回組合員に公表されること（労組5条2項7号）

⑫　同盟罷業は、組合員の直接無記名投票により選挙された代議員の直接無記名投票の過半数による決定を経なければ開始しないこと（労組5条2項8号）

⑬　規約の改正は、組合員の直接無記名投票による過半数の支持を得なければならないこと（労組5条9号）

　これらの要件は、組合規約に明記することでその充足を立証することができるので、労働委員会に救済申立てをする際には、これらの事項をすべて盛り込んだ組合規約を作成し、これを労働委員会に提出することになる。

3　不利益取扱い（1号及び4号）

ア　総　論

　不利益取扱い（労組7条1号及び4号）については、組合員に対する解雇や雇止め、定年後再雇用の拒否、配転、出向、降格、昇進差別、賞与の査定差別、賃金の減額、懲戒処分等が問題となり得る。組合員であること等（同条1号）や労働委員会へ申立てをしたこと等（同条4号）を理由に会社がこれらの行為をした場合には、当該行為は不当労働行為となる。

　これらの不利益な取扱いにつき、救済を求める労働者や労働組合が主張・立証すべき事実の核心は、不当労働行為意思（「故をもって」（労組7条1号）、

208

「を理由として」（同条4号））である。もちろん、解雇が不利益取扱いであり、不当労働行為に当たると主張する場合には、解雇の効力を民事訴訟で争う場合と同様に、労働者もしくは労働組合は、まずは「労働契約の成立」と「使用者による雇用契約の終了の主張」を主張し、使用者は、抗弁として、解雇の事実を主張することになるが（山口・審理ノート11頁参照）、労働者もしくは労働組合は、再抗弁として、当該解雇が労働組合員であること「の故をもつて（を理由として）」されたこと、すなわち不当労働行為意思に基づくことの根拠となる事実を主張・立証しなければならない。

　ところで、不当労働行為意思というのは、使用者の内心の状態であるから、これを立証するためには、その存在をうかがわせる客観的な間接事実を積み上げるほかない。これらの間接事実から、不当労働行為意思を推認するという手順を踏むのである。そこで、労働者もしくは労働組合は、組合に関する使用者の言動を収集・分析して、「使用者が組合に対して嫌悪の念を抱いていること」を推認するための間接事実を主張・立証することになる。例えば、使用者が組合の批判をした事実や、組合員に対し組合から脱退することを勧めた事実、正当な組合活動を妨害した事実等である。これら使用者の従前の態度に加え、組合員に対する不利益な取扱いに合理的な理由が乏しいようだと、当該不利益取扱いは、組合を嫌悪したことによる不当労働行為であると判断される可能性が高まる。

　もちろん、使用者が労働組合の存在を認識しておらず、かつ認識し得ない状況であれば、使用者が不当労働行為意思を持っていたとはいえない。そこで、労働者もしくは労働組合は、前提として、使用者が労働組合の存在を認識していた事実をも主張・立証すべきである。想定される証拠としては、組合結成通知や団体交渉申入書等が典型であろう。

　なお、民事訴訟においては、例えば労働者が解雇権の濫用を主張する場合、その評価根拠事実を主張・立証し、これに対して使用者側がその評価障害事実を主張・立証することになるが、労働委員会に対して不当労働行為（不利益取扱い）の救済を求めるに際しては、上記のとおり、労働者または労働組合は、解雇権濫用の評価根拠事実を主張・立証するのではなく、当該解雇が不当労働行為の意思をもってされたことを推認させる間接事実を主張・立証

第3章 訴訟以外の争訟方法

することになる。

　もっとも、この場合でも、実際に労働者が主張・立証すべき具体的事実は、民事訴訟における解雇権濫用の評価根拠事実と概ね一致する。なぜなら、解雇という不利益な取扱いをする合理的な理由（解雇権濫用の評価障害事実）がある場合には、不当労働行為意思が否定されることとなり、反対にこれがない場合には、「労働組合員であること」を理由に、すなわち不当労働行為の意思をもって、当該解雇がされたのであろうという推認が働くからである。

　この点に関しては、次の裁判例が、不当労働行為意思と解雇の合理性とが反比例の関係にあることを示している。

東京都自動車整備振興会事件：東京高判平成21年11月4日労判996号13頁（ただし、降格に関する事案）

　不当労働行為の意思に基づいてされたものであるかどうかの認定判断は、本件降格処分を正当と認めるに足りる根拠事実がどの程度認められるか否かによって左右されるものであり、処分を正当と認める根拠事実が十分認められるようなときは、不当労働行為の意思に基づくものであることは否定されるというべきである。

　以上のとおり、不利益取扱い（労組7条1号及び4号）を理由とする救済申立てをする際に、労働者もしくは労働組合が立証に注力すべき事実は、①使用者が労働組合を嫌悪していたことを示す間接事実、及び②組合員に対して不利益な取扱いをする合理性を否定する事実である。このうち、②については、民事訴訟における解雇権等の濫用の評価根拠事実とほぼ同一と考えてよいと思われる。したがって、これらについては、本書中の各稿を参照していただきたいのだが、昇進差別や査定差別については、次項で主要な立証方法について触れておくことにする。

イ　昇進差別や賞与の査定差別

a　はじめに

　昇進や賞与等の基礎となる査定において、組合員が差別的な扱いを受けているとして、不当労働行為の救済を申し立てる場合がある。労働者もしくは労働組合は、自身らが組合員であることを理由に、不当に低い査定がされていることを主張・立証しなければならない。とはいえ、この立証は通常容易ではない。

この際に検討すべき立証方法として、①大量観察方式と②個別立証方式とがある。①の方法は、多数の従業員を雇用する比較的大規模な会社において、ある労働組合の組合員全体や、組合内の特定の集団全体について査定差別が行われているような場合に採用し得る手段であり、②の方法は、それ以外の事件、例えば、組合員の一部の者のみが差別を受けている場合や、組合員がごく少数にとどまる場合などに妥当する。

b　大量観察方式

大量観察方式によって不当労働行為意思を立証する場合には、労働者または労働組合は、組合員の査定評価が、他の従業員の集団に比して全体的に低位にあること、及びかかる評価が組合に対する嫌悪の念に基づくことについて、一応の立証をすることを要する（紅屋商事事件：最二小判昭和61年1月24日労判467号6頁）。前者の立証には、労働組合側において、例えば、入社の同期、同学歴、同職種の従業員のリストを作成し、組合員とそうでない者との間で有意な差異が認められることを示すなどの方法が検討されるべきである。仮に、組合結成・加入前は特段低位の評価ではなかったのに、結成・加入後に急に評価が低くなったという場合には、後者についても、一応の立証があったと判断される可能性が高くなる。

これらの立証に成功すれば、今度は使用者の側において、当該差異には勤務成績や勤務態度に基づく合理性があることを立証しなければならなくなる。この場合、勤務成績については具体的な業績を示す資料が、勤務態度については職制等による供述等が証拠として提出されることが予想される。このほか勤務態度に関する立証手段としては、遅刻・欠勤等の履歴、注意や業務命令違反の履歴、懲戒処分歴等があり得る。

c　個別立証方式

大量観察方式が適当でない事案では、労働組合側は、個別に以下を立証しなければならない。

---

① 　組合員の査定が他の従業員に比して低位であること
② 　当該組合員の勤務成績・態度が他の従業員に比して劣るものでないこと

第3章 訴訟以外の争訟方法

③　かかる評価が組合に対する嫌悪の念に基づくこと

　このうち、特に②の立証負担は小さいとはいえないが、労働組合側として
は、入手可能な資料を駆使してこれに努めるべきである（中労委（オリエン
タルモーター）事件：東京高判平成15年12月17日労判868号20頁参照）。

　労働委員会も、査定に関する証拠が使用者に偏在していることはもちろん
熟知しており、査定の不当性の立証責任をすべて労働組合側に負わせること
は、衡平の観点から適当でないと考えるであろうから、労働組合側は、使用
者が保有している資料を特定した上で、後記する物件提出命令を申し立てる
などの手段を採ることも可能である。いずれにしても、労働組合側としては、
労働委員会とも意見を交換しながら、使用者に対して必要な資料の提出を促
していくべきであろう。

4　団体交渉拒否（2号）

　使用者は、雇用する労働者の代表者と団体交渉をすることを「正当な理由
がなくて」拒むことができない（労組7条2号）。これに違反すると、やはり
不当労働行為となる。

　団体交渉拒否の不当労働行為については、労働組合は、使用者に団体交渉
の申入れをしたこと、及び使用者がこれを拒んだことを主張・立証すればよ
い。証拠としては、団体交渉申入書を提出すれば足りる。

　これに対し、使用者が「正当な理由」があることを主張・立証すれば、申
立ては棄却される。この場合の「正当な理由」には、労働者・使用者の一方
もしくは双方に団体交渉の当事者性がないこと、申入事項が義務的団交事項
ではないこと、交渉が行き詰まり（デッド・ロック）の状態にあること等である。

5　支配介入（3号）

　使用者は、労働組合の結成や運営を支配したり、これに介入したりするこ
とはできない（労組7条3号）。これに違反すれば、やはり不当労働行為となる。

　この「支配介入」の類型は多岐に及び、組合への批判・中傷、組合や組合
員への威嚇、組合員に対する不利益の予告や組合からの脱退勧奨、組合幹部
の転勤や解雇、組合への経理的援助を通じての組合支配、対立組合結成への
関与、複数組合間の差別、組合員を懐柔することによる組合支配や組合の弱

212

体化等が挙げられるほか、場合によっては、組合幹部を昇進させて意図的に非組合員とすることも、これに該当する場合があり得る。また、不利益取扱い（労組7条1号及び4号）の多くもこれに該当すると言い得ることから、支配介入は、不利益取扱いとあわせて主張されることが少なくない。

これを主張する労働組合は、使用者の従前の組合に対する態度を主張・立証すると同時に、各支配介入行為についても立証に努めるべきである。使用者としては、支配介入だと主張されている行為が、組合の弱体化を企図するものではなく、合理的な理由に基づくものであることを立証することになる。

6　証人等出頭命令と物件提出命令

不当労働行為の救済手続では、平成16年の労働組合法改正により、証人及び書証等について、証人等出頭命令（労組27条の7第1項1号・労委規41条の14）及び物件提出命令（労組27条の7第1項2号・労委規41条の18）の制度が導入されている。これらは、労働委員会が、当事者の申立てまたは職権により、当事者または証人に出頭を命じて陳述させたり、帳簿書類その他の物件の提出を命じたりするというものである。帳簿書類等の物件については、これによらなければ事実の認定が困難となるおそれがある場合でなければならない。

平成29年の統計によれば、証人等出頭命令の新規申立件数は、初審で2件、再審査で1件であり、申立件数は非常に少ない。申立てに対する結果は、同年中の認容件数が0件、取下・打切が再審査で1件、却下決定が初審で1件となっている（次年へ繰り越される場合もあるので、新規申立件数と終結件数は一致しない。）。

また、物件提出命令の新規申立件数は、平成29年中に初審で1件あるのみであり、認容件数は0件である。同年中の取下・打切は初審で1件、却下決定は初審で2件となっている。

初審で証人等出頭命令や物件提出命令を受けた場合には、これを不服として、1週間以内に中央労働委員会に審査を申し立てることができる（労組27条の10）。中央労働委員会では、要証事実の立証に必要であるか否かを厳密に検討したうえで、証人等出頭命令等を取り消すか、もしくは審査の申立て

第3章 訴訟以外の争訟方法

を棄却する（労委規41条の21以下）。審査の申立てによって命令が取り消されたケースも少なくない。

ただ、査定差別事案などでは、使用者側に証拠が偏在している状況で、使用者側がその提出を拒む場合には、争点である査定の当・不当を判断する資料が欠乏する結果となる。もちろん、使用者側には、人事上の重要な秘密である個々の従業員の査定に関する資料を容易に提出するわけにはいかないという事情があり、労働組合側としても、かかる事情を理解するよう努めるべきであるが、当該資料が争点の判断に必要不可欠であるという場合には、労働委員会の意見をも踏まえた上で、物件提出命令の申立てを検討してもよい。

7　取消訴訟

都道府県労働委員会または中央労働委員会が発した救済命令に対し、使用者は、同救済命令等の取消しの訴えを裁判所に提起することができる。出訴期間は命令交付の日から30日以内であり、これは不変期間である（労組27条の19第1項）。

一方、労働組合または労働者が、都道府県労働委員会または中央労働委員会の救済命令もしくは却下決定に対して取消しの訴えを提起する場合は、出訴期間は通常の行政処分の取消しの訴えと同様に、命令または決定があったことを知った日から6か月間である（行訴14条1項）。

取消訴訟の原告は、使用者または労働者もしくは労働組合であるが、被告は国または公共団体である（行訴11条）。使用者が取消しの訴えを提起した場合の労働者または労働組合、及び労働者または労働組合が取消しの訴えを提起した場合の使用者は、補助参加（民訴42条）することが可能であり、実務上もそうしている。ただし、補助参加人は、救済命令等の理由中の判断については争えないので、これを争う必要がある場合には、「訴訟の結果により権利を害される第三者」として、訴訟参加を申し立てるべきである（行訴22条）。

前記のとおり、不当労働行為救済手続であろうと、訴訟であろうと、主張・立証すべき事実に大きな差異はないと考えられることから、原告となった当事者は、これらの事実の立証に尽力することになる。

〔岩野　高明〕

第4章

労働者側・使用者側 それぞれの証拠収集

第4章 労働者側・使用者側それぞれの証拠収集

第1節　労働者側の証拠収集

第1　労働者側の証拠の収集について

　労働事件の事件類型としては、解雇無効等を主張する雇用契約上の地位確認請求事件、賃金支払請求事件（解雇が無効であることによる賃金支払請求、無効な降格降給等による差額賃金支払請求等）、配転命令無効確認請求事件、時間外手当請求事件、退職金支払請求事件、労災事故や、パワーハラスメントによる損害賠償請求事件等、様々なものがある。また、争う手段としても、通常の民事訴訟のほか、労働審判、保全等の様々な手続がある。

　一般的には、労働者の側から訴訟等の法的手続を起こすことが多いと思われるので、労働者は、紛争化させる前にできる限りの証拠を手元に集めて準備する必要がある。

　労働者側で、収集し、提出すべき証拠、その収集方法としては、以下のものが考えられる。代表的な事件類型ごとに検討していくこととする。

第2　事件の類型ごとの検討

1　解雇事件

ア　主張立証方法

紛争化する労働事件の代表的なものとして、解雇事件がある。

通常解雇された労働者が、解雇の無効を主張し、雇用契約上の地位確認請求を行うことになる。そして、この場合、雇用契約上の地位確認請求の訴訟ないし、労働審判を申し立てることが一般的である。労働者側としては、請求原因事実として、以下を主張・立証することになる。

　　1ア　雇用契約の成立

　　1イ　使用者側による雇用契約終了

　これに対して、使用者側が、解雇の事実を主張することになり、これに対する反論として、労働者側が以下を主張・立証していくことになる。

　　2　就業規則上の解雇事由の定めに該当しないこと

　　3　解雇権濫用の評価根拠事実（解雇権濫用であることを構成する事実）

216

第1節　労働者側の証拠収集

　各主張の位置づけには、様々な説があるが、いずれの立場をとるにせよ、労働者側は、1〜3についての証拠をあらかじめ可能な限り収集しておく必要がある。

イ　雇用契約の成立の立証

　この事件において、まず、1ア雇用契約の成立を立証するものとして、雇用契約の成立及び内容がわかる雇用契約書、労働条件通知書、給与明細等の書類を収集する必要がある。これらがない場合、募集要項、履歴書、内定通知書、雇用契約締結までのやりとりがわかるメール、給与振込口座の写し等で雇用契約の成立、存在、内容を立証することになる。

　これらの資料が労働者の手元にないか、労働者により容易に入手可能かまずは確認することになる。これらの資料は、通常労働者が所持しているため、労働者が廃棄していない限り、労働者から入手できることが多いが、入手できない場合には使用者側に任意の開示を求めたり、弁護士会照会、証拠保全等を利用したりすることになる。もっとも、事件の内容にもよるが、通常雇用契約の成立、及びその内容が大きな争点になることは多くはないため、これらの事実については、訴訟等の段階で使用者が自白したり、使用者から書証が提出されることが多い。仮に、これがなされず、使用者との間で争いがある事実の証拠が必要であれば、訴訟上の文書提出命令等で対応することとなる。

> **例**　雇用契約書／労働条件通知書／給与明細／募集要項／履歴書／内定通知書／雇用契約締結までのやりとりがわかるメール／給与振込口座の写し

ウ　解雇の事実の証明

　1イの解雇の事実については、解雇通知書、解雇理由証明書等で証明することになる。

　通常、これらは使用者が労働者に交付する性質のものであるので、労働者が所持していることが多い。これらの書面が労働者の手元にないのであれば、労働者本人もしくは代理人を通し、使用者側に交付を請求することになる。使用者は、自らの行った解雇を有効と主張したいのであるから、一般的にこれらの解雇を証明する書面を任意に提出してくることが多い。解雇理由証明書につい

217

第4章 労働者側・使用者側それぞれの証拠収集

ては、労働基準法では、労働者が証明書を請求したときは、使用者は遅滞なくこれを交付しなければならないと規定されている（労基22条）ため、労働者から請求された場合には、使用者に交付義務がある。解雇理由の詳細が使用者側より早期に明らかにされれば、労働者側で、解雇無効の主張の構成を事前に組み立てることができ、また、今後の見通しを立てることもできる。したがって、解雇理由証明書が交付されていても、さらに、具体的かつ詳細な解雇理由について訴訟提起等の前に、使用者側に釈明を求めることが望ましい。

> **例** 解雇通知書、解雇理由証明書

エ 解雇理由及び解雇権の濫用の主張

そして、労働者は、②そもそも労働者の行為は就業規則上の解雇理由に該当しない、③解雇は解雇権の濫用であり無効であるという主張を行っていくことになる。

解雇理由としては、様々なものが想定されるが、例えば、解雇理由が、「労働者の能力不足」である場合には、労働者としては、能力は不足していない、使用者側から指導を受けていない、ないし、過去に受けたが改善している等の主張を行い、証拠を集めることになる。

例えば、日々の労働、また、その成果の記録、当該労働者への指導、注意の記録、指導注意後の改善状況等勤務状況の記録、昇進、昇給の記録、懲戒処分の記録、自らが可能な業務があることについての資料等を証拠として集めることになる。

また、解雇権濫用を肯定する事実の一つとして、適正な手続を踏んでいないという事実も重要であるので、これを証明するために、使用者側との間の退職に向けての社内の面談等があるのであればその録音記録等の証拠も用意しておく必要がある。

> **例** 日々の労働、また、その成果の記録／当該労働者への指導、注意の記録／指導注意後の改善状況等勤務状況の記録／昇進・昇給の記録／懲戒処分の記録／自分に可能な業務があることについての資料／使用者側との間の退職に向けての社内の面談等の録音記録

オ　整理解雇

　次に、解雇理由が「整理解雇」である場合には、整理解雇の四要件（四要素）すなわち、①人員削減の必要性、②解雇回避努力義務の履行、③人員選定の合理性、④手続の相当性の要件が満たされないことを主張・立証することが必要となる。

① 人員削減の必要性がないことについては、決算書等業績を示すもの、会社が新規採用を行っているのであれば、その募集要項等を集めることになる。

② 解雇回避努力義務の履行していないことについては、希望退職の募集、その他労働者には何らの提案は行われておらず、突然当該労働者が解雇された経緯がわかる資料等を用意することになる。

③ 人員選定の合理性については、当該労働者が選択されたことに合理性は全くないことを証明する証拠を集めることになる。例えば、業務日報等日々の労働、また、その成果の記録、当該労働者への指導票やその他指導、注意の記録、指導注意後の改善状況等勤務状況の記録、昇進、昇給の記録、他の従業員の業務状況等の記録、考課の際の面談の記録等を集めることになる。

④ 手続の相当性については、上記と同様適正手続を踏んだ事実を証明する書類を集めることとなる。

　これらの資料は、原則的に労働者が収集することになるが、訴訟提起前でも、使用者に請求すると、任意に提出してくることもある。また、訴訟提起前の段階では、必要があれば、弁護士会照会や、証拠保全手続を行うことになる。さらに、訴訟提起後、使用者により任意に提出されず、立証に必要なものであれば、文書提出命令等を行うことになる。

---

① 決算書等業績を示すもの／会社が新規採用を行っているのであればその募集要項

② 突然解雇された経緯がわかる資料

③ 業務日報等日々の労働、その成果の記録／当該労働者への指導票、その他指導・注意の記録／指導注意後の改善状況等勤務状況の記録／昇進、昇

第4章 労働者側・使用者側それぞれの証拠収集

給の記録／他の従業員の業務状況等の記録／考課の際の面談の記録

④　適正手続を踏んだ事実を証明する書類

2　時間外手当請求事件

ア　主張立証方法

次に、代表的な労働事件として、時間外手当請求事件がある。

時間外手当を請求する場合、労働者側は、請求原因事実として、以下を主張・立証しなければなりならない。

[Ⅰア]　労働者と使用者との間に労働契約があること

[Ⅰイ]　時間外労働についての取決めがある場合には、その取決めの内容

[Ⅰウ]　時間外労働の存在及びその時間数

イ　労働契約の存在

[Ⅰア]の労働者と使用者との間の労働契約の存在については、1と同様に主張・立証していくこととなる。また、月給制の場合の割増賃金の計算の基礎となる1時間当たりの単価を計算するために、月間または1年間の所定労働日数、1日の所定労働時間、そして、基礎賃金を把握するための支給される賃金の内訳及び金額がわかる資料が必要となる。これについては、雇用契約書や、労働条件通知書、就業規則、賃金規程、給与明細書、賃金台帳、営業日誌、営業報告書等を用意する必要がある。

> **例**　雇用契約書／労働条件通知書／就業規則／賃金規程／給与明細書／賃金台帳／営業日誌／営業報告書

ウ　労働時間の取決め

[Ⅰイ]の労働時間についての取決めがあるかについては、時間外労働の手当や割増率がどのように取り決められているか、雇用契約書、労働条件通知書、賃金規程、就業規則、入社の際メールのやりとり、募集要項等で確認し、立証していくこととなる。

ただし、これらが存在しないか、または存在するとしても、法定の割増率より少額の割増率や、手当が設定されている場合でも、労働者は使用者に対し、法定の割増率に基づいた割増賃金を請求できる。

220

第1節　労働者側の証拠収集

> **例**　雇用契約書／労働条件通知書／賃金規程／就業規則／入社の際メールの
> やりとり／募集要項

エ　時間外労働の存在とその時間数

[1ｳ]の時間外労働の存在、及びその時間数については、各日の労働時間が
わかるものを用意する必要がある。時間外手当請求事件において、タイムカー
ドは、有力な証拠資料とされており、その原本ないしコピーがあれば、それ
により立証していくことになる。なお、タイムカードは単に従業員の出勤時
間と、退所時間、社内にいたことを示すものであり、タイムカードに打刻さ
れている時間が即、労働時間と認定されるわけではない。したがって、タイ
ムカードの時間からは、画一的に労働時間は決められるわけではなく、上司
の指示に従って労働した時間が、まさに労働時間となり、これについても証
明できる証拠があるとよい。

もっとも、当該会社において、概ねタイムカードが労働時間管理の手段と
して運用されており、その他の証拠に照らして現実の労働の実態が相当程度
反映されているといえる場合には、裁判上でも、タイムカードによる労働時
間が推認されると認定されることが多いため、タイムカードは重要な証拠と
なってくる。

仮に、タイムカードがない場合には、パソコンのログデータ、ＩＤカード、
会社の入っているビルへの入退室の記録、業務日報、手帳、日記、メモ、運
転手であれば、タコグラフ等で労働時間を立証することとなる。

> **例**　パソコンのログデータ／ IDカード／会社の入っているビルへの入退室の
> 記録／業務日報／手帳／日記／メモ／運転手であれば、タコグラフ

オ　証拠の取得方法

証拠の取得方法としては、まず、労働者が、在職中に自らのものを手元に
保存しておく方法がある。当初より、労働者のもとにこれらの資料があると、
事件の見通しも立ちやすく、スムーズに進行できることになるし、立証の面
でも有利となる。

これらの資料が手元になく、使用者側による改ざんのおそれがある場合、

221

第4章 労働者側・使用者側それぞれの証拠収集

訴訟提起前では、証拠保全手続をとることが考えられる。証拠保全手続を行う場合、タイムカードが保管されている場所、給与計算を行っているパソコンや座席、資料の保管場所、パソコンのログイン、労働者が使用していたパソコン、会社のサーバー、ビルの入退室の管理状況等の内容を事前に確認し、綿密な準備のもと、申立てを行うことが肝要である。

その他、会社の入っているビルへの入退出記録については、ビルの管理会社や、IDカードの記録を管理している会社に対し、弁護士会照会手続により開示を求めることが考えられる。また、訴訟提起前、代理人が任意に開示を求めた場合、開示をしてくれる使用者も少なくないため、まずは、使用者側に、開示、送付請求をしてみることも有用である。訴訟提起後、使用者側が任意に提出をしない場合には、文書提出命令を申し立て、提出を求める方法もある。

3　配転無効確認請求事件

ア　主張立証方法

違法な配転命令を出された場合に、配転命令無効確認請求の訴訟等を提起することが考えられる。

労働者としては、まず以下を主張立証する。

1ア　雇用契約の締結

1イ　使用者による配転先での就労義務の主張

これを使用者が争ってくるので、これに対する反論として、以下を主張立証していくことになる。

2　契約による職種、勤務地の限定

3　配転命令権の濫用の評価根拠事実

4　強行法規違反等

イ　雇用契約の締結

1ア雇用契約の締結については、1と同様の証拠を集めることになる。

ウ　使用者による配転先での就労義務

1イ使用者による配転先での就労義務の主張については、使用者側から提出された辞令書、配転命令を表わすメール等を集める。

第1節　労働者側の証拠収集

> **例**　使用者側から提出された辞令書／配転命令を表すメール

エ　契約による職種、勤務地の限定

②契約による職種、勤務地の限定については、[1ア]と同様、労働契約についての取決めの証拠で立証することになる。

オ　配転命令権の評価根拠事実

③配転命令権の濫用の評価根拠事実については、配転命令の権利の濫用（業務上の必要性がない、不当な動機、労働者にとって不利益が大きい事実等）を主張・立証することになり、従前の勤務状況、社内評価、社内の業務内容や業績、組織図、勤務状況がわかる資料、配転の必要性を示す資料、他の従業員の配転についての記録、また、労働者の個人の事情として、労働者の生活状況、家族の状況（生活状況の報告書、病気の家族の診断書、保育の必要性、介護の必要性等）がわかる資料等の証拠を集めることになる。

> **例**　従前の勤務状況、社内評価、社内の業務内容や業績、組織図、勤務状況がわかる資料／配転の必要性を示す資料／他の従業員の配転についての記録／労働者の個人の事情として、労働者の生活状況、家族の状況（生活状況の報告書、病気の家族の診断書、保育の必要性、介護の必要性等）がわかる資料

カ　強行法規違反等

④強行法規違反等については、不当労働行為（労組7条）、差別的扱い（労基3条）等を主張することになる。差別等といえる事実関係に関する資料を集める必要があるがこの点については、第2章第9節の記載を参考にされたい。

4　その他の事件

その他、労働者側は、使用者に対し、パワーハラスメント、セクシャルハラスメント（以下、「パワハラ等」という）による損害賠償請求や労災事故による損害賠償請求を行うことも考えられる。

これらは、安全配慮義務違反（民415条）に基づく損害賠償請求、不法行為に基づく損害賠償請求（民709条・710条・715条）を根拠として請求することとなる。

パワハラ等については、労働者が、パワハラ等行為の存在、使用者の安全

第4章 労働者側・使用者側それぞれの証拠収集

配慮義務違反、使用者の責任、損害の発生、因果関係等を主張・立証することになる。証拠としては、1の雇用契約の存在についての証拠等に加え、パワハラ等行為のメール、録音や、日記、パワハラに基づき作成した文書（反省文等）、会社組織図、業務の内容がわかる資料、疾病を発症した場合には、診断書、診療録、診療報酬明細書等を用意する必要がある。

パワハラ等の行為については、口頭で行われることも多く、客観的証拠を集めることは困難を伴うため、他の従業員の証言を集めることは有用である。もっとも、在職中の者が自らの社内での立場を危険な状態にするような会社に不利益な証言をしてくれることは通常は考えられないため、退職した者に協力を求めることになることが多い。しかし、他人の紛争に巻き込まれることを避けたいと考えるのが通常であり、協力を得るのは容易ではない。

> **例** パワハラ等行為のメール、録音や日記／パワハラに基づき作成した文書（反省文等）／会社組織図、業務の内容がわかる資料／疾病を発症した場合には、診断書、診療録や診療報酬明細書

労災事故については、労災事故の発生、使用者の義務違反、責任、損害の発生、因果関係等を労働者側が主張・立証することになる。これらを立証する証拠としては、診断書、労働基準監督署からの通知書、労働者死傷病報告書等労働基準監督署へ提出した書面、災害調査復命書、災害調査時撮影写真、是正勧告書、指導票、改善報告書、機械の事故であれば、機械の写真、メーカーへの照会、取扱説明書の取寄せ等が考えられる。

機械の事故であれば、機械の写真、メーカーへの照会、取扱説明書の取寄せ等も考えられる。

また、過重労働等を証明するため、勤務状況がわかる社内資料、タイムカード等、上記2で挙げた労働時間がわかる資料も証拠として利用できる場合がある（書式13〜16参照）。

> **例** 診断書／労働基準監督署からの通知書／労働者死傷病報告書等労働基準監督署へ提出した書面／災害調査復命書／災害調査時撮影写真／是正勧告書／指導票／改善報告書

〔難波　知子〕

第2節　使用者側の証拠収集

第2節　使用者側の証拠収集

第1　使用者側の証拠の収集について

　使用者側としては、労働者に対する処分、その他あらゆる手続について、紛争化する前から、記録をとったり、書面を作成したり、必要があれば、労働者に署名を求めたり、録音化したりと、証拠を収集し、紛争化した場合に備える必要がある。また、使用者側にとっては、業務で使用するメールも重要な証拠となるため、メールを長期間保存したり、消去してしまったメールでも復活させることができる環境を整備しておくことも有用である。

　以下、前述本章第1節の分類と同じく、検討していくことにする。

第2　事件の類型ごとの検討

1　解雇事件

ア　主張立証方法

　第1節第2-1で述べたとおり、労働者側からの地位確認請求に対して、使用者側は、以下の事実を主張立証していくことになる。

- ①　解雇の事実（労働者側からの、就業規則上の解雇事由に該当しない、解雇権濫用であるという主張に対し、）
- ②　就業規則上の解雇事由に該当すること
- ③　解雇権濫用の評価障害事実（解雇権濫用はないということを構成する事実）

　使用者側の反論としては、③がメインとなることが多い。この証拠については、解雇理由ごとに収集するものが異なってくるので、事例に沿って証拠を収集することになる。

　まず、②就業規則上の解雇事由に該当すること、ないし、③解雇権濫用の評価障害事実を使用者側が主張するにあたり、労働者側により、就業規則が提出されていないのであれば、使用者側が提出する必要がある。訴訟や労働審判において、双方から就業規則の提出がなされない場合、使用者側は裁判所から提出するように促される可能性が高い。

225

イ　解雇理由

解雇理由としては、様々なものが想定されるが、例えば、解雇理由が、「労働者の能力不足」である場合には、当該労働者の日々の労働の記録、当該労働者への指導票やその他指導、注意の記録、当該労働者を採用した目的がわかる雇用契約書、採用時のメール等、社内の報告書等、始末書、指導注意後の改善状況等勤務状況の記録、懲戒処分通知、降格、配転の辞令書等、また、その判断に至った社内資料等を証拠として提出することになる。

> **例**　当該労働者の日々の労働の記録／当該労働者への指導票やその他指導・注意の記録／当該労働者を採用した目的がわかる雇用契約書／採用時のメール／社内の報告書／始末書、指導注意後の改善状況等勤務状況の記録／懲戒処分通知、降格、配転の辞令書等、またその判断に至った社内資料

ウ　適正手続の証明

また、解雇権濫用を否定する事実の一つとして、適正手続を踏むということも重要である。したがって、これを証明するために、当該労働者との社内の面談の書面ないし録音による記録、退職勧奨を提案する面談の書面ないし録音による記録、労働者側に提示した退職条件を定めた提案書等の証拠も用意しておく必要がある。

> **例**　当該労働者との社内の面談の書面ないし録音による記録／退職勧奨を提案する面談の書面ないし録音による記録／労働者側に提示した退職条件を定めた提案書

エ　解雇整理

次に、解雇理由が「整理解雇」である場合には、整理解雇の四要件（四要素）すなわち、①人員削減の必要性、②解雇回避努力義務の履行、③人員選定の合理性、④手続の相当性について、主張・立証することが必要となる。

①　人員削減の必要性については、決算書等業績を示すもの、その他事業計画書、不況、事業の縮小、合理化計画の実施等、新規の採用の有無等企業経営上人員を削減することが必要であるということを証明できるような資料を集める必要がある。資料の準備、収集にあたっては、会計士

や、税理士との協力も必要になるだろう。

② 解雇回避努力義務の履行に関しては、配転、出向等の記録、希望退職者の集の履行、再就職支援等、会社が履行した内部資料を用意することになる。

③ 人員選定の合理性については、その労働者を選んだ合理的理由を示すことができる証拠を用意することになる。例えば、欠勤日数、遅刻回数、規律違反歴等の成績、勤続年数等の企業への貢献度を示す資料、また、上記能力不足の従業員の解雇の際に集めるような資料を集めることが考えられる。その他、他の従業員との能力の比較、稼働可能な部署の存否、当該労働者の適格性等についての証拠を集める必要がある。

④ 手続の相当性については、上記の能力不足の従業員の解雇の際に集めるような適正手続を踏んだ事実を証明する書類を集めることとなる。

2 時間外手当請求事件

ア 主張立証方法

時間外手当が請求された場合の使用者側の反論としては、以下の3つの主張が主に考えられる。

1 労働者の主張する労働時間が事実ではないこと

2 労働者は管理監督者であったので割増賃金を支払う必要がないこと

3 労働基準法上の割増賃金に換えて、定額の手当等を支払っていること

イ 労働者の主張する労働時間が事実ではない

労働者の請求を積極的に否認する1労働者の主張する労働時間が事実ではないという主張については、労働者の示す労働時間とは異なる労働時間を表すタイムカード、パソコンのログデータ、IDカード、ビルへの入退室の記録、業務日報等で立証することとなる。

また、労働者がタイムカード等の証拠を提出しているが、そこへ記録された時間と実際の労働時間が異なる（後からタイムカードを押し直した、休憩を長時間とっている等）場合には、それを主張・立証するためのタイムカードが労働時間を示すものではないという管理の実情、時間外労働等の実情、手待ち時間、休憩時間についての記録や、他の従業員の一般的な業務時間、他の従業員からの聴き取り等の証拠を用意することになる。

第4章 労働者側・使用者側それぞれの証拠収集

> **例** タイムカード／パソコンのログデータ／ＩＤカード、ビルへの入退室の記録／業務日報／タイムカードが労働時間を示すものではないという管理の実情／時間外労働等の実情／手待ち時間、休憩時間についての記録／他の従業員の一般的な業務時間／他の従業員からの聴き取り

ウ 労働者は管理監督者であった

②労働者は管理監督者であったので割増賃金を支払う必要がない（労基41条2号）という主張については、管理監督者性を肯定する証拠を準備することとなる。ここで、管理監督者は、労働条件の決定その他労務管理について経営者と一体的立場にある者をいい、名称にとらわれず、実態に即して判断すべきであるとされている（昭和22年9月13日基発150号）。裁判例も、①労務管理上使用者と一体の地位にあるか、②労働時間決定に裁量性があるか、③その地位にふさわしい処遇を受けているかについて総合的に考慮し判断しているといえる。

①については、統括的な立場にあった、人事権があり自らの裁量で採否を決定したり、従業員を評価したり、異動を決定したりできた、経営の重要部分に関する会議に参加していた、部下が大量にいたというような社内の記録（組織図・会議録等）を用意することになる。

②については、出社、退社、休憩時間が予め決められておらず、遅刻や早退したときも何ら制裁はない等の就業規則、労働契約書、メール、他の従業員からの聴き取り等の証拠を用意することになる。

③については、他の従業員と比較して管理職手当が支給されたり、給与が多いということを示すため、賃金台帳、当該従業員の給与明細等を用意することとなる。

> **例** 社内記録／労働時間について出社、退社、休憩時間が予め決められておらず、遅刻や早退したときも何ら制裁はない等の就業規則／労働契約書／メール／他の従業員からの聴き取り／賃金台帳／当該従業員の給与明細

3 配転無効事件

ア 主張立証方法

228

第2節　使用者側の証拠収集

労働者が配転命令の無効を主張してきた場合、使用者としては、以下を主張・立証することになる。

1ア　配転に関する就業規則等の定め

1イ　配転命令権の行使

2　契約による職種勤務地がなかったことの否定

3　強行法規違反に対する反論

4　（労働者側の配転命令権の濫用に反論する事実として、）配転命令権濫用の評価障害事実

イ　配転に関する就業規則の定め

1ア配転に関する就業規則の定めの証拠としては、就業規則、雇用契約書、採用通知、労働協約、労働者の配転に応じる承諾書、誓約書等が挙げられる。そして、さらに、労働者が主張する、2契約による職種勤務地がなかったことを積極的に否定するための証拠である、就業規則、労働契約書、募集要項、入社に至るまでの手紙メールでのやりとり等の証拠を集めることになる。

> **例**　就業規則／雇用契約書／採用通知／労働協約／労働者の配転に応じる承諾書、誓約書／労働契約書／募集要項／入社に至るまでの手紙・メールでのやりとり

ウ　強行法規違反に対する反論

3強行法規違反に対する反論については、不当労働行為、差別的扱いをしていないことを主張することとなるが、書証としては、第2章第9節で挙げているものが考えられる。

エ　配転命令権濫用の評価障害事実

4配転命令権濫用の評価障害事実については、具体的な業務上の必要性、労働者の生活上の配慮をした事実、不当な動機や目的がない事実を立証するための内部の資料、職業上または生活上の不利益はないこと等についての聴き込みや調査の記録、他の従業員の配転の記録、組織における配転の必要性、当該労働者の適格性についての証拠を用意することになる。

4　その他の事件

労働者からのパワハラ等による損害賠償請求、労災事故による損害賠償請

第4章 労働者側・使用者側それぞれの証拠収集

求に対しては、使用者側としては、まずは、加害行為が存在しないことについての証拠を集めることになる。

使用者側としても、それが口頭や、密室で行われていた場合、その客観的証拠を集めることは困難であり、当事者、関係者からの聴き取りをし、録音をしたり、書面化したものを用意したり、業務日誌、メール履歴等から業務内容、指導の内容等の証拠を集めることになる。さらに、正当な指導の範囲であったことを示す、業務日報、組織図等を用意することも考えられる。

労災事故については、労働者の主張を争い、使用者の責任を否定する書証を集めることになる。

また、使用者側としては、通常どおり業務を行えば事故は起こらないこと、研修等を行い注意義務を果たしていたこと、過去に事故はなかったこと、適切に教育、監督していたこと、過重労働ではなかったこと等についての証拠を集めることになる。例えば、機械の取扱説明書や、指導録、研修記録、研修配布資料、当該労働者の研修参加記録、勤務記録、社内会議議事録等の内部資料を集めることになる。また、当該労働者の疾病の程度を確認するため、カルテや、診断書を労働者側に提出を求めたり、労働者に通院先の病院への照会の同意をもらい、病院に対し照会をかけることも考えられる。これについては、労働者の協力を得られない場合、訴訟提起後、訴訟上の文書送付嘱託等で対応することになる。

また、使用者側としては、仮に責任が認められるとしても、過失相殺の主張をすることが考えられ、事故についての再現実験、他の従業員への聴き取り、監視カメラの記録、機械の取扱説明書等で労働者側の過失を基礎づける資料についても集めることになる（書式17参照）。

パワハラ　**例**　当事者、関係者からの聞取の録音・書面化／業務日誌／メール履歴／業務日報／組織図

労災事故　**例**　機械の取扱説明書・指導録／研修記録、研修配布資料／研修参加記録／勤務記録／社内会議議事録／カルテ／診断書／病院に対する照会／事故についての再現実験／他の従業員への聞取り／監視カメラの記録／機械の取扱説明書

〔難波　知子〕

第3節 行政（官公庁）からの証拠収集

第3節 行政（官公庁）からの証拠収集

第1 方法論

　官公庁からの証拠収集については、法律に基づくものと個別法で認められている制度に基づくものとに大別できるが、前者（情報公開法や行政機関個人情報保護法等）だけでなく後者（弁護士会照会請求や当事者照会・文書提出命令等）についても、第1章第3節ですでに触れているのでここでは割愛する。

第2 官公庁別の証拠類型

1 総 論

　労働事件における証拠は、すでに本章第1節と第2節で詳細に述べたように、その大半は、当事者双方が所持していることが多いため、両当事者が任意にあるいは各制度を利用することにより証拠として相手方に提示することとなることが多い。しかしながら、両当事者が有していない証拠で訴訟における裁判官の心証に大きな影響を与えることになる証拠が、官公庁が所持している場合もあるので、ここでは、官公庁別に考えられる証拠につき、以下に列挙してみる。

2 検察庁・警察関係

　懲戒解雇等の懲戒処分の有効性をめぐる労働事件においては、違法行為や私生活上の非行行為の存在やその態様等を立証するために、刑事確定記録や不起訴事件記録等を入手する必要がある場合がある。

　なお、交通事故（物損）の態様については、事故を管轄している警察署から事故報告書を入手する必要がある。

3 労働基準監督署関係

　就業規則については、当該労働事件が生じた当時の就業規則を当事者双方が所持していない場合や、使用者側が所持している証拠として提出してきた内容が信じ難い場合に労働基準監督署（以下、「労基署」という）に届けていた就業規則の内容を確認したい場合があるが、そのような場合は、労基署から就業規則を入手することが必要となる。

231

その他、労災損害賠償請求事件について、事故の発生原因、事故態様、過失の有無を調査するために、災害調査復命書の開示を請求したり、損害額から既払金を控除する損益相殺をするために、当該労災事故に関して支給された労災保険金の種類、金額、支払日、支払先を質問したりする方法もある。

労災認定に関する取消訴訟においては、その前提となっている審査請求や再審査請求の各手続で労基署が提出した証拠については、基本的には、被処分者から入手するのが通常であるが、被処分者もそれらを所持していない場合もあり、そのような場合は、労基署から入手することとなる。

4 裁判所

労働者側の過去の経歴が問題となった場合、過去の判決の写し等の訴訟記録を入手することができる。民事事件の場合は、裁判所に閲覧、謄写請求をすることができる。これに対し、刑事事件の場合は、判決が確定していれば、判決だけでなく確定記録を取得することができるが、それは、検察庁が所持している点に留意する必要がある。

5 都道府県

労働者の兼業禁止の関係等で、各種の営業や所持の許可の有無や内容（公安委員会）、飲食店の営業主体（保健所）を知る必要があるが、その場合に、その許認可権限の主体である都道府県の行政庁からの関係資料を入手することが可能である。

6 市区町村

労働者の住所等の基本情報の確認の必要性があれば、住民登録の有無やその内容を確認することができる。また、その必要性が認められる場合、弁護士の職務上の請求として戸籍や住民票の取寄せが可能となる。さらに、労災や安全配慮義務違反の損害賠償請求をする事案においては、例えば、現場が火災現場であれば、出火原因や被災状況等を確認すべく、消防記録や救急記録を入手することが可能である。さらに、労働者の資産状況の調査のために、不動産登記簿、固定資産評価書を入手することも考えられる。

7 公立病院

労災案件やメンタルヘルス関連事件で、労働者側の治療状況の証拠が必要となった場合、その主張・立証のためにカルテ等の一切の診療記録が必要と

なるが、この入手については、民間病院と特に変わることはないので、ここでは割愛する。

第3　開示拒否の実態

　労働事件においては、過去の行政処分歴等について調査が必要になることもよくあるが、これらについての官公庁の対応は、非常に厳しいというのが現実である。労働事件の対象となっている事実に関するものであれば格別、それとは関係ない、しかもその当事者にとって不名誉となる事実に関する記録については、公益性を理由とした開示拒否がなされることが多いことには留意すべきである。

　また、本人ないし関係者のプライバシー保護を理由に非開示となることも多々あることに留意が必要である。

　さらに、上記の資料については、弁護士を通した請求、弁護士会照会、裁判上の送付嘱託、調査嘱託等の手続を経なければ入手できないものが多々ある点にも留意が必要である。

〔難波　知子〕

第4章 労働者側・使用者側それぞれの証拠収集

第4節　公判における証人と尋問

第1　総　論

　これまで、労働事件において文書を中心とした証拠を収集する方法について紹介してきたが、最後に、裁判（労働事件に限らないが）において、この文書がない場合あるいは文書の内容だけでは証明すべき事実が証明しきれない場合、裁判における立証活動で大きなウエートを占めてくる人証のうち、証人尋問及び当事者尋問について、労働事件における特殊性を加味して説明する。

第2　意　義

　裁判官がその五官によって取り調べることができる有形物を証拠方法という。人証とは、物証（文書・検証物）に対するものである。具体的には、証人・鑑定人・当事者本人を挙げることができる。これらの証拠方法を裁判所で証拠として調査するのが証拠調べであり、文書に対するものを書証と呼ぶのに対し（なお、実務上の慣用では文書自体も書証という）、証人に対するものが証人尋問であり、当事者本人に対するのが当事者尋問となる。

第3　証人尋問・当事者尋問の特徴

　証人尋問・当事者尋問の結果として得られる証言・供述は、書証に比べて内容が固定せず、流動的であるといわれる。というのも、文書については、その内容が作成された当時に客観的に固定されるのに対し、証言については、誰にどのように質問されるかによって内容が変動しうるからである。

　しかも、文書は基本的には作成当時の作成者の認識が表現されている可能性が高いといえるのに対して、証人尋問や当事者尋問は、紛争が発生し、訴訟になってから行われるものであるため、当時の内容がありのままに語られている可能性は必ずしも高くない。

　また、当事者尋問に関してであるが、紛争の当事者である当事者本人（原告・被告）は、訴訟の対象となっている出来事について強い関心を持っているのが通常であり、その出来事についての真否を原則として最も知る立場に

あるものである。しかしながら、一方で、当事者本人は事件の勝敗に最も利害があり、その供述には信用が置けない点があることも否定できない。そのため、当事者尋問を軸に立証を組み立てるのは危険であるが、裁判所が当事者尋問の信用性を認めて、対象事実を直接立証するのが当事者尋問のみであっても当該事実を認定する場合がある。詳細は後述するが、当事者尋問の信用性を高める準備をすることが重要となる。

第4　尋問の事前準備における注意点等

1　尋問の位置づけ

　一般論からすれば、前述した証言・供述の流動性等の問題から、実質的な証拠価値としては、文書の方が当事者本人や証人よりも高く評価される可能性が高いことは否定できない。ただ、これは、文書の意味内容がある程度明確であり、作成者もはっきりしているような文書の場合であり、趣旨や作成者が不明な文書とか、相手方がその作成の真正を争うような書面であれば、文書の内容だけで、裁判所の心証が形成されるわけではない。実務的にも、作成経緯・記載の趣旨・日時等を尋問によって補完しなければならない場合が多く、尋問における証言・供述が極めて重要なものとなるのである。これは、労働事件でも同様である。

　労働事件においては、他の事件と比較して、労働契約の内容が書証（契約書）で明確になっていなかったり、使用者側と労働者との会話などコミュニケーションの内容が客観的に証拠化（録音等）されていない場合が少なくないことから、そうした場合には尋問においてその内容を明らかにする必要がある。また、ハラスメントの有無が問題となる事件においては、やり取りの録音等が存在しない場合には尋問が大きなウェートを占める場合が多い。したがって、尋問前の準備を特に丹念に行わねばならない。

　具体的な準備の内容としては、特に他の事件と異なることはないが、確認のために以下触れておく。

2　尋問の準備等

　まず、自身で申請した証人等の主尋問においてであるが、従前の主張内容と提出済の陳述書の内容が相互矛盾しないように、尋問の内容を十分に詰め

第4章 労働者側・使用者側それぞれの証拠収集

る必要がある。反対尋問に対しては、予想される反対尋問に対する備えを周到に準備することが必要である。

次に、相手側が申請した証人等に対する反対尋問であるが、ここで大切なことは、尋問する側が答えてほしいと想定しているような答えはまず返ってこないということを前提にした上で、予想される答えが他の証拠から認定される客観的事実と比較していかに不自然であるかを裁判官に理解してもらうにはどのような質問をするのが有効かという視点から尋問内容を考えることである。そのような視点を忘れ、自分が答えてほしいと思っている内容を答えさせようという思いが強すぎれば強すぎるほど、相手方の証言の信用性を強めることになりかねず、いわゆる「壁塗り尋問」となってしまい、逆効果となるにすぎず、そうであれば、反対尋問はしない方がましである。

例えば、経歴詐称に基づく懲戒処分案件において、過去に交通前科があり交通刑務所に服役していたことがあるか否かが争われていたところ、労働者がこれを否定していたことに対して、他に客観的な証拠もないのに、労働者に対して、「本当に刑務所に行っていたことはないのですか？」とか「あなたの入社以来の交通違反歴からして交通刑務所に入っていたとしか思えないのですが……」というような聞き方をするのは、愚の骨頂である。ここで大事なのは、他の客観証拠からこの交通前科がないとの証言と矛盾するものはないかを探し出すことなのである。

成功事例として挙げられる例は、労働者側が入社前にいろいろな資格を取っていたという立証趣旨で提出していた証拠の一部に、その資格を取得した場所の住所が書かれていたものがあり、その住所を具体的に調べてみたところ、刑務所の住所だったということがあった。もちろんそのことを労働者及びその代理人は知らずに証拠として提出したのであるが、反対尋問においては、その証拠を労働者に示して資格を取得した際の住所が刑務所であることに関して、自身が服役していたわけではないという合理的な説明ができないことを裁判所に示せば、それでその点に関する反対尋問は終わってもよいくらいである。このように、反対尋問の前に、相手方が提出した証拠も含めて事前に入念な検討を行うことが重要である。

最後に、人証の選択についての注意点を述べる。人証は多ければ多いほど

第4節　公判における証人と尋問

よいというものではない。多ければ、記憶内容が各々細かく言えば違っている場合も多く、逆に証言の信用性を低めてしまうような場合もあるし、ましてや、裁判における尋問時間は厳しく制限されるのである。立証対象となる事実をもっともよく知る人を選択すべきであり、他の人証候補の方々の証言を証拠として提出したければ、別途陳述書という形で出すべきかどうか検討すれば足りるであろう。

第5　労働事件における尋問の留意点

1　労働契約の成立・内容

　労働事件においては、他の分野以上に、この点についての書証が不十分である場合が多いという実態があることから、この部分における当事者尋問の重要性が特に高い点には留意すべきである。中小零細企業においては、労働条件すら書面で通知せずに口答のみで契約を済ませてしまい、重要な労働条件でさえ、書面化しないことが頻繁にある。

　したがって、この点については、陳述書において、その労働契約に至った経緯についてできるだけ詳細に聞き取りをして、これまでの主張と矛盾しない内容の詳細な陳述書を作成した上で、予想される反対尋問の内容にも十分に配慮した当事者尋問に臨まなければならないといえる。

2　違法行為の立証

　労働事件においては、違法行為（セクハラやパワハラが典型的）の存在が争われる場合、密室で行われる場合が多く、その立証について、客観証拠が存在しないあるいは不十分な場合が多い。

　したがって、当事者尋問において、被害者と加害者とのやりとりを子細に尋問で立証していく必要性が高い。被害者や加害者どちらの立場からであろうが、できるだけ具体的な言葉でその場でのやりとりを再現させるような陳述書の作成と十分な尋問の準備をすべきである。

　また、被害者の上司などを証人として尋問する場合も多いが、この場合は、被害者の証言に沿う証言を何とか引き出そうという思いがあまりに強いことから、いわゆる「壁塗り尋問」となり逆効果になることがよくあるので注意すべきである。証人の尋問と陳述書やそれまでの相手方の主張などを子細検

討した上で、矛盾点をできるだけ多く見つけその点を究明していく中で、証人の証言の信用性を弾劾していくという態度が強く求められるというべきである。

3 処分の有効性

この点については、最終的には裁判官の法律判断が求められるところであることを忘れないで、冷静に対処することが肝要である。この点について、尋問においては、その法律判断をするための前提としての各有効要件に関する具体的事実について尋問するにとどめ、有効であることを尋問で直接確認したりすることは効果がないばかりか、そのような尋問は制限される場合がある（民訴規115条2項5号参照）。当然のことであるが、処分が有効か無効かは、当事者間の主観で決まるものではなく客観的に決まるものなのである。

4 核心部分を立証する証拠が証人尋問・当事者尋問のみの場合の裁判所の判断傾向

証言・供述には上記の特徴があるため、訴訟においては、まず文書その他の客観的な証拠が重要であることは否定できない。

しかし、核心部分について客観的な証拠が存在せず、証人の証言や当事者本人の供述しか存在しない場合もままある。例えば、ハラスメント案件（セクハラ・パワハラ・マタハラ）においては、ハラスメントに該当する言動の存否がまさに核心部分となるが、問題となる言動の存否について被害者であると主張する者の供述しか証拠が存在しないことも稀ではない。

そのようなときに、ハラスメントを受けた労働者としては、会社に対して訴訟提起その他の手段を講じるか躊躇するものであり、また、「被害の申出」を受けた会社としては、客観的な証拠があるわけでもないのに、申出の内容を事実と認め、「被害者」に対して謝罪その他の措置をとることや、「加害者」に対して懲戒処分や降格、又は異動等を行ってよいか判断に苦しむものである。

実際、客観証拠によって核心部分を立証できない場合には、その部分を立証することは容易ではないが、以下に述べるように、裁判所が当該事実を認める場合がある。以下、証言の信用性が問題となる典型的なケースであるセ

クハラに関する裁判例を取り上げて、どのような事案であれば、核心部分についての証拠が被害者の供述のみであっても認定されうるのかを検討する。

第6　裁判例からみる補助事実の立証の重要性

1　はじめに

ここでは、セクハラに関する裁判例の中から、会社内の二人きりの場所で行われたセクハラの事実認定に関する裁判例と、タクシー内でのセクハラの事実認定に関する裁判例を取り上げる。セクハラ事案においては、同種の事例が多いため、参考になるものと思われる。

2　会社内における二人きりの場所におけるセクハラ

東京高裁平成9年11月20日判決（建設関係Ａ社事件：労判728号12頁）は、事務所で二人きりであったところ、被害女性が、上司から抱きつかれ、胸や腰を触られたうえ、キスされたなどとして不法行為による損害賠償請求をした事案である。

上司の言い分は、長時間のテレビ取材対応等の後、気分が高揚したため、瞬間的に被害女性の肩を抱きしめた限度では行為を認めるが、その余は事実に反する作り話であるというものであった。

二人きりの状況における行為の内容が問題となったため、その事実を直接証明する証拠は、被害者本人の供述のみであった。

一審判決では、上司側の言い分が認められ、セクハラの事実が認定されなかった。

これに対して、控訴審では、被害者側の言い分が認められ、上司及び会社の損害賠償責任が肯定された。控訴審は、①被害当日に、同僚に対して被害内容を説明しようとしたが、結局言葉では説明できず、身振りで説明しようとし、同僚もこれに長時間付き合ったがうまく説明できなかったこと、②翌日から3日間会社を休んでいること、③後日においても同僚に対して相談していること、④本社に社長を訪れて、書面を渡して直訴するという行動をとっていること等を認定したうえで、セクハラにより相当深刻なショックを受け、かつ、その内容を同僚に伝えようとしていたこと等が明らかであると評価するなどし、被害女性の供述内容の信用性を認めて、セクハラ行為を認

第4章 労働者側・使用者側それぞれの証拠収集

定した。また、⑤被害女性と当該上司との関係において、被害女性がことさら虚偽の申立てをして当該上司を貶める動機が伺われないということも認定している。

上記のとおり、二人きりの状況における行為の内容が問題となり、それを直接証明する証拠が被害者の供述しかない事案であっても、問題となる前後の行動を立証し、それによって被害者供述の信用性が裏付けられれば、問題となる行為が認定されることもありうるのである。ただし、この事案では一審は被害女性の供述の信用性を否定し、加害者側の証言の信用性を肯定するという正反対の判断をしていることからも明らかなように、こうした事案では裁判官の判断によって結論が変わりうるものである。こうした事案においては、より慎重、丁寧に立証を重ねることが肝要となる。

なお、上記裁判例においては、セクハラ被害に遭った女性がとる行動の合理性も問題となり、この点も結論を左右する一因となった。というのは、被害女性は、「腕でガードした」という行為のほか、「だめですよ。」「もうお昼ですよ。」などと声をかけるなどもしたと主張していたが、一審判決は、より積極的な抵抗や回避措置、すなわち悲鳴をあげるとか事務所から逃げ出す等しないのは不合理であるとした。

これに対して、控訴審判決は、アメリカにおける強姦被害者の対処行動に関する研究を引用し、逃げたり、声を上げることによって強姦を防ごうとする直接的な行動（身体的抵抗）をとる者は一部であり、どうすれば安全に逃げられるか又は加害者をどうやって落ち着かせようかという選択可能な対応方法について考えを巡らす（認識的判断）にとどまる者、その状況から逃れるために加害者と会話を続けようとしたり、加害者の気持ちを変えるための説得をしよう（言語的戦略）とする者があると言われ、逃げたり声を上げたりすることが一般的な対応であるとは限らないと言われていること、したがって、強姦のような重大な性的自由の侵害の被害者であっても、すべての者が逃げ出そうとしたり悲鳴を上げるという態様の身体的抵抗をするとは限らないこと、強制わいせつ行為の被害者についても程度の差はあれ同様に考えることができると評価したうえで、被害女性が事務所外へ逃げたり悲鳴をあげて助けを求めなかったからといって被害女性の供述が不自然とは断定で

きないとした。

3 タクシー内でのセクハラに関する裁判例

東京地裁平成15年6月6日判決（判タ1179号267頁）は、上司と三次会まで飲食し、帰宅途中のタクシー内で上司からセクハラを受けたとする女性がセクハラによる損害賠償請求をした事案である。

この事案においても、タクシー内のセクハラ行為を直接認定する証拠は、被害者供述のみであったが、裁判所は、以下の事実等を認定したうえ、被害者供述の信用性を認めた。裁判所は、①被害女性が終電が終わった状況で駅の近くでタクシーを降り、直属の上司に電話をかけ、セクハラ被害の事実を報告したこと、②当日は別のタクシーで別の上司のところに行って朝まで過ごし、その際、セクハラの事実を告げたこと、③被害女性は同日以降退職するまで会社を欠勤したこと、④報告を受けた加害者たる上司は当日に、被害女性と電話で話し、謝罪するとともに被害女性の言うことは何でも聞く旨述べた（ただし、セクハラを認める発言をしたわけではない）こと等を認定したうえで、被害女性の供述の信用性を認めてセクハラを認定した。

4 まとめ

以上、直接的な証拠が被害者供述しかなくてもセクハラ行為を認定した裁判例を紹介したが、そこでは被害前後の事情の立証が決め手になっている。

つまり、被害供述それ自体の具体性や迫真性も重要であるが、むしろ、裏づけとなる事情をどれだけ立証できるかがより重要となることも少なくない。

本稿で紹介したように、事案の類型ごとに、どのような事情を立証すれば供述の信用性が認められるか（あるいは認められないか）ということを十分に検討し、事情や証拠を収集することが不可欠である。

証言・供述によって核心部分を立証できるか（あるいは立証なしとできるか）は、関連する裁判例を分析し、信用性を左右する事情を把握したうえで、事実と証拠の収集を行うことが重要である。また、上記の裁判例でも紹介したように、被害女性の行動の研究といった、関係する学術的な証拠を提出することも有効である。

〔中村　仁恒〕

書式編

書式編

書式1　証拠提出期限遵守の勧告に関する上申書

令和○年（ワ）第○○号　地位確認等請求事件
原　　告　　○○○○
被　　告　　○○○○株式会社　他○名

上　申　書　(2)

令和○年○月○日

○○地方裁判所　民事第○部○係　御中

原告訴訟代理人弁護士　　○○○○
同　　　　　　○○○○

　被告ら側からは，令和○年○月末日が提出期限となっている被告○○の陳述書が本日現在提出されていません。したがって，原告としては，同人に対する反対尋問の準備をすることができません。

　被告らのこのような態度からは，被告らが同人の尋問を重要視していないと考えられること，また，原告としては，尋問期日間近に提出された陳述書をもとに尋問を準備しなければならず，公平な裁判を行うことは不可能であること等から，裁判所におかれましては，同人の尋問申請の却下等を行い，同人の尋問予定を取消し下さいますようお願い申し上げます。

以　　上

書式編

書式２　文書送付嘱託申立書

令和○年（ワ）第○○号　損害賠償等請求事件
原　　告　　○○○○
被　　告　　株式会社○○○○

文 書 送 付 嘱 託 申 出 書

令和○年○月○日

東京地方裁判所　民事第○部○係　御中

被告訴訟代理人弁護士　　　○○○○

　被告は，頭書事件について，次のとおり文書送付嘱託を申し立てます。

第１　文書の表示
　○○病院医師○○作成，保管に係る平成○年○月○日以降の原告の負傷について の診療録，診断書等一切の記録

第２　文書の所持者
　　〒○○○-○○○○　東京都○○区○○-○-○
　　ＴＥＬ　○○-○○○○-○○○○
　　○○病院　院長　○○○○

第３　証明すべき事実
　原告が………という態様で負傷した事実。

第４　送付の必要性等
　本件は，令和○年○月○日に発生した労災事故について，………という争いであり，………が争点となっている。そこで，………ためには，同人の負傷内容が客観的に記載されているカルテ等の資料が有益である。
　なお，○○○○（原告）の同意書があるのでこれを添付する。

以　　上

245

書式編

書式3 あっせん申請書（事業主申請の場合）

あっせん申請書

<table>
<tr><td rowspan="4">紛争当事者</td><td rowspan="2">労働者</td><td>氏名
（ふりがな）</td><td>○　○　○　○</td></tr>
<tr><td>住所</td><td>〒○○○-○○○○　東京都○○区○○-○-○
　　電話　○○（○○○○）○○○○</td></tr>
<tr><td rowspan="2">事業主</td><td>氏名又は名称
（ふりがな）</td><td>株式会社○○○○
　代表取締役　○　○　○　○</td></tr>
<tr><td>住　所

※上記労働者に係る事業場の名称及び所在地</td><td>〒○○○-○○○○　東京都○○区○○-○-○

株式会社○○○○

〒○○○-○○○○　東京都○○区○○-○-○
　　電話　○○（○○○○）○○○○</td></tr>
<tr><td colspan="2">あっせんを求める事項及びその理由</td><td>　申請事業主は令和○年○月○日経営再建の方針を示し，その一環として，次の労働条件変更を発表し，説明した。
　1　当面の賃金の一律15％カット
　2　退職金の凍結。3年後会社の業績が向上した場合，復活させる。
　従業員は，納得できないとして一切協議の場につこうとしない。できれば，労使双方円満に解決したいと考え，あっせんを求めることにした。</td></tr>
<tr><td colspan="2">紛争の経過</td><td>1　令和○年○月○日，従業員全員を集め，経営再建策を示し，今後の話し合いの窓口となる従業員代表を選出するよう説明。
2　令和○年○月○日，従業員代表と今後の対応の協議を求めたが拒否された。
3　令和○年○月○日，再び従業員全員を集め，労働条件変更について説明したが，従業員は納得できない，として一切話し合いに応じなかった。
　なお，代表取締役はじめ役員については，報酬の40％カットをすでに決定・承認済み。</td></tr>
<tr><td colspan="2">その他参考となる事項</td><td>　訴訟は提起しておらず，また，他の救済機関も利用していない。会社に労働組合はなく，いずれの従業員も労働組合に加入していない。</td></tr>
</table>

令和○年○月○日

　　　　　　　申請者　氏名又は名称　　　　　　　　　㊞

○○労働局長　殿

書式編

書式４　あっせん申請書（労働者申請の場合）

あっせん申請書

<table>
<tr><td rowspan="8">紛争当事者</td><td rowspan="3">労働者</td><td>氏名
^{ふりがな}</td><td>○　○　○　○</td></tr>
<tr><td rowspan="2">住所</td><td>〒○○○−○○○○　　東京都○○区○○−○−○</td></tr>
<tr><td>電話　　○○（○○○○）○○○○</td></tr>
<tr><td rowspan="5">事業主</td><td>氏名又は名称
^{ふりがな}</td><td>株式会社○○○○
　代表取締役　○　○　○　○</td></tr>
<tr><td>住　　所</td><td>〒○○○−○○○○　　東京都○○区○○−○−○</td></tr>
<tr><td rowspan="3">※上記労働者
に係る事業
場の名称及
び所在地</td><td>株式会社○○○○</td></tr>
<tr><td rowspan="2">〒○○○−○○○○　　東京都○○区○○−○−○
電話　　○○（○○○○）○○○○</td></tr>
<tr><td></td></tr>
<tr><td colspan="2">あっせんを求める
事項及びその理由</td><td>　令和○年○月○日に入社し，正社員として営業部に所属していたが，令和○年○月○日，社長から経営振を理由として，同年○月○日付の解雇を言い渡された。
　経営の不振ということだが，整理解雇しなければならないほどではないと思われ，またどうして私が整理解雇の対象になったのか，その理由の説明も全くない。実際のところは復職したいと思っているが，それが不可能であるならば，経済的・精神的損害に対する補償金として，○万円の支払を求めたい。</td></tr>
<tr><td colspan="2">紛争の経過</td><td>　令和○年○月○日，営業部長に連絡をとり，社長と話し合う機会を設けてもらい，その場で解雇を撤回してくれるよう要請したが，聞き入れてもらえなかった。
　補償金の支払等の提案も行ったが，拒否された。</td></tr>
<tr><td colspan="2">その他参考
となる事項</td><td>訴訟は提起しておらず，また，他の救済機関も利用していない。会社には労働組合はない。</td></tr>
</table>

令和○年○月○日

　　　　申請者　氏名又は名称　　　　　　　　　　　　　㊞

○○労働局長　　殿

書式編

書式5　紛争解決援助申立書（雇用機会均等法）

紛争解決援助申立書

<table>
<tr><td rowspan="2">関係当事者</td><td>労働者
　　　氏　　名

　　　住　　所</td><td>○　○　○　○

〒○○○-○○○○　　東京都○○区○○-○-○
　　　　電話　○○（○○○○）○○○○</td></tr>
<tr><td>事業主　氏　名
　　又は名称
　　　住　　所</td><td>株式会社○○○○
　代表取締役　○　○　○　○
〒○○○-○○○○　　東京都○○区○○-○-○
　　　　電話　○○（○○○○）○○○○</td></tr>
<tr><td>紛争解決を求める事項
及びその理由</td><td>　会社に対して妊娠の報告をしたところ，その直後から執拗な退職勧奨を受けるようになり，退職せざるを得なくなった。
　会社は，私の資質や職場における協調性に問題があったことを理由にしているが，妊娠を理由とする解雇であると考えるので，本来働き続ければ得られたはずの賃金補償を求める。</td></tr>
<tr><td>紛争の経過</td><td>　私は，○年○月○日に入社をして以来，誠実に職務に励んできたが，○年○月○日に直属の上司に妊娠の報告をしたところ，その直後から，私に協調性がない等として，退職するように迫られるようになった。
　その後，○月○日に解雇理由を「勤務状況の不良のため」とする通知書を渡された。</td></tr>
<tr><td>その他参考となる事項</td><td>訴訟は提起しておらず，また，他の救済機関も利用していない。会社に労働組合はない。</td></tr>
</table>

令和○年○月○日

　　　　　　　　　　　申請者　　　氏名又は名称　　　○　○　○　○

○○労働局長　殿

書式編

書式6　調停申請書（雇用機会均等法）

調　停　申　請　書

<table>
<tr>
<td rowspan="4">関係当事者</td>
<td colspan="2">労働者
　　　氏　名</td>
<td>○　○　○　○</td>
</tr>
<tr>
<td colspan="2">　　　住　所</td>
<td>〒○○○-○○○○　　東京都○○区○○-○-○
　　　電話　○○（○○○○）○○○○</td>
</tr>
<tr>
<td colspan="2">事業主　氏　名
　　　　又は名称</td>
<td>株式会社○○○○
　代表取締役　○　○　○　○</td>
</tr>
<tr>
<td colspan="2">　　　　住　所</td>
<td>〒○○○-○○○○　　東京都○○区○○-○-○
　　　電話　○○（○○○○）○○○○</td>
</tr>
<tr>
<td colspan="3">調停を求める事項
及びその理由</td>
<td>　上司から執拗に食事に誘われたり，性的な発言がされたりするなど，私に対するセクハラがあった。
　私は，上記について会社に相談したものの，十分な対応をとってもらえなかった。
　その後，仕事を継続することができなくなり，退職せざるを得なくなったところ，会社に対し慰謝料を求めたい。</td>
</tr>
<tr>
<td colspan="3">紛争の経過</td>
<td>　○月○日頃から直属の上司から執拗に食事等に誘われるようになった。それに加え，上司は私に対して性的な発言も繰り返すようになった。
　○月○日，私は上司に対して，上記行為を止めるように強く申し出たところ，その直後から上司は私を無視するようになった。
　私は，○月○日に人事部に相談をしたが，その後も状況は改善しなかったため，精神的に耐えられなくなり，○月○日に退職した。</td>
</tr>
<tr>
<td colspan="3">その他参考となる事項</td>
<td>訴訟は提起しておらず，他の救済機関も利用していない。会社に労働組合はあるが，この問題が労使交渉で取り上げられたことはない。</td>
</tr>
</table>

令和○年○月○日

　　　　　　　　　　申請者　　　氏名又は名称　　　○　○　○　○

○○労働局長　殿

書式編

書式7　紛争解決援助申立書（パートタイム労働者）

紛争解決援助申立書

<table>
<tr><td rowspan="4">関係当事者</td><td colspan="2">短期間労働者　氏　名</td><td>○　○　○　○</td></tr>
<tr><td colspan="2">住　所</td><td>〒○○○-○○○○　　東京都○○区○○-○-○
電話　○○（○○○○）○○○○</td></tr>
<tr><td colspan="2">事業主　氏　名
又は名称</td><td>株式会社○○○○
　代表取締役　○　○　○　○</td></tr>
<tr><td colspan="2">住　所</td><td>〒○○○-○○○○　　東京都○○区○○-○-○
電話　○○（○○○○）○○○○</td></tr>
<tr><td colspan="3">紛争解決援助を求める
事項及びその理由</td><td>　契約期間の定めはなく，同僚の正社員□□□□と，職務の内容が同じであり，どちらも転勤がないにもかかわらず，正社員には支給される賞与，退職金が支給されず，賃金も著しく低い等，法第8条で禁止している差別的取扱いがあるので，速やかに，正社員と同じ待遇としてほしい。
※様式で足りない場合は別紙を添付することも可能です。</td></tr>
<tr><td colspan="3">紛争の経過</td><td>　令和○年○月○日に入社をして以来，所定労働時間は短いものの，正社員と全く同じ仕事をしてきたが，賃金額等において差別的取扱いを受けてきたため，○月○日以降，数回に渡り，人事課長に対し，パートタイム有期労働法で禁止されている差別的取扱いである旨，苦情を申し立ててきたが，正社員とパートでは仕事が異なるとの返答を繰り返すのみであった。
(詳細別紙)</td></tr>
<tr><td colspan="3">その他参考となる事項</td><td>　訴訟は提起しておらず，また，他の救済機関も利用していない。会社には労働組合はあるが，パートタイム労働者は加入できない。</td></tr>
</table>

令和○年○月○日

　　　　　　　　　　申請者　　氏名又は名称　　○　○　○　○

○○労働局長　殿

書式編

書式8　調停申請書（パートタイム労働者）

調 停 申 請 書

<table>
<tr>
<td rowspan="4">関係当事者</td>
<td rowspan="2">短期間労働者</td>
<td>氏　　名</td>
<td>○　○　○　○</td>
</tr>
<tr>
<td>住　　所</td>
<td>〒○○○-○○○○　東京都○○区○○-○-○
　　　　電話　○○（○○○○）○○○○</td>
</tr>
<tr>
<td rowspan="2">事業主
又は名称</td>
<td>氏　　名</td>
<td>株式会社○○○○
　代表取締役　○　○　○　○</td>
</tr>
<tr>
<td>住　　所</td>
<td>〒○○○-○○○○　東京都○○区○○-○-○
　　　　電話　○○（○○○○）○○○○</td>
</tr>
<tr>
<td colspan="2">調停を求める事項
及びその理由</td>
<td>　私は，契約期間に定めがあるが，会社において所定労働時間は正社員と比べて2時間ほど短いものの，正社員と同様の基幹的業務に従事している。それにもかかわらず，賃金については正社員に比して5割程度しか支給されておらず，これは法第8条で禁止している差別的取扱いであるので，速やかに，正社員と同じ待遇としてほしい。
※様式で足りない場合は別紙を添付することも可能です。</td>
</tr>
<tr>
<td colspan="2">紛争の経過</td>
<td>　令和○年○月○日に入社をして以来，所定労働時間は短いものの，正社員と全く同じ仕事をしてきた。
○月○日以降，数回に渡り，直属の上司及び人事担当者に対し，苦情を申し立ててきたが，正社員とパートでは仕事が異なるとの返答を繰り返すのみであり，何らの対応もなされないまま今に至っている。
（詳細別紙）</td>
</tr>
<tr>
<td colspan="2">その他参考となる事項</td>
<td>　訴訟は提起しておらず，また，他の救済機関も利用していない。会社には労働組合はあるが，パートタイム労働者は加入できない。</td>
</tr>
</table>

令和○年○月○日

　　　　　　　　　申請者　　　氏名又は名称　　　○　○　○　○

○○労働局長　殿

251

書式編

書式9 紛争解決援助申立書（育児・介護）

紛争解決援助申立書

<table>
<tr><td rowspan="2">関係当事者</td><td>労働者　氏　名

　　　　　住　所</td><td>○　○　○　○

〒○○○－○○○○　　東京都○○区○○－○－○
　　　　　　　電話　○○（○○○○）○○○○</td></tr>
<tr><td>事業主　氏　名
又は名称
　　　　　住　所</td><td>株式会社○○○○
　代表取締役　○　○　○　○
〒○○○－○○○○　　東京都○○区○○－○－○
　　　　　　　電話　○○（○○○○）○○○○</td></tr>
<tr><td>紛争解決援助を求める
事項及びその理由</td><td>　育児休業から復帰直前に，会社から解雇を予告された。会社は経営困難が理由と言うが，納得できるものではなく，育児休業を取得したことを理由とする解雇であると考えるため，解雇の撤回を求める。</td></tr>
<tr><td>紛争の経過</td><td>　○月○日に育児休業復帰後の職務について相談したところ，復帰しても仕事がないので，退職してほしいと言われた。○月○日に退職するつもりはないことを人事課長に伝えたが，その後も復帰後の職務等について問い合わせても，復帰は難しいので育児に専念することを考えてほしいと言われた。復帰の1か月前の○月○日になって経営困難であることを理由に育児休業終了日をもって解雇すると言われた。（詳細別紙）
※様式で足りない場合は別紙を添付することも可能です。</td></tr>
<tr><td>その他参考となる事項</td><td>　訴訟は提起しておらず，また，他の救済機関も利用していない。会社には労働組合があるが，本問題が労使交渉で取り上げられたことはない。</td></tr>
</table>

令和○年○月○日

　　　　　　　　　　　申請者　　氏名又は名称　　○　○　○　○

○○労働局長　殿

252

書式編

書式10　調停申請書（育児・介護）

調　停　申　請　書

<table>
<tr><td rowspan="4">関係当事者</td><td>労働者　氏　名</td><td>○　○　○　○</td></tr>
<tr><td>住　　所</td><td>〒○○○−○○○○　東京都○○区○○−○−○
電話　○○（○○○○）○○○○</td></tr>
<tr><td>事業主　氏　名
又は名称</td><td>株式会社○○○○
　代表取締役　○　○　○　○</td></tr>
<tr><td>住　　所</td><td>〒○○○−○○○○　東京都○○区○○−○−○
電話　○○（○○○○）○○○○</td></tr>
<tr><td>調停を求める事項
及びその理由</td><td>　育児休業から復職したところ，担当職務を変更された上，給料も減額された。この一連の人事措置は，妊娠・出産をして育児休業等を取得した女性に対する，差別ないし偏見に基づくものであり，育児・介護休業法に違反する無効なものであるから，担当職務の復帰及び雇用契約に基づく賃金請求として，降格・減給後の給与額と降格・減給前の給与額との差額及びこれに対する遅延損害金の支払を求める。</td></tr>
<tr><td>紛争の経過</td><td>　○月○日に育児休業復帰後の職務について相談したところ，一方的に，担当職務の変更を告げられ，それにともない，賃金が減額されることを説明された。
　○月○日，このような人事措置は受け入れられないと直属の上司に訴えたが，まったく対応してくれないまま今に至っている。
※様式で足りない場合は別紙を添付することも可能です。</td></tr>
<tr><td>その他参考となる事項</td><td>　訴訟は提起しておらず，また，他の救済機関も利用していない。会社には労働組合があるが，本問題が労使交渉で取り上げられたことはない。</td></tr>
</table>

令和○年○月○日

　　　　　　　申請者　　　氏名又は名称　　　○　○　○　○

○○労働局長　殿

253

書式編

書式11　労災申立書（脳・心臓疾患）

申　立　書

令和　年　月　日

請求人氏名　　　　　　　　　　　　　　　　　印

（署名又は記・押印してください）

※　請求人と「申立書」の作成者が異なる場合には、次の
『作成者氏名』及び「請求人との関係」を記してください。

作成者氏名　　　　　　　　　　　　　　　　　印

（署名又は記・押印してください）

（請求人との関係　　　　　　　　　　）

1　労災請求した理由は何ですか。

※　①から③までのいずれかを丸で囲み、③の場合は具体的に内容を記入してください。

①　残業時間が多かったので、仕事が原因と考える。

②　残業は多くなかったが、それまで健康だったので仕事が原因としか考えられない。

③　その他

2　労災保険給付の請求に係る疾患を発症する前の健康状態や嗜好等について

(1) 身長・体重はどのくらいですか。

身長＿＿＿＿＿cm　体重＿＿＿＿＿kg

(2) 発症する前に「頭が痛い」、「胸が苦しい」などの症状はありましたか。

※　①から③までのいずれかを丸で囲み、①の場合には、いつごろどのような症状があったかを具体的に記入してください。

①　あった　　②　なかった　　③　わからない

254

(3) 発症する前に、脳・心臓疾患やそのほか病気で治療を受けたことがあり
　　ますか。

※　①又は②のいずれかを丸で囲み、①の場合には、病名等を記入してくだ
　　さい。

　　①　ある　　　②　ない

病　　名	発症時期	治　療　期　間	医療機関名
	年　月	年　月〜　年　月	
	年　月	年　月〜　年　月	
	年　月	年　月〜　年　月	
	年　月	年　月〜　年　月	

(4) 普段常用していた薬がありましたか。

※　①から③までのいずれかを丸で囲み、①の場合には薬の名前を記入して
　　ください。

　　①　あった　　　②　なかった　　　③　わからない

（薬の名前）

(5) 嗜好等

ア　食べ物に好き嫌いがありましたか。

※　①から③までのいずれかを丸で囲み、①の場合には「好きな食べ物」と「嫌
　　いな食べ物」を記入してください。

　　①　あった　　　②　なかった　　　③　わからない

・好きな食べ物 _____

書式編

・嫌いな食べ物 _____

イ　普段お酒やビール等のアルコール類を飲んでいましたか。

※　①から③までのいずれかを丸で囲み、①の場合には、1回当たりの飲酒量と程度を記入してください。

　　①　飲んでいた　　②　飲んでいなかった　　③　わからない

　　・飲酒量　┌　ビール_____ml　　・日本酒_____合

　　　　　　　│　その他（具体的に記入してください。）

　　　　　　　└　_____

　　・程　度　（①　毎日　　②　週___回　　③　月___回）

ウ　タバコを吸っていましたか。

※　①から③までのいずれかを丸で囲み、①の場合には、1日当たりの本数等を記入してください。

　　①　吸っていた　　②　吸っていなかった　　③　わからない

　　・1日_____本　　・たばこを吸い始めた年齢_____歳

3　発症した当時、どのような仕事をしていましたか。仕事の内容について具体的に記入してください。

┌─────────────────────────────────────┐
│   │
│   │
│   │
│   │
│   │
└─────────────────────────────────────┘

4　発症した当時の仕事内容をわかっている方はいますか。

（職名）　　　　　　　（氏名）

（職名）　　　　　　　（氏名）

5　通勤方法及び時間について

(1)　通勤方法は何ですか。

※　①から⑤までの該当するものを丸で囲み、⑤の場合は、具体的に内容を記入してください。

256

①　徒歩　　②　電車　　③　バス　　④　自家用車

⑤　その他＿＿＿＿＿＿＿＿＿＿＿＿＿＿＿＿＿＿＿＿＿＿＿＿＿＿＿

(2)　通勤時間（片道）はどのくらいかかりますか。

＿＿＿＿＿時間＿＿＿＿＿分程度

(3)　通常の出勤（自宅を出る）時刻、帰宅時刻は何時頃でしたか。

・出勤時刻＿＿＿＿時＿＿＿＿分頃　　・帰宅時刻＿＿＿＿時＿＿＿＿分頃

（シフト勤務等不規則な場合は、ここに記入してください。）

(4)　所定の始業時刻より早く出勤しなければならないことはありましたか。

※　①から③までのいずれかを丸で囲み、①の場合は、程度等を記入してください。

①　あった　　②　なかった　　③　わからない

・月に＿＿＿＿＿回程度　　・自宅を出る時刻＿＿＿時＿＿＿分頃

・早く出勤する理由

6　所定のとおり休憩時間をとれていましたか。

※　①から③までのいずれかを丸で囲み、②の場合は理由を具体的に記入してください。

①　とれていた　　　②　とれなかった　　　③　わからない

（所定の休憩がとれなかった理由）

7　時間外労働（残業）・休日労働時間を確認できるものは会社にありますか。

※　①から③までのいずれかを丸で囲み、①の場合は例えばタイムカード、

書式編

出勤簿、作業日報など具体的に記入してください。

① ある　　② ない　　③ わからない

8　発症する前の6か月間に他の事業場で働いていましたか。

※　①又は②のいずれかを丸で囲み、①の場合は、その事業場について記入
してください。

① 働いてた　　　② 働いていたことはない

・事業場名＿＿＿＿＿＿　・勤務期間＿＿＿＿＿＿＿＿＿＿＿＿＿＿＿

・所在地＿＿＿＿＿＿＿＿＿＿(Tel)＿＿＿＿＿＿＿＿＿＿＿＿＿＿＿

・仕事の内容＿＿＿＿＿＿＿＿＿＿＿＿＿＿＿＿＿＿＿＿＿＿＿＿＿

・職　種＿＿＿＿＿＿＿＿＿＿＿役職名＿＿＿＿＿＿＿＿＿＿＿＿＿

9　発症前の時間外労働・休日等について

(1)　発症の前日から1週間前について、時間外労働（1日8時間を超える労働
時間をいいます。）はありましたか。

※1　①から④までのいずれかを丸で囲み、①又は②の場合1週間の時間外労
働時間数を記入してください。

※2　休日労働があった場合は、その日の労働時間すべてを時間外とし計算
ください。

① 毎日あった　② 3日以上あった　③ 全くなかった　④ わからない

・1週間の時間外労働時間数＿＿＿＿時間＿＿＿＿分程度

(2) 発症前おおむね6か月間の状況について、時間外労働（休日を労働を含む。）
はありましたか。

※1　①から④までのいずれかを丸で囲み、①又は②の場合は、1か月間の時
間外労働時間数を記入してください。

※2　休日労働があった場合は、その日の労働時間すべてを時間外として計
算ください。

ア　発症目前6か月間

① 毎日あった　② 月の半分以上はあった　③ 全くなかった　④ わからない

・1か月間の時間外労働時間数（最も長い月）＿＿＿時間＿＿＿分程度

　　　　　　　　　　　　　　（最も短い月）＿＿＿時間＿＿＿分程度

イ　発症目前1か月間

　　① 毎日あった　② 月の半分以上はあった　③ 全くなかった　④ わからない

・1か月間の時間外労働時間数_____時間____分程度

(3) 発症日からおおむね6か月前までの業務を振り返って、以下のような精神的、身体に、負荷のかかる状況はありましたか。(不規則な勤務、出張の多い業務、交代制勤務・深夜業務、劣悪な作業環境（温度環境、騒音、時差）、精神的緊張を伴う業務、持ち帰り残業等)

※　①から③までのいずれかを丸で囲み、①の場合は、状況を具体的に記入してください。

　　① あった　　② なかった　　③ わからない

(状況を具体的に記入してください。)

10　発症前の状況について

ア　<u>仕事上</u>で、発症の前日から直前までの間に精神的、身体的に大きな負荷のかかる出来事はありましたか。

※　①から③までのいずれかを丸で囲み、①の場合は、出来事の具体的な内容を記入してください。

　　① あった　　② なかった　　③ わからない

(出来事の発生前後の状況も含め、できるだけ詳しく記入してください。)

イ　<u>仕事以外</u>で、発症の前日から直前までの間に精神的、身体的に大きな負荷がかかる出来事はありましたか。

※　①から③までのいずれかを丸で囲み、①の場合は、出来事の具体的な内容を記入してください。

　　① あった　　② なかった　　③ わからない

(出来事の発生前後の状況も含め、できるだけ詳しく記入してください。)

書式編

11　次の資料がありますか。

※　①又は②のいずれかを丸で囲み、①の場合は、原本又はコピーを添付してください。

(1) 給与支払明細

　　①　ある　　　②　ない

(2) 人間ドックや健康診断の記録

　　①　ある　　　②　ない

(3) 出勤・帰宅時刻・残業時間など勤務状況を記録（メモ）していたもの（例えば手帳、日記、カレンダー、家計簿、メール）

　　①　ある　　　②　ない

12　その他特記事項がありましたら記入してください。

書式編

書式12 労災申立書（精神疾患）

申立書

令和　　年　　月　　日

請求人氏名＿＿＿＿＿＿＿＿＿＿＿＿＿　印
　　　　　　　　　（署名又は記名・押印してください）
※　請求人と「申立書」の作成者が異なる場合には、次の
「作成者氏名」及び「請求人との関係」を記してください。

作成者氏名＿＿＿＿＿＿＿＿＿＿＿＿＿　印
　　　　　　　　　（署名又は記名・押印してください）
　　　　　　　（請求人との関係＿＿＿＿＿＿＿＿）

ご病気について

1　精神的な症状はいつ頃から始まりましたか。
＿＿＿＿＿年＿＿＿＿＿月（＿＿＿＿＿歳頃）から

2　その症状を含めて、どのような症状がどの位続いたのかについてできるだ
　け詳しく教えてください。また、病院に行くことになったきっかけについ
　ても教えてください。

261

書式編

3 現在の精神症状に関する治療の経緯を教えてください（病院を変わっている場合はそのすべてを教えてください）。

医療機関名	受診期間	病　名
（初診）	年　　月～　　年　　月	
	年　　月～　　年　　月	
	年　　月～　　年　　月	
	年　　月～　　年　　月	

仕事について

4 勤務状況等について教えてください。

配属先 （所属の部、課、係）	
従事する具体的な 作業の内容	
所定労働時間	始業時刻：　　　　終業時刻：　　　　休憩時間：
所定休日	週休1日制・隔週週休2日制・完全週休2日制・ その他（　　　　　　　　　　　）

発病前おおむね6か月間に時間外労働はありましたか。

・発病前1か月

① 毎日あった
② 月の半分以上はあった　　1か月間の時間外労働はどのくらいありましたか。　→　＿＿＿＿時間程度
③ 全くなかった
④ わからない

・発病前1か月を含む発病前6か月

① 毎日あった　　　　　　　1か月間の時間外労働は　　最も長い月＿＿＿時間程度
② 月の半分以上はあった　　どのくらいありましたか。　→　最も短い月＿＿＿時間程度
③ 全くなかった
④ わからない

書式編

5 精神障害の発病前おおむね6か月の間に仕事の関係であなたが体験した出来事であって、精神障害の発病の直接の原因と考えている（ストレスとなった）「具体的な内容」について詳しく記入してください。また、それらの出来事が発生した時期を記入してください。

この欄に書ききれない場合には、別紙添付してご記入ください。

263

書式編

仕事以外について

6　発症前6か月の間に、仕事の関係以外にあなた自身や身の回りで起きた出来事で、次の表の項目にあてはまる出来事がありましたら、その項目の右の該当欄に〇印と出来事があった時期を記入してください。

自分や身の回りで起きた出来事	該当	出来事があった時期	自分や身の回りで起きた出来事	該当	出来事があった時期
離婚又は夫婦が別居した		平成　　年　　月頃	配偶者や子供が重い病気やケガをした		平成　　年　　月頃
自分が重い病気やケガをした又は流産した		平成　　年　　月頃	親類の誰かで世間的にまずいことをした人が出た		平成　　年　　月頃
配偶者や子供、親又は兄弟が死亡した		平成　　年　　月頃	多額の財産を損失した又は突然大きな支出があった		平成　　年　　月頃
			天災や火災などにあった又は犯罪に巻き込まれた		平成　　年　　月頃

その他気になることがありましたら記入してください。

7　今回、精神障害を発症する前の飲酒による問題や病院での治療歴について教えてください。

(1) お酒が原因で会社を休んだり、病院にかかったり、その他生活に支障が出たことはありますか。

　①ある（内容：　　　　　　　　　　　　　　）②　ない

(2) 現在の精神障害を発症する前に、精神障害やそのほかの大きな病気またはケガで治療を受けたことがありますか。

※　①又は②のいずれかを丸で囲み、①の場合には、病名等を記入してください。

　①　ある　　②　ない

病名	発症時期	治療期間	医療機関名
	年　　月	年　　月～　　年　　月	
	年　　月	年　　月～　　年　　月	
	年　　月	年　　月～　　年　　月	
	年　　月	年　　月～　　年　　月	

8 学歴及び職歴を教えてください。
・最終学歴 (中学校・高等学校・大学・大学院・その他（　　　　）
　　　　　　＿＿＿＿＿＿学部＿＿＿＿＿＿学科
　　　　　　＿＿＿＿＿＿年＿＿＿＿月　卒業・中退)

・職歴

事業場名			職種
	年　月　日～　年　月　日		
	年　月　日～　年　月　日		
	年　月　日～　年　月　日		
	年　月　日～　年　月　日		

9 家族構成を教えてください。
　同居している人を○で囲んでください。

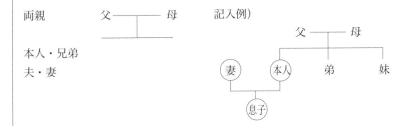

両親　　　　父――――母　　　　記入例）
本人・兄弟
夫・妻

10 次の資料がありますか。※①又は②のいずれかを丸で囲み、①の場合は、コピーを添付してください。
(1) 人間ドックや健康診断の記録
　　　① ある　　② ない

(2) 出勤・帰宅時刻・残業時間など勤務状況を記録（メモ）していたもの（例えば手帳、日記、カレンダー、家計簿、メール）
　　　① ある　　② ない

書式編

11 最後に、あなたが今回の精神障害の発症が業務に原因があると考える理由を詳しく教えてください。

また、その他調査に当たり参考となる特記事項がありましたら記入してください。

書式編

書式13 証拠保全申立書（時間外手当請求）

証 拠 保 全 申 立 書

令和○年○月○日

○○ 地方裁判所　民事部　御 中

申立人訴訟代理人
弁護士　　○○○○

当事者の表示
別紙当事者目録記載のとおり

訴え提起前の証拠保全申立事件

貼用印紙額　　　金○○○○円

申 立 の 趣 旨

別紙申立ての趣旨目録記載のとおりの裁判を求める。

申 立 の 理 由

第1　証明すべき事実及び証拠との関連性
　1　証明すべき事実
　　　申立人が相手方において勤務していた令和○年○月○日から令和○年○月
　　○日の期間につき，合計約○時間の所定労働時間外の労務提供を行っていた
　　事実
　2　証拠との関連性
　　　申立人は，相手方において，第2で詳述するように，令和○年○月○日か
　　ら令和○年○月○日の約2年間の間，一般事務を職務内容として勤務してい
　　たところ，この間，相手方において，申立人は所定労働時間外の労働を行う
　　ことが常態化し，合計約○○時間の時間外労働を行っていたことから，相手
　　方に対して同時間分に該当する割増賃金支払請求権を有する。
　　　しかしながら，①相手方においてはタイムカードなどでの労務管理が行

267

われていないため時間外労働時間を立証するための客観的証拠が不足しており，②申立人の記憶等に基づく割増賃金請求に対し，相手方が任意に支払に応じてきていない上に，③証拠保全を行わずに裁判などの法的手続に出たとすれば，相手方から証拠隠滅などがなされる危険性が高い状況である。

したがって，別紙文書等目録記載の文書等は，1記載の証明すべき事実を立証する上で必要不可欠である。

第2　保全の事由
1　申立人の相手方における勤務歴及び職務内容
　　相手方は，○○等を目的とする株式会社である（甲1　履歴事項全部証明書）。

　　申立人は，令和○年○月○日より，期間を定めずして，一般事務を職務内容とする雇用契約を締結していた（甲2　雇用契約書）。

　　申立人の相手方における具体的な職務内容としては，主に来客対応，営業用の外出や，登録者との面談，面接の同行，電話応対，応募書類作成などを行っていた。

　　そして，特に，所定労働時間の終業時刻である○時以降は，申立人は，上司の指示により，パソコンを用いて，提出期限を定められた履歴書・職務経歴書の作成，データベース入力，データベース破損によるデータ復旧，復旧データを反映するための新規データベース作成などの緊急対応を行い，その他，転職フェアという日程の定まっているイベントの資料作成や，システム導入による入力データ資料作成などを行っていた（甲11　陳述書）。

　　このように，残業時は，申立人はほとんどパソコンを使って仕事をしていたこと，及び，申立人は，毎日出社時にパソコンの電源を入れ，帰宅時にパソコンの電源を切っていたことから，申立人のパソコンの電源の入っている時間が申立人の労働時間とほぼ等しいといえる。

2　相手方におけるサービス残業の常態化
　　相手方代表者においては，ミーティングなどで，「毎日10時，11時まで残業しないとうちでやっていくのは難しいよ。仕事なんて自分で探してやるものだから，急ぎの仕事がなくても，クライアントの資料を読むのも仕事だし，いくらでも仕事はあるんだから」などと，日ごろから残業することがあたりまえであるかのような発言を行い，実際に申立人を含めたほとんどの社員が残業を強いられていたにもかかわらず，実際に相手方より割増賃金が支給されたことはなかった（甲3　明細書）。

このように，相手方においては，いわゆるサービス残業が常態化していたのである。

3 申立人の任意退職

申立人は，相手方における不適切な労務管理などに耐えかねて，令和○年○月○日付で自主退職することとした（甲4 雇用保険被保険者離職票）。

4 割増賃金請求に関する交渉の経緯

申立人は，相手方に対して，労働基準監督署の指導に基づいて，令和○年○月○日，文書にて○○万円の割増賃金請求を行い（甲5 割増賃金請求書），また，同月○日には同年○月○日から○日までの間の有給休暇の賃金請求不足額○万円を請求した（甲6 有給休暇賃金不足額請求書）。

労基署より相手方に対して，是正勧告がなされた結果，相手方は，令和○年○月○日，申立人に対し，金○○万円の支払に応じた（甲8 通知書）ものの，申立人の主張する残業時間約○時間のうち，わずか○時間しか残業を認めなかったため，申立人請求金額と支払額はいまだ大きな差があった。

かかる相手方の対応につき，申立人は，再度上記労基署に相談に行ったところ，これ以上は裁判外では難しいとの指導を受けたものの，現在の証拠関係のみでは裁判で戦いきることは厳しい状況であるため，上記割増賃金支払請求権の履行を確保するために証拠保全の手続きをとることとなった。

なお，相手方賃金規程（甲9）及び就業規則（甲10）においては，申立人の相手方に対する割増賃金支払請求権の発生を障害ないし阻止させるような事由は何ら存しない。

第3 保全の必要性

1 申立人は，相手方に対し割増賃金請求訴訟を御庁に提起すべく準備中である。

しかしながら，相手方においてはタイムカードや勤休票などでの労務管理が行われていないため，残業時間を立証するための客観的証拠が不足していることから，申立人の権利実現のためには客観的な証拠の保全が必要である。なお，現在相手方において勤務している従業員も，サービス残業を強いられている可能性が高いが，同人らは，あくまで相手方の従業員として，相手方より給料を支給されることで生活を維持している者である以上，証人として客観的な証言をする可能性も著しく低い。

2 相手方は，裁判外における申立人の記憶していた残業時間に基づく割増賃金支払請求に対し，申立人主張額○○万円のうち，わずか○○万円しか相手方が任意に支払に応じていないため（甲7），現在の証拠関係

では裁判手続などに出たとしても，相手方から任意の支払が望めない上，上記1の事情から，勝訴の判決が得られる見込みも高くない。

3　また，証拠保全を行わずに裁判などの法的手続に出たとすれば，相手方からパソコン破棄などの証拠隠滅などがなされ，申立人の権利実現につき取り返しのつかない事態に陥る危険性が極めて高い。

4　それのみならず，申立人が相手方退社後，申立人が使用していたパソコンを別の人間が利用しているものと思料されるが，いずれも年月の経過とともに廃棄されたり，紛失されたりする可能性が高くなるので，現時点での保全が必要である。

5　しかも，割増賃金支払請求権の存在を裏付ける資料は，労務提供が相手方において行われていたことから，すべて相手方の支配下にあり，この点からも証拠保全の必要性がある。

6　ちなみに，相手方が証拠保全によって蒙る不利益はほとんど存在しない反面，申立人が別紙文書目録の資料を保全できないことによって受ける不利益は甚大である。

7　よって，申立人は，本申立てに及んだ次第である。

疎　明　方　法

1　甲第1号証　　履歴事項全部証明書
2　甲第2号証　　雇用契約書
3　甲第3号証　　明細書
4　甲第4号証　　雇用保険被保険者離職票
5　甲第5号証　　割増賃金請求書
6　甲第6号証　　有給休暇賃金不足額請求書
7　甲第7号証　　勤怠表
8　甲第8号証　　通知書
9　甲第9号証　　相手方賃金規程
10　甲第10号証　相手方就業規則
11　甲第11号証　陳述書

添　付　書　類

1　疎明資料写し　　　　　　各1通
2　訴訟委任状　　　　　　　1通
3　資格証明書　　　　　　　1通

書式編

当 事 者 目 録

〒○○○-○○○○　東京都○○区○○-○-○
　　　　申立人　○○○○

（送達場所）
〒○○○-○○○○　東京都○○区○○-○-○
　　　　　　　　　　　ＴＥＬ　○○-○○○○-○○○○
　　　　　　　　　　　ＦＡＸ　○○-○○○○-○○○○
　　　　上記申立人代理人弁護士　　　　○○○○

〒○○○-○○○○　東京都○○区○○-○-○
　　　　相手方　○○○○

書式編

申立の趣旨目録

　相手方送達場所に臨み，下記のとおり証拠調べをする。

1　検　　証
　相手方において，申立人が相手方において令和〇年〇月〇日から令和〇年〇月〇日までの間，相手方業務のため使用していた相手方管理下にかかるパソコンに関する別紙文書等目録記載の文書等について検証する。

2　提示命令
　相手方は，上記文書等を検証期日において提示せよ。
との裁判を求める。

書式編

文 書 等 目 録

　申立人が，令和○年○月○日から令和○年○月○日までの間，相手方にお
ける業務にて使用していたパソコン（以下，「本件パソコン」という。）を起
動した日時，終了した日時，その他申立人の相手方における労働時間を明ら
かにするための，本件パソコン内に保存されている下記1ないし3記載の記
録。

1　令和○年○月○日から同○年○月○日の本件パソコンの稼動状況を証す
　る使用記録
2　同期間における本件パソコンに保存され，または申立人の作成した文書
　ファイル等のデータ及び最終更新日時に関する履歴
3　その他申立人の相手方における労働時間を推認することのできる記録一
　切

書式編

書式14 弁護士会照会（時間外手当請求）

東照第　　　　　　　　号

令和○年○月○日

東 京 弁 護 士 会 会 長　殿

事務所所在地

〒○○○-○○○○　東京都○○区○○-○-○

○○法律事務所

TEL　○○-○○○○-○○○○(代)

東京弁護士会所属

（登録番号○○○○）　弁 護 士　○　○　○　○

照　会　申　出　書

　私は，弁護士法第２３条の２第１項に基づき，次のとおり照会の申出を致します。

1　照会先（公務所又は公私の団体）

〔所在地〕　〒○○○-○○○○　東京都○○区○○-○-○

TEL　○○-○○○○-○○○○

〔名　称〕　株式会社　○○○○　殿

2　受任事件

当事者　　（○のついている当事者が依頼者）

○　申立人　○○○○

相手方　○○○○

事　件

⑴　係属官庁及び事件番号

労働審判申立て準備中

⑵　事件名

割増賃金等請求事件

⑶　事件の概要・受任内容等

申立人は，令和○年○月○日に相手方に入社した。

274

申立人は，入社以降，退社に至るまで，膨大な時間外労働をしたが，一切の割増賃金を相手方から受け取っていない。

　そこで，令和○年○月○日，申立人が，未払いの割増賃金の支払を相手方に請求したところ，同年○月○日に申立人は相手方から退職勧奨を受けた。そして，同年○日に最終就業日である旨相手方から一方的に告げられた。その後，同年○日に解雇予告通知が相手方より送付された。

　解雇理由は全くの事実無根であるので，申立人は，地位確認請求及び，割増賃金支払請求の労働審判の申立てについて検討中である。

　申立てにあたり，申立人の請求可能な割増賃金を明らかにする必要があり，その前提として，申立人の具体的な労働時間を把握する必要がある。

　申立人は，朝一番に出社し，従業員の中で最後に帰宅することが多かったため，相手方の入居しているビルの開錠，施錠，警備のセット，解除等は申立人が，ほぼ毎日行っていた。

　したがって，これらが明らかにされれば，申立人の労働時間も明らかになる。

　以上より，本照会を申し出る次第である。

3　照会を求める理由
　(1)　争点
　　　　時間外休日労働の有無

　(2)　証明しようとする事実
　　　　　申立人の出退勤時間

　(3)　照会を求める事項と証明しようとする事実との関連
　　　照会事項が明らかになれば，申立人の出退勤時間が明らかになることから証明しようとする事実が明らかとなる。

4　照会を求める事項
　　別紙照会事項書のとおり

5　照会申出書の送付・不送付
　　この申出書の写を照会先に送付することは差し支えない。

書式編

東照第　　　　　号

照　会　事　項　書

　本会会員の次の受任事件について照会を求める事項は，下記のとおりです。

記

※本件照会内容についての問合せ先
　　　登録番号　　○○○○
　　　照会申出弁護士　○○　○○　　ＴＥＬ　○○-○○○○-○○○○
　　　　　　　　　　　　　　　　　　　　　　　　　迄お願いします。

照　会　事　項

貴社の管理ビルである
　〒○○○-○○○○　東京都○○区○○-○-○
　○○ビル
について，令和○年○月○日から令和○年○月○日迄の間の
１．出勤時の開錠，警備のセット解除時間をお教えください。
２．退勤時の施錠，警備のセット時間をお教えください。

以　上

書式編

書式15 文書提出命令申立書（時間外手当請求）

割増賃金等請求事件
原　告　　○○○○
被　告　　○○○○

文書提出命令申立書

令和○年○月○日

○○地方裁判所　民事第○部○係　御中

原告訴訟代理人弁護士　　　○○○○

1　文書の表示
　　原告の令和○年○月○日から令和○年○月○日までの作業日報，タイムカード等原告の労働時間を把握できる一切の記録
2　文書の趣旨
　　本件文書は，出社時刻，退社時刻等が記載，打刻され，原告の勤務時間，勤務状況について記載されている文書である。
3　文書の所持者
　　被告
4　証明すべき事実
　　被告が原告に対し，連日時間外労働を強いており，割増賃金を支払うべき義務がある事実等
5　文書提出義務の原因
　　民事訴訟法第220条第4号
　　本件文書は，同号イないしホに該当しない。
　　原告からの令和○年○月○日，令和○年○月○日，令和○年○月○日等の度重なる開示要求にもかかわらず被告は，理由無くこれらを開示せず，原告はもはや本申立てによらなければこれを入手することはできない。
　　したがって，被告には民事訴訟法第220条第4号本文に基づく文書提出義務がある。

以　上

277

東照第　　　　　号

照　会　事　項　書

　本会会員の次の受任事件について照会を求める事項は，下記のとおりです。

記

※本件照会内容についての問合せ先
　　　登録番号　　○○○○
　　　照会申出弁護士　○○　○○　　TEL　○○－○○○○－○○○○
　　　　　　　　　　　　　　　　　　　　　　　　迄お願いします。

照　会　事　項

貴社の管理ビルである
　〒○○○－○○○○　東京都○○区○○－○－○
　○○ビル
について，令和○年○月○日から令和○年○月○日迄の間の
1．出勤時の開錠，警備のセット解除時間をお教えください。
2．退勤時の施錠，警備のセット時間をお教えください。

以　上

書式編

書式16　訴状（解雇　能力不足）

訴　　状

令和○年○月○日

○○地方裁判所　民事部　御中

　　　　　　　　　原告訴訟代理人弁護士　　○　○　○　○　㊞

　　　　　　　　　〒○○○-○○○○　東京都○○区○○-○-○
　　　　　　　　　　　原　　　　　告　　　　○　○　○　○

　　　　　　　　　〒○○○-○○○○　東京都○○区○○-○-○
　　　　　　　　　　　○○法律事務所（送達場所）
　　　　　　　　　上記訴訟代理人弁護士　　○　○　○　○
　　　　　　　　　　　　　　TEL　○○-○○○○-○○○○
　　　　　　　　　　　　　　FAX　○○-○○○○-○○○○

　　　　　〒　○○○-○○○○　　○○県○○市○○-○-○
　　　　　　　　　被　　　　告　　○　○　株式会社
　　　　　　　　上記代表者代表取締役　　○　○　○　○

地位確認等請求事件

訴訟物の価額　　　金○○○○万○○○円
貼用印紙額　　　　金○万○○○円

第1　請求の趣旨
　1　原告が，被告に対し，雇用契約上の権利を有する地位にあることを確
　　認する
　2　被告は，原告に対し，○○万○○円及び令和○年○月○日から本判決
　　確定の日まで，毎月○日限り月額○○万円の割合による金員並びにこれ
　　らに対するそれぞれ支払期日の翌日から支払済みまで年6分の割合によ

る金員を支払え

3　訴訟費用は被告の負担とする

4　第2項につき仮執行宣言

との判決を求める。

第2　請求の原因

1　当事者

　　原告は，被告に，令和○年○月に入社し，被告の本社において○○担当事務として勤務する者である。原告は，現在○歳である。

　　被告は，平成○年に設立され，○○に本社をおき，○○を主たる業務とする会社である（甲1　履歴事項全部証明書）。令和○年○月時点の従業員数は，○人である（甲2　ホームページ）。

2　雇用契約の成立

　　原告と被告は，令和○年○月○日，以下の労働条件で雇用契約を締結した（甲3　雇用契約書）。

　　①　業務内容（職種，就労場所及びその限定の有無）

　　　　職種：事務

　　　　就労場所：本社（就労場所の限定なし）

　　②　期限の定めの有無

　　　　期限の定めなし

　　③　賃金の額，締め日，支払日（甲4の1から3　賃金明細）

　　　　賃金の額：月額○万円

　　　　締日：当月末日

　　　　支払日：翌月25日

3　解雇の意思表示

　　原告は，令和○年○月○日，被告○○部部長○○より，被告本社5階面談室に呼び出された。そこで，上記○○及び○○より，原告の能力不足を指摘され，自主退職を勧められ，自主退職に応じない場合は，数日以内に解雇になるとの指摘を受けた。

　　原告が，「突然のことで受け入れられない，能力が不足している認識はない，自主退職に応じる意思はない」，と伝えると，「では，本日解雇だ」と一方的に解雇通知書を渡された（甲5　解雇通知書）。

　　当該解雇通知書には，「貴殿は弊社において，①目標の未達成，②期限の不遵守・仕事の放置，③一部従業員との間でのコミュニケーション拒

絶・情報共有不足の状態が見られ，改善の見込みがない。貴殿の行為は，就業規則第○条○項○号（勤怠が不良で，改善の見込みがないと会社が認めたとき），同○号（職務遂行能力または能率が劣るなどにより業務に適さないと会社が認めたとき），同○号（その他前各号に準ずる事由のあるとき）（略）に該当しますので，令和○月○日付で，就業規則○条に基づき普通解雇致します。」と記載されていた。

その後，原告は被告に対し，解雇理由証明書の提出を求めたが，その内容も，解雇理由書とほぼ同様のものであった（甲6 解雇理由証明書）。

原告は到底納得できず，その根拠を示す等求めたが，被告はそれに応じなかったため，やむを得ず，解雇通知書を受け取り，その場を後にした。

4 解雇の違法・無効

(1) 本件解雇は，そもそも被告主張の就業規則上の該当事由がない（甲7 就業規則）。仮に，就業規則上の該当事由があるとしても，客観的に合理的な解雇理由でもなく，かつまた社会的相当性も認められず，解雇権の濫用として，労働契約法16条に基づきその意思表示が無効である本件解雇は，違法・無効である。

以下詳述する。

(2) 解雇理由として記載されている事実は存在しないこと

原告は，以下のとおり，被告が解雇理由として主張するような行為は一切行っていない。

ア ① 目標の未達成

被告において，目標が設定されていたこと，その目標を達成できなかったことは事実である。

しかし，この目標は，社内の一応の目安，指針程度のものであり，必ず達成しなければならないというようなものではなかった。

当該目標は，何の設定根拠もなく，また，達成しなければ何らかの処分が行われるという性質のものではなく，努力目標に過ぎないというのが社内の共通認識であった。

また，目標作成根拠規程や個別合意もないばかりか，かかる目標未達の場合の降格や減俸規定もなく，また，実際にこの目標を達成できなくても，処分をされた人は現在に至るまで一人もいない。

そして，この目標は，原告のみに設定されていたものではなく，少なくとも原告の管理職も含めたチーム内の者10人に設定されていたものであり，目標を達成できなくとも，被告ないしチームの責任でもあ

ることが明らかな状態であり，原告のみが責任を負うような種類のものではなかった。

（中略）

以上より，目標未達成によって，原告が責められるべき理由はなく，ましてかかる事項は原告を解雇する理由にはなり得ない。むしろ，原告の努力の結果，状況が好転する可能性がでているのであり，原告の功績が評価されるべきである。

イ　②　期限の不遵守・仕事の放置

原告が業務において期限を守らなかったことや仕事を放置したことなど一度たりともない。原告の業務メールを見ても，依頼があればすぐに仕事に取り掛かっていたといえ，期限を守っていないものなどない（甲8　メール）。原告はチーム内でも仕事のスピードが高いという評価を常々受けていた。

（以下略）

ウ　③　一部従業員との間でのコミュニケーション拒絶・情報共有不足

原告が他の従業員とコミュニケーションを拒絶したことなどない。原告は，自ら社内の人に話しかけることが通常で，社内の人とは，常に良好なコミュニケーションをとっていた。原告は，仕事の面でも，それ以外のプライベートの面でも他の従業員から信頼されていた。

業務情報についても，メールを送る際には，ＣＣに関係者を入れたり，個別に口頭で報告したりと，情報共有に努めていた（甲9　メール）。また，進捗については，上司の○○に常々報告し，相談していた。

（以下略）

オ　被告は原告に対し指導，教育をしていないこと

被告は，解雇理由として，①～③について改善の見込みがないと主張するが，仮に，被告の主張するように①～③の事実があったとしても，原告は，解雇前に，原告にその点を指摘されたり，指導されたりしたことは一度もない。

したがって，被告内において①～③の改善の見込みがあるか否かについては何らの手続きは取られていない。

以上のとおり，原告は解雇理由に該当するような行為を一切行っていない。また，仮に行っているとしても，いずれも軽微な日常の失敗のようなものであり，解雇理由に該当するような重大な行為ではない。

(3)　解雇権濫用であること

仮に被告の主張する解雇理由に該当する事実があったとしても，本件解雇は解雇権の濫用であり，違法無効な解雇であるといえる。

　　　まず，上記のとおり，原告は解雇に至るまで，一度たりとも，解雇理由になっている事実について，被告側から指摘されたことはない。当然，指導，注意も受けたことはない。また，解雇に至るまで，原告は弁明の機会を一切付与されておらず，解雇当日に，突然呼び出され，解雇通知を手渡されている。

　　　さらに，職務懈怠等を理由とする普通解雇においては，異動（降格含む）についての広範な裁量権を使用者に与えていることの反作用とでもいうべく，単に職務懈怠，成績不良や能力不足は，中程度までの懲戒・降格・異動や降給等の問題とはなっても，解雇を認める根拠にはなり得ない。

　　　よって，本件解雇に客観的合理的理由があるとはいえず，社会的相当性も認められないため，本件解雇は，解雇権濫用として違法，無効である（労働契約法16条）。

　(4)　小括

　　　以上のとおり，原告が解雇理由に該当する行為を行ったことがないばかりか，仮にこれを行っていたとしても，そもそも解雇理由に該当しない。仮に原告が解雇理由に該当する行為を行い，外形的に解雇理由に当たるとしたとしても，本件解雇は，客観的な合理性や社会的相当性が認められない。

　　　いずれにしても，労働契約法16条に照らして，「客観的に合理的な理由を欠き，社会通念上相当であると認められない場合」に該当し，被告が，解雇の「権利を濫用したものとして，無効」かつ，違法である。

5　賃金等の請求

　　原告は解雇通知を出された令和○年○月以降，月額○円の賃金を受け取っていない（甲7　賃金規定）。

　（略）

6　訴訟提起に至る経緯の概要

　(1)　令和○年○月○日（退職勧奨及び解雇通知）

　　　原告は，被告○○部部長○○より，被告本社5階面談室に呼び出され，同人より退職勧奨職が行われ，原告が退職に応じなかったところ，「本

日付で解雇である」と，解雇通知が手渡された（甲5）。

(2) 令和○年○月○日（受任通知書及び解雇理由の釈明請求書の送付）

　原告は弁護士に依頼し，弁護士が，受任通知書及び解雇理由の釈明請求書を被告へ送付した（甲10　受任通知書及び解雇理由の釈明請求書の送付）。

(3) 令和○年○月○日（回答書）

　被告（代理人）より，平成○年○月○日付の解雇理由に関する釈明，それに関する証拠が原告（代理人）のもとに送付された（甲11　回答書）。

(4) 令和○年○月○日（弁護士会館での交渉）

　原告代理人と被告代理人とで東京都千代田区霞ヶ関にある弁護士会館にて，話し合いをいった。被告代理人は，原告が退職した上，被告が解決金賃金の3か月分を支払うという内容で和解できないかと提案してきたが原告としては到底納得できなかったため，原告代理人は同提案を拒否し，裁判上で争うことを通告した（甲12　面談記録）。

7　総括

　以上のとおり，本件解雇は，何ら合理的な理由のない違法なものであり，無効であることから，原告は，申立の趣旨に掲げるとおりの請求をする次第である。

証　拠　方　法

甲第1号証　　　履歴事項全部証明書
甲第2号証　　　ホームページ
甲第3号証　　　雇用契約書

（以下略）

附　属　書　類

1　訴状副本　　　　　　　　　　1通
2　甲号証の写し　　　　　　　各1通
3　証拠説明書　　　　　　　　　1通
4　資格証明書　　　　　　　　　1通
5　訴訟委任状　　　　　　　　　1通

書式編

書式17　答弁書（解雇　能力不足）※訴状に対応

令和○年（○）第○号　地位確認等請求事件
原　告　○○○○
被　告　○○株式会社

答　弁　書

令和○年○月○日

○○地方裁判所民事第○部○係　御中

〒○○○-○○○○　東京都○○区○○-○-○
　　　　　　　　　○○法律事務所（送達場所）
上記被告訴訟代理人弁護士　○○○○　㊞
　　　　　　　　　　　TEL　○○-○○○○-○○○○
　　　　　　　　　　　FAX　○○-○○○○-○○○○

第1　請求の趣旨に対する答弁
　1　原告の請求をいずれも棄却する
　2　訴訟費用は原告の負担とする
との判決を求める。

第2　請求の原因に対する認否
　1　「1　当事者」については，認める。
　2　「2　雇用契約の成立」については認める。
　3　「3　解雇の意思表示」のうち，原告が解雇理由の根拠を求めた点は否
　　認，被告の内心については，不知，その余については概ね認める。
　4　「4　解雇の違法・無効」について
　⑴　「⑴」については，争う。
　⑵　「⑵解雇理由として記載されている事実は存在しないこと」については
　　は，否認する。
　⑶　「⑶解雇権濫用であること」については，否認ないし争う。
　⑷　「⑷小括」については，否認ないし争う。

285

5 「5 賃金等の請求」については否認する。

6 「6 訴訟提起に至る経緯の概要」については，概ね認める。

7 「7 総括」については，争う。

第3 被告の主張

1 解雇に至る経緯

(1) 原告の入社から解雇までの状況

ア 原告と被告の雇用契約の締結

原告は，令和○年○月○日に，求人広告を見て，被告へ応募してきた。そして，令和○年○月○日，令和○年○月○日の面接を経て，採用が内定した。原告は，同業種の会社に10年勤務していたとのことで，即戦力になればと考え，被告は原告を採用することを決定した。そして，平成○年○月○日に，原告と被告は雇用契約を締結し，平成○年○月○日から，原告は勤務を開始した。

イ ○○部時代（令和○年○月○日～令和○年○月○日）

・・・・

ウ ○○部時代（令和○年○月○日～令和○年○月○日）

・・・・

(ア) 面談（令和○年○月○日）（乙1 面談記録）

(イ) 面談（令和○年○月○日）（乙2 面談記録）

(ウ) 面談（令和○年○月○日）（乙3 面談記録）

エ ○○部時代（令和○年○月○日～解雇まで）

(ア) 面談（令和○年○月○日）（乙4 面談記録）

(イ) 面談（令和○年○月○日）（乙5 面談記録）

オ 小括

以上のように，被告としては，原告解雇に至るまで，原告の可能な業務への配置転換をしたり，度重なる話し合いの場を持ったり，社内で大きな問題となっている原告の問題点を本人に指摘した。労務顧問の社労士への問合せ，うつ病であると主張する原告の主治医への接触の試み（乙6 医師への照会）等様々な手続を踏み，何とか解雇を回避できる方法がないかを検討し続けた。

(2) 就業規則に該当する解雇理由の存在

被告内で何度も検討したが，被告には以下の解雇理由に該当する行為があるため，原告が退職勧奨に応じないのであれば，解雇せざるを得な

い状況であることが確認された。

ア　①目標の未達成

　原告が担当していた業務の令和○年度〜令和○年度の目標は，○○であった。しかし，原告は，○年間に渡り，目標を達成できず，それに対する努力も反省もしていなかった（乙7　査定表）。

　この目標は，本社にも報告する，正式目標であり，一応の目安や指針ではなかった。そして，目標は，各従業員ごとに決められており，当該社員が，努力をすれば，達成できる程度のものであった。原告については，能力が他の従業員より劣っていることを考慮し，他の従業員よりもさらに配慮し，少し努力すれば，達成できる目標を設定していた。

　また，随時，被告は，社員に対し，メール等でもその旨周知していた（乙8　メール）。さらに，原告自身も，自身の目標として，会社の示した目標を記載していたこともあった（乙9　チェックシート）。

　被告内の大半の従業員が，目標を達成したり，前年度は達成できなくとも，次年度は達成できるという環境の中で，原告のみが長年に渡り一度も目標を達成できなかった。

　被告は，原告としばしば面談を行い，何故目標が達成できなかったか，どうしたら目標が達成できるようになるのか，原告に尋ねたが原告からは，「私には問題はない」「私には能力がある」「会社が悪い」「会社が私を陥れようとしている」との回答を得るのみで，原告は，真摯に問題に向き合おうとしていなかった（乙10　面談の録音記録）。

(略)

　以上の原告の行為が，就業規則第○条○項○号（勤怠が不良で，改善の見込みがないと会社が認めたとき），同○号（職務遂行能力または能率が劣るなどにより業務に適さないと会社が認めたとき），同○号（その他前各号に準ずる事由のあるとき）に該当する。

　被告は原告に対し，3年連続同様の目標を設定していたが，原告は，一向に努力をしなかったことから，評定は社内で最低であり，それを原告本人にも伝えていた（乙11　評定）。そして，平成○年度目標が達成できない場合は，降格等も検討せざるを得ないと通知していた（乙12　通知書）。

イ　②期限の不遵守・仕事の放置

　原告は，自らの業務の期限を守らないことがしばしばあった。

　記録が残っているもので以下のものがある（乙13　メール）。

a　令和○月○日の○○の業務

・・・・・・

b　令和○月○日の○○の業務

・・・・・

(以下略)

　また，原告は，令和○年○月○日に顧客から送られてきた請求書について，自らの机の中に入れ，振込みの手続を○か月間もしなかった（乙14　請求書　乙15　振込依頼書）。この請求書については，期限を過ぎても振込みがなく，催促をしているのに振込みがない顧客が被告の上層部に連絡して発覚したものであった（乙16　顧客からの苦情記録）。

ウ　③一部従業員との間でのコミュニケーション拒絶・情報共有不足

　原告は，業務メールの返信や，他の従業員との会話を明らかに一部の自らが気に入る社員に限っていた。気に入らない従業員には，メールも返信せず，指示を受けることも拒絶した。また，気に入らない従業員から話しかけられても，無視をするという態度を貫いた。

　例えば，令和○年○月○日，令和○年○月○日，令和○年○月○日に，原告宛てに来た質問メールに対しても，原告は一切返信していない（乙17　メール）。また，口頭でも回答していない（乙18　報告書）。反対に，原告のお気に入りの人物から来たメールには私用のメールでも即返信している（乙18　メール）。

　また，原告は，自分の気に入らない従業員に対しては，挨拶さえせず，業務上必要な事項も伝えなかった。

(略)

　以上のような原告の状態は，就業規則第○条○項○号（勤怠が不良で，改善の見込みがないと会社が認めたとき），同○号（その他前各号に準ずる事由のあるとき）に該当する。

エ　被告は原告に度重なる指導，教育をし続けたが改善しなかったこと

　被告は原告に対し，解雇理由として掲げた事実に対し，随時指導教育していた（乙19　指導票）。しかし，原告は，「私には問題はない」「私には能力がある」と述べるのみで，被告の指導教育を一切受け入れず，失敗しても一切反省しないという態度を取り続けていた。

　原告に対する指導歴は以下のとおりである。

a　令和○年○月○日

・・・・

b　令和○年○月○日
　　　・・・・
よって，原告の業務態度には改善の余地が全くなかった。

2　解雇は有効であること
 (1)　原告は，就業規則の定める解雇事由に該当する行為を行っていたこと
　　　1(2)で述べたとおり，原告の行為は就業規則の定める解雇事由に該当する。
 (2)　解雇権濫用とはならないこと
　　　上記のとおり，原告は解雇理由に該当する複数の行為に及んでいる。そして，被告は，原告に対し，何年間にも渡り，問題点を指摘し，何度も指導，注意してきたが，原告は一切その態度を改めず，反省もしなかった。加えて，被告は，本件解雇に至るまで，可能な限りの手段を尽くし，適正な手続を踏み，やむを得ず本件解雇に至ったといえる。
　　　以上より，本件解雇には，客観的に合理的な解雇理由があり，また，社会的相当性も認められるといえるのであるから，解雇権の濫用とはならず，労働契約法16条に基づいても，本件解雇が有効であることは明らかである。

3　賃金等の請求に関する主張
　　仮に，解雇が無効であっても，原告の請求する賃金額は誤っている。
　　　　　　　　　　　　　　　（略）

4　総　括
　　以上のとおり，本件解雇が有効であることは明らかである。
　　したがって，原告の請求にはいずれも全く理由がないのであるから，当然に棄却されるべきである。

書式編

証　拠　方　法

乙第1号証　　　　　面談記録
乙第2号証　　　　　面談記録
乙第3号証　　　　　面談記録

（以下略）

附　属　書　類

1　答弁書副本　　　　　　　1通
2　乙号証写し　　　　　　各1通
3　証拠説明書　　　　　　　1通
4　訴訟委任状　　　　　　　1通

事項別索引

【I】

ICD-10・・・・・・・・・・・・・・・・・・・・ 82

ICレコーダーの反訳文・・・・・・・・・・・ 5

【い】

育児・介護休業法上の紛争調整手

　続・・・・・・・・・・・・・・・・・・・・・・・・・ 195

慰謝料・・・・・・・・・・・・・・・・・・・・・・・ 142

一定期日払いの原則・・・・・・・・・・・・ 50

一般的な職務経験・・・・・・・・・・・・・・ 69

違法行為の立証・・・・・・・・・・・・・・・ 237

依頼者の手持ち証拠・・・・・・・・・・・・ 10

イン・カメラ手続・・・・・・・・・・・・・・ 22

【え】

営業秘密・・・・・・・・・・・・・・・・・・・・・ 66

【か】

解雇・・・・・・・・・・・・・・・・・・・・・・・・ 116

解雇事件・・・・・・・・・・・・・・ 216、225

解雇理由証明書・・・・・・・・・・・・・・・ 14

開示拒否の実態・・・・・・・・・・・・・・・ 233

家屋・自動車等改造費・・・・・・・・・ 139

加害者に対する懲戒処分・・・・・・・ 103

仮差押え・・・・・・・・・・・・・・・・・・・・ 169

仮差押えや係争物に関する仮処分 175

仮の地位を定める仮処分・・・・・・・ 175

仮払い額の限定・・・・・・・・・・・・・・ 180

仮払い期間の限定・・・・・・・・・・・・・ 183

【か】

過労死の業務起因性・・・・・・・・・・・ 135

環境型セクハラ・・・・・・・・・・・・・・・ 93

官公庁からの証拠収集・・・・・・・・・ 231

官公庁別の証拠類型・・・・・・・・・・・ 231

間接事実・・・・・・・・・・・・・・・・・・・・・ 2

鑑定嘱託・・・・・・・・・・・・・・・・・・・・ 21

【き】

期間途中の解雇・・・・・・・・・・・・・・・ 127

期間満了に伴う雇止め・・・・・・・・・ 124

休業損害・・・・・・・・・・・・・・・・・・・・ 141

休日労働・・・・・・・・・・・・・・・・・・・・ 39

休職・・・・・・・・・・・・・・・・・・・・・・・・ 87

　——を経ない解雇・・・・・・・・・・・・ 89

休職制度・・・・・・・・・・・・・・・・・・・・ 87

競業避止義務・・・・・・・・・・・・・・・・・ 61

業務起因性の裁判例・・・・・・・・・・・ 135

銀行口座・・・・・・・・・・・・・・・・・・・・ 17

【く】

組合差別・・・・・・・・・・・・・・・・・・・・ 109

　——関する裁判例・・・・・・・・・・・・ 110

【け】

係争物に関する仮処分・・・・・・・・・ 169

決定・・・・・・・・・・・・・・・・・・・・・・・・ 173

検察庁・警察・・・・・・・・・・・・・・・・・ 231

検証・鑑定・・・・・・・・・・・・・・・・・・ 171

【こ】

合意解約・・・・・・・・・・・・・・・・・・116
後遺症慰謝料・・・・・・・・・・・・・・・143
後遺症による逸失利益・・・・・・・・141
公判における証人と尋問・・・・・・234
公立病院・・・・・・・・・・・・・・・・・・232
国籍、信条、社会的身分等・・・・・108
国籍による差別の裁判例・・・・・・・108
個人情報保護法に基づく開示請求・・27
個別紛争法・・・・・・・・・・・・・・・・185
個別立証方式・・・・・・・・・・・・・・211
個別労働紛争・・・・・・・・・・・・・・185
雇用機会均等法上の紛争調整手続
・・・・・・・・・・・・・・・・・・・・・・190
雇用差別・・・・・・・・・・・・・・・・・105

【さ】

在籍出向・・・・・・・・・・・・・・・・・・57
裁判所・・・・・・・・・・・・・・・・・・・232
債務不履行請求（メンタルヘルス）
・・・・・・・・・・・・・・・・・・・・・・86
雑費・・・・・・・・・・・・・・・・・・・・138

【し】

時間外手当請求事件・・・・・・216、220
時間外労働・・・・・・・・・・・・・・・・39
市区町村・・・・・・・・・・・・・・・・・232
時系列表の作成・・・・・・・・・・・・・12
時系列表の添付・・・・・・・・・・・・159
私傷病休職・・・・・・・・・・・・・・・・87
辞職・・・・・・・・・・・・・・・・・・・・117
支配介入・・・・・・・・・・・・・・・・・131

死亡慰謝料・・・・・・・・・・・・・・・・142
死亡による逸失利益・・・・・・・・・・142
就業規則・・・・・・・・・・・・・・・・・・15
従業者の現在又は過去の職務・・・・72
主尋問・・・・・・・・・・・・・・・・・・・235
出向・・・・・・・・・・・・・・・・・・・・57
──の裁判例・・・・・・・・・・・・・59
障害者雇用促進法上の紛争調整手
続・・・・・・・・・・・・・・・・・・・196
試用期間・・・・・・・・・・・・・・・・・・35
消極損害・・・・・・・・・・・・・・・・・140
証拠・・・・・・・・・・・・・・・・・・・・・2
──の構造的偏在・・・・・・・・・・4
──の収集方法・・・・・・・・・・・14
──の偏在・・・・・・・・・・・・・・4
証拠・資料の重要性・・・・・・・・・・・2
証拠・資料の請求・・・・・・・・・・・・14
証拠資料・・・・・・・・・・・・・・・・・・3
証拠の収集
──（営業秘密）・・・・・・・・・・69
──（過労死）・・・・・・・・・・・135
──（競業避止義務）・・・・・・・・63
──（組合差別）・・・・・・・・・・109
──（合意解約）・・・・・・・・・・116
──（国籍、信条、社会的身分等）
・・・・・・・・・・・・・・・・・・・108
──（採用・就職）・・・・・・・・・31
──（辞職）・・・・・・・・・・・・118
──（出向・転籍）・・・・・・・・・59
──（試用期間）・・・・・・・・・・36
──（職務著作）・・・・・・・・・・77
──（職務発明）・・・・・・・・・・75

事項別索引

―― (整理解雇)・・・・・・・・・・・・ 122

―― (ハラスメント)・・・・・・・・ 101

―― (男女差別)・・・・・・・・・・・ 106

―― (懲戒処分)・・・・・・・・・・・ 112

―― (賃金・賞与・退職金)・・・ 50

―― (内定取消)・・・・・・・・・・・ 31

―― (配転命令)・・・・・・・・・・・ 54

―― (普通解雇)・・・・・・・・・・・ 120

―― (メンタルヘルス)・・・・86、91

―― (雇止め)・・・・・・・・・・・・ 125

―― (労災)・・・・・・・・ 135、136

―― (割増賃金)・・・・・・・・・・・ 42

証拠方法・・・・・・・・・・・・・・・・・ 2

――の種類・・・・・・・・・・・・・ 3

証拠保全・・・・・・・・・・・・・・・・ 19

証拠保全手続・・・・・・・・・・・・・ 19

使用者側の証拠収集・・・・・・・・・・ 225

使用者の業務範囲・・・・・・・・・・・・ 72

昇進差別・・・・・・・・・・・・・・・・ 208

証人確保・・・・・・・・・・・・・・・・・ 4

証人尋問・・・・・・・・・・・・・・・ 234

証人等出頭命令・・・・・・・・・・・ 213

傷病休職・・・・・・・・・・・・・・・・ 87

情報公開法に基づく開示請求・・・・・ 25

賞与の裁判例・・・・・・・・・・・・・ 51

賞与の査定差別・・・・・・・・・・・・ 210

将来看護費・・・・・・・・・・・・・・ 138

職務著作・・・・・・・・・・・・・・・・ 76

――の効果・・・・・・・・・・・・ 76

――の裁判例・・・・・・・・・・・ 78

職務発明・・・・・・・・・・・・・・・・ 70

――の効果・・・・・・・・・・・・ 73

書証・・・・・・・・・・・・・・・・・・・ 3

人証・・・・・・・・・・・ 3、171、236

――の選択・・・・・・・・・・・・ 236

信条による差別の裁判例・・・・・・・ 108

深夜労働・・・・・・・・・・・・・・・・ 40

心理的負担による精神障害の認定
　基準・・・・・・・・・・・・・・・・・・ 81

【せ】

精神障害の労災の認定基準・・・・・・・ 81

整理解雇・・・・・・・・・・・・・・・ 122

セクハラ・・・・・・・・・・・・・・・・ 93

セクハラ指針・・・・・・・・・・・・・ 93

積極損害・・・・・・・・・・・・・・・ 138

船員に関する特例・・・・・・・・・・・ 187

全額払いの原則・・・・・・・・・・・・ 48

【そ】

葬儀関係費用・・・・・・・・・・・・・ 140

装具・器具等購入費・・・・・・・・・・ 139

相殺・・・・・・・・・・・・・・・・・・ 49

争点中心審理・・・・・・・・・・・・・・ 6

疎明・・・・・・・・・・・・・・・・・・ 170

――の即時性・・・・・・・・・・・ 171

損益相殺・・・・・・・・・・・・・・・ 143

損害賠償請求（メンタルヘルス）・・ 84

損害賠償請求関係費用・・・・・・・・・ 140

【た】

対価型セクハラ・・・・・・・・・・・・ 93

退職・・・・・・・・・・・・・・・・・ 116

退職金の裁判例・・・・・・・・・・・・ 52

293

事項別索引

大量観察方式・・・・・・・・・・・・211
男女差別・・・・・・・・・・・・・・106
　——に関する裁判例・・・・・・・107
団体交渉拒否・・・・・・・・・・・206
担保・・・・・・・・・・・・・・・173

【ち】

地位保全・賃金仮払いの仮処分・・175
地位保全の仮処分・・・・・・・・・177
遅延損害金・・・・・・・・・・・・144
中途採用・・・・・・・・・・・・・・37
懲戒処分・・・・・・・・・・・・・112
　——の有効要件・・・・・・・・・112
調査嘱託・・・・・・・・・・・・・・20
調停・・・・・・・・・・・・・・・148
　——に代わる決定・・・・・・・・153
　——の終了・・・・・・・・・・・152
　——の申立て・・・・・・・・・・149
調停案の提示、説得・・・・・・・・151
調停期日における手続・・・・・・・150
直接払いの原則・・・・・・・・・・・48
治療関係費・・・・・・・・・・・・138
賃金・賞与・退職金・・・・・・・・・47
賃金仮払いの仮処分・・・・・・・・176
賃金規程・・・・・・・・・・・・・・15
賃金控除協定・・・・・・・・・・・・48
賃金支払の5原則・・・・・・・・・・47
賃金単価・・・・・・・・・・・・・・40
陳述書・・・・・・・・・・・・・・・・3

【つ】

通院交通費・宿泊費等・・・・・・・139

通貨払いの原則・・・・・・・・・・・47
通常訴訟への移行・・・・・・・・・167

【て】

転籍・・・・・・・・・・・・・・・・57
　——の裁判例・・・・・・・・・・・60
転籍出向・・・・・・・・・・・・・・60

【と】

当事者照会制度・・・・・・・・・・・17
当事者尋問・・・・・・・・・・・・234
答弁書（労働審判）・・・・・・・・158
都道府県・・・・・・・・・・・・・232
都道府県労働委員会によるあっせ
　ん・・・・・・・・・・・・・・・187
取消訴訟・・・・・・・・・・・・・214

【な】

内定・・・・・・・・・・・・・・・・30
内定取消・・・・・・・・・・・・・・30
　——の裁判例・・・・・・・・・・・31

【に】

入通院慰謝料・・・・・・・・・・・142

【の】

脳・心臓疾患の労災認定基準・・・・133
ノーワークノーペイの原則・・・・・・87
能力不足による本採用拒否・・・・・・36

【は】

パートタイム有期労働法上の紛争

294

事項別索引

調整手続・・・・・・・・・・・・・・・・・・193
配転・・・・・・・・・・・・・・・・・・・・・53
配転・出向・転籍・・・・・・・・・・・・・53
配転無効確認請求事件・・・・・・・・・222
配転命令権・・・・・・・・・・・・・・・・・53
配転命令に関する裁判例・・・・・・・・55
パソコンやサーバー内記録の入手・・12
パワハラ・・・・・・・・・・・・・・・・93、94
　　——の類型・・・・・・・・・・・・・・94
反対尋問・・・・・・・・・・・・・・・・・236

【ひ】

被害者に対する懲戒処分・・・・・・・103
非正規雇用・・・・・・・・・・・・・・・124
非正規労働者・・・・・・・・・・・・・・124

【ふ】

復職の可否・・・・・・・・・・・・・・・・88
不支給処分取消行政訴訟・・・・・・・200
不支給処分取消行政訴訟の動向・・201
不正利用・・・・・・・・・・・・・・・・・68
普通解雇・・・・・・・・・・・・・・・・・119
物証・・・・・・・・・・・・・・・・・・・・・3
不当労働行為・・・・・・・・・・・・・・131
不当労働行為救済手続・・・・・・・・206
不法行為請求
　　——（メンタルヘルス）・・・・・・・85
不利益取扱い・・・・・・・・・・・・・・208
文書送付嘱託・・・・・・・・・・・・・・21
文書提出義務・・・・・・・・・・・・・・22
文書提出命令・・・・・・・・・・・・・・22
　　——の対象となる文書・・・・・・・23

紛争調整委員会によるあっせん・・186

【へ】

弁護士会照会制度・・・・・・・・・・・・16
弁護士費用・・・・・・・・・・・・・・・140

【ほ】

法律相談・・・・・・・・・・・・・・・・・・8
　　——の面談前の事前調査依頼・・・9
保護される営業秘密・・・・・・・・・・66
保全異議・・・・・・・・・・・・・・・・・174
保全執行・・・・・・・・・・・・・・・・・173
保全処分・・・・・・・・・・・・・・・・・169
保全取消し・・・・・・・・・・・・・・・174
保全命令の申立書・・・・・・・・・・・169
保全命令の申立て・・・・・・・・・・・169
本採用拒否・・・・・・・・・・・・・・・・35

【ま】

マタハラ・・・・・・・・・・・・・・・・・95

【め】

メンタルヘルス・・・・・・・・・・・・・81

【も】

申立書（労働審判）・・・・・・・・・・・159

【よ】

要件事実・・・・・・・・・・・・・・・・・・2
　　——（営業秘密）・・・・・・・・・・69
　　——（期間途中の解雇）・・・・・・128
　　——（休職）・・・・・・・・・・・・・90

事項別索引

—— (競業避止義務)・・・・・・・・・ 62
—— (合意解約)・・・・・・・・・・・ 116
—— (辞職)・・・・・・・・・・・・・ 118
—— (出向・転籍)・・・・・・・・・・ 57
—— (職務著作)・・・・・・・・・・・ 77
—— (整理解雇)・・・・・・・・・・・ 122
—— (セクハラ・パワハラ)
・・・・・・・・・・・・・・・ 97、104
—— (懲戒処分)・・・・・・・・・・・ 112
—— (賃金・賞与・退職金)・・・・ 50
—— (内定取消)・・・・・・・・・・・ 30
—— (配転命令無効)・・・・・・・・・ 53
—— (非正規雇用)・・・・・・・・・・ 125
—— (普通解雇)・・・・・・・・・・・ 120
—— (補償金請求)・・・・・・・・・・ 75
—— (本採用拒否)・・・・・・・・・・ 35
—— (メンタルヘルス)・・・・・・・ 85
—— (雇止め)・・・・・・・・・・・・ 125
—— (労災)・・・・・・・・・・・・・ 136
—— (労災保険給付)・・・・・・・・・ 132
—— (割増賃金請求訴訟)・・・・・ 42
予約承継・・・・・・・・・・・・・・ 74

【ろ】

労災保険給付・・・・・・・・・・・・・・ 132
——をめぐる紛争調整手続・・・・ 198
労使関係調停・・・・・・・・・・・・・・ 148
労働関係調整法上の紛争調整手続
・・・・・・・・・・・・・・・・ 205
労働基準監督署・・・・・・・・・・・・ 231
労働災害による民事損害賠償請求 136
労働時間・・・・・・・・・・・・・・ 39

労働事件における尋問の留意点・・ 237
労働者側の証拠収集・・・・・・・・・・・ 216
労働者派遣法上の紛争調整手続・・ 197
労働審判・・・・・・・・・・・・・・・・ 155
——によらない事件の終了・・・・ 166
——の手続の進行・・・・・・・・・ 161
——の申立て・・・・・・・・・・・・ 158
労働審判委員会の構成・・・・・・・・ 160
労働審判員の特徴・・・・・・・・・・・ 160
労働審判手続の対象・・・・・・・・・・ 156
労働保険審査会への再審査請求・・ 200
労働保険審査官への審査請求・・・・ 199

【わ】

和解・・・・・・・・・・・・・・・・・・ 172
割増賃金時間単価の算定・・・・・・・ 42
割増賃金請求訴訟の裁判例・・・・・・ 43
割増賃金単価から除外される賃金
・・・・・・・・・・・・・・・・・・ 40

判例年月日別索引

〈昭和27年〉

| 2.22 | 最判 | 民集6-2-258 | 十勝女子商業事件・・・・・・・・・・・・・・・・・ 109 |

〈昭和35年〉

| 7.29 | 東京地判 | 労民11-4-783 | 日本鋼管川崎製鉄所懲戒解雇事件・・・・・・ 180 |

〈昭和36年〉

| 5.31 | 最大判 | 民集15-5-1482 | 日本勧業経済会事件・・・・・・・・・・・・・・・ 49 |
| 12.20 | 福岡地判 | 労民12-6-1085 | 中村製菓不当解雇事件・・・・・・・・・・・・・ 180 |

〈昭和37年〉

| 9.4 | 最判 | 民集16-9-1834 | ・・・・・・・・・・・・・・・・・・ 85、97 |

〈昭和41年〉

| 12.20 | 東京地判 | 民集17-6-1407 | 住友セメント事件・・・・・・・・・・・・・・・・ 107 |

〈昭和43年〉

| 4.9 | 最三小判 | 労判74-79 | 医療法人新光会事件・・・・・・・・・・・・・・ 131 |
| 12.13 | 最二小判 | 民集22-13-2972 | 東北振興化学事件・・・・・・・・・・・・・・・ 73 |

〈昭和44年〉

| 12.18 | 最一小判 | 民集23-12-2495 | 福島県教組事件・・・・・・・・・・・・・・・・・ 50 |

〈昭和48年〉

| 2.27 | 東京地判 | 労経速807-12 | 宍戸商会事件・・・・・・・・・・・・・・・・・・ 52 |
| 12.12 | 最大判 | 民集27-11-1536 | 三菱樹脂事件・・・・・・・・・・・・・・・・・・ 35 |

〈昭和49年〉

| 6.19 | 横浜地判 | 労判206-46 | 日立製作所事件・・・・・・・・・・・・・・・・ 108 |
| 7.22 | 最判 | 判タ312-151 | 東芝柳町事件・・・・・・・・・・・・・・・・・ 124 |

〈昭和50年〉

| 4.25 | 最判 | 民集29-4-456 | 日本食塩製造事件・・・・・・・・・・・・・・・ 120 |

〈昭和51年〉

7.19	東京高判	労判258-39	東亜石油事件・・・・・・・・・・・・・・・・・・ 56
9.29	東京地判	労判264-51	東亜石油事件・・・・・・・・・・・・・・・・・ 179
12.22	東京地判	判時846-109	日本段ボール研究会事件・・・・・・・・・・ 52

〈昭和52年〉

| 6.27 | 大阪地決 | 労判282-65 | 小太郎漢方製薬事件・・・・・・・・・・・・・ 182 |
| 10.25 | 最三小判 | 民集31-6-836 | 三共自動車事件・・・・・・・・・・・・・・・ 143 |

〈昭和54年〉

| 7.20 | 最二小判 | 民集33-5-582 | 大日本印刷事件・・・・・・・・・・・・・・・・ 30 |
| 10.29 | 東京高判 | 労民30-5-1002 | 東洋酵素事件・・・・・・・・・・・・・・・・ 122 |

〈昭和55年〉

| 1.17 | 福岡高判 | 労判334-12 | 西日本アルミ工業事件・・・・・・・・・・・・ 35 |

判例年月日別索引

3.26	名古屋地判	労判342-61	興和事件	60
5.7	福岡地判	判時980-121		201
5.30	最二小判	民集34-3-464	電電公社近畿電通局事件	30

〈昭和56年〉

3.24	最判	判時988-3	日産自動車事件	108
5.25	千葉地判	労判372-49	日立精機事件	60

〈昭和58年〉

9.16	最判	判時1093-135	ダイハツ工業事件	112
11.26	横浜地決	労判424-80	聖マリア学園事件	181

〈昭和59年〉

2.28	東京地判	労経速1184-21	北一興業事件	52
9.27	東京高判	労判440-33	ヤマト科学事件	52
11.29	大阪高判	労民35-6-641	日本高圧瓦斯工業事件	62

〈昭和60年〉

2.13	東京地判	判時1146-23	新潟鉄工所事件	76
10.11	大阪地決	労判464-27	トモエタクシー事件	182
12.4	東京高判	労判481-82	新潟鉄工所控訴事件	76

〈昭和61年〉

1.24	最二小判	労判467-6	紅屋商事事件	211
7.14	最二小判	労判477-6	東亜ペイント事件	53
11.13	東京高判	労判804-15	京セラ事件	4
12.4	最判	労判486-6	日立メディコ事件	124

〈昭和62年〉

1.26	東京地決	労判497-138	アサヒ三教事件	178
7.10	最二小判	民集41-5-1202	青木鉛鉄事件	143
7.31	東京地決	労判501-616	三菱重工相模原製作所事件	183

〈昭和63年〉

4.27	東京高判	労判536-71	日立精機事件	60
7.14	最判	労判523-6	小里機材事件	41

〈平成元年〉

2.3	長野地松本支決	労判538-69	新日本ハイパック事件	59
10.26	東京地決	労判550-29	八房カントリー倶楽部事件	184
12.12	神戸地決	無体集21-3-1002	日工ゲート事件	73

〈平成2年〉

6.5	最三小判	労判564-7	神戸弘陵学園事件	38
9.13	大阪高決	無体集22-3-569	日工ゲート事件抗告審	73
11.26	最二小判	民集44-8-1085	日新製鋼事件	49

〈平成3年〉

3.22	東京地判	労判586-19	空港グランドサービス日航事件	4

判例年月日別索引

| 9.19 | 最一小判 | 労判615-16 | 炭研精工事件・・・・・・・・・・・・・・・・・・・・・ | 35 |
| 11.25 | 東京地判 | 判時1434-98 | ・・・・・・・・・・・・・・・・・・・・・・・・・・・ | 73 |

〈平成4年〉

| 1.31 | 東京地決 | 判時1416-130 | 三和機材事件・・・・・・・・・・・・・・・・・・・・・ | 60 |

〈平成5年〉

| 1.25 | 東京地判 | 判時1508-147 | エアービジネス事件・・・・・・・・・・・・・・・・・ | 78 |
| 3.24 | 最大判 | 民集47-4-3039 | ・・・・・・・・・・・・・・・・・・・・・・・・・・ | 143 |

〈平成6年〉

1.26	千葉地判	労判647-11	エール・フランス事件・・・・・・・・・・・・・・・	101
4.19	福岡地判	労旬1360-48	西武商事事件・・・・・・・・・・・・・・・・・・・・	69
4.28	大阪地判	判時1542-115	象印マホービン事件・・・・・・・・・・・・・・・・	73
8.10	大阪地決	労判658-56	JR東海事件・・・・・・・・・・・・・・・・・・・・・	59
12.26	大阪高判	判時1553-133	三和化工事件・・・・・・・・・・・・・・・・・・・・	68

〈平成7年〉

3.24	横浜地判	労判670-20	横浜セクシュアル・ハラスメント事件・・	101
3.28	大阪地判	知財集27-1-210	三光商事事件・・・・・・・・・・・・・・・・・・・・	78
10.16	東京地決	労判690-75	東京リーガルマインド事件・・・・・・・・・・・	61
10.30	東京地判	判時1560-24	東洋測器事件・・・・・・・・・・・・・・・・・・・・	78
12.4	東京地判	労判685-17	バンク・オブ・アメリカ・イリノイ事件・・・・	56
12.22	仙台地判	判時1589-103	バイクハイ事件・・・・・・・・・・・・・・・・・・	69

〈平成8年〉

2.23	最二小判	民集50-2-249	コック食品事件・・・・・・・・・・・・・・・・・・・	143
4.16	大阪地判	判時1588-139	・・・・・・・・・・・・・・・・・・・・・・・・・・・	67
4.26	大阪地判	判時1589-92	大阪N葬祭事件 ・・・・・・・・・・・・・・・・・・	99
10.30	名古屋高 金沢支判	労判707-37	金沢セクシュアル・ハラスメント控訴 事件・・・・・・・・・・・・・・・・・・・・・・・・・・	99
11.27	東京地判	労判704-21	芝信用金庫事件・・・・・・・・・・・・・・・・・・	107

〈平成9年〉

4.25	最三小判	労判722-13	大館労基署長事件・・・・・・・・・・・・・・・・	135
7.23	札幌地決	労判723-62	北海道コカ・コーラボトリング事件・・・・	57
8.28	大阪地判	労判725-40	白頭学院事件・・・・・・・・・・・・・・・・・・・	117
11.20	東京高判	労判728-12	横浜事件・・・・・・・・・・・・・・・・・・101、239	

〈平成10年〉

4.9	最一小判	労判736-15	片山組事件・・・・・・・・・・・・・・・・・・・・	88
5.29	大阪高判	労判745-42	日本コンベンション・サービス事件・・・・	62
9.10	大阪地判	判時1656-137	フジワラ産業事件・・・・・・・・・・・・・・・・	67

〈平成11年〉

6.11	最二小決	労判773-20	直源会相模原南病院事件・・・・・・・・・・・・	55
7.23	東京地判	判時1694-138	・・・・・・・・・・・・・・・・・・・・・・・・・・	67
9.17	最二小判	労判768-16	帝国臓器製薬事件・・・・・・・・・・・・・・・・	57

判例年月日別索引

10.29	東京地判	最高裁HP	ヴェリタス事件・・・・・・・・・・・・・・・・・・・・	80

〈平成12年〉

1.28	最三小判	労判774-7	ケンウッド事件・・・・・・・・・・・・・・・・・・・・	57
2.2	東京地判	労判783-116	国民生活金融公庫事件・・・・・・・・・・・・・	110
2.16	福岡高判	労判784-73	新日本製鐵控訴事件・・・・・・・・・・・・・・	60
4.18	東京地決	労判793-86	藤川運輸倉庫事件・・・・・・・・・・・・・・・・	183
5.9	大阪地決	労判800-89	エールフランス事件・・・・・・・・・・・・・・・	177
6.30	大阪高判	労判792-103	日本コンベンションサービス事件・・・・・・	43
7.17	最一小判	労判786-14	横浜南労基署長事件・・・・・・・・・・・・・・	136
7.27	大阪高判	労判792-70	川崎製鉄事件・・・・・・・・・・・・・・・・・・・	60
8.18	大阪地判	労判793-25	新光美術事件・・・・・・・・・・・・・・・・・・・	37
8.28	大阪地判	判例集未登載	フジシール事件・・・・・・・・・・・・・・・・・・・	55
9.28	東京地判	判時1764-104		67
9.28	津地判	労判800-61	松阪鉄工所事件・・・・・・・・・・・・・・・・・	108
12.7	東京地判	判時1771-111	セノン事件・・・・・・・・・・・・・・・・・	67、68
12.22	東京高判	労判796-5	芝信用金庫事件・・・・・・・・・・・・・・・・・	107

〈平成13年〉

12.3	東京地判	労判826-76	F社Z事業部事件 ・・・・・・・・・・・・・・・	13

〈平成14年〉

2.26	東京地判	労判825-50	日経クイック情報事件・・・・・・・・・・・・・	13
8.9	東京地判	労判836-94	オープンタイドジャパン事件・・・・・・・・・	37
9.19	東京地判	特許判例百選(3)74	日亜化学事件・・・・・・・・・・・・・	73、74
10.1	東京地判		ユニ・ピーアール事件・・・・・・・・・・・・・・	68

〈平成15年〉

1.22	大阪地判	労判846-39	新日本科学事件・・・・・・・・・・・・・・・・・	63
4.11	最二小判	労判849-23	エーシープロダクション製作スタジオ事件・・	79
4.16	大阪地決	労判849-35	大建工業事件・・・・・・・・・・・・・・・・・・・	88
4.18	最二小判	労判847-14	新日鉄事件・・・・・・・・・・・・・・・・・・・・・	60
4.22	最三小判	労判846-5	オリンパス光学事件・・・・・・・・・・・・・	71、72
5.14	大阪地判	労判859-69	倉敷紡績（思想差別）事件・・・・・・・・・・	109
6.6	東京地判	判タ1179-267	・・・・・・・・・・・・・・・・・・・・・・・・・	241
6.26	大阪高決	労判861-49	塚越運送事件・・・・・・・・・・・・・・・・・・	24
8.27	東京地判	判タ1139-121	ゼネラル・セミコンダクター・ジャパン事件・・	123
12.3	大阪地決	労判865-85	ホンダ運送事件・・・・・・・・・・・・177、183	
12.17	東京高判	労判868-20	中労委（オリエンタルモーター）事件・・	212
12.22	最判	労判864-6	JR東日本・日本貨物鉄道・JR東海（国労本州）事件・・・・・・・・・・	110

〈平成16年〉

1.20	名古屋地判	労判880-153	オンテックス事件・・・・・・・・・・・・・・・・・	42
2.18	東京地判	判時1863-102	早稲田出版事件・・・・・・・・・・・・・・・・・	78

判例年月日別索引

4.27	名古屋地判	労判873-18	名古屋K設計事件・・・・・・・・・・・・・・・・・・・ 104
6.9	大阪地判	労判878-20	パソナ（ヨドバシカメラ）事件・・・・・・・・ 32
9.10	東京地判	労判886-89	日本システムワーク事件・・・・・・・・・・・ 103
11.12	東京地判	最高裁HP	創英国際特許法律事務所事件・・・・・・・・・・ 79

〈平成17年〉

1.5	神戸地 尼崎支決	労判902-166	A社文書提出命令申立事件・・・・・・・・・・・・ 24
1.28	東京地判	労判890-5	宣伝会議事件・・・・・・・・・・・・・・・・・・・・・ 31
2.23	東京地判	労判902-106	アートネイチャー事件・・・・・・・・・・・・・・ 69
2.25	東京地判		わかば事件・・・・・・・・・・・・・・・・・・・・・・ 68
3.15	東京地判	判時1894-110	ユニバーサルミュージック事件・・・・・・・ 78
5.25	熊本地決	労判894-88	アイスター事件・・・・・・・・・・・・・・・・・・ 181
6.2	大阪地決	労判900-89	生興事件・・・・・・・・・・・・・・・・・・・・・・・ 183
8.25	大阪地判	判時1931-92	文化自動車部品工業（損害賠償請求）事件・・66
9.15	東京地判	労判903-36	鉄道建設・運輸施設整備支援機構事件・・ 110
9.27	東京地判	労判909-56	アイメックス事件・・・・・・・・・・・・・・・・・ 64
10.14	最三小決	労判903-5	金沢労基署長（有川製作所）事件・・・・・・・ 24

〈平成18年〉

1.13	東京地決	判時1935-168	コマキ事件・・・・・・・・・・・・・・・・・・・・・ 181
2.6	東京地判	労判911-5	農林漁業金融公庫事件・・・・・・・・・・・・・・ 89
2.27	東京地判	判時1941-136	計装工業会事件・・・・・・・・・・・・・・・・・・ 80
5.17	東京地決	労判916-12	丸林運輸事件・・・・・・・・・・・・・・・・・・・ 183
6.15	大分地判	労判921-21	KYOWA（心臓病突然死）事件・・・・・・・ 144
7.19	東京高判	労判922-87	キョーイクソフト控訴事件・・・・・・・・・・ 52
8.9	東京地決	労判921-89	新生銀行事件・・・・・・・・・・・・・・・177、182
10.6	大阪地判	労判933-42	トキワ工業事件・・・・・・・・・・・・・・・・・・ 52
12.20	中労委命令	労判929-90	東京日新学園事件・・・・・・・・・・・・・・・・ 110

〈平成19年〉

1.12	福岡地 飯塚支決	労判939-91	三郡福祉会（虹ケ丘）事件・・・・・・181、183
1.30	大阪高判	判時1962-78	・・・・・・・・・・・・・・・・・・・・・・・・・・・・ 17
3.13	広島地判	労判943-52	広島セクハラ（生命保険会社）事件・・・・・ 98
3.23	福岡高判	判タ1247-242	X堂薬局（セクハラ）事件・・・・・・・・・・ 101
4.24	東京地判	労判942-39	ヤマダ電機事件・・・・・・・・・・・・・・・・・・ 65
6.28	東京高判	労判946-76	昭和シェル（賃金差別）事件・・・・・・・・・ 107
8.10	金沢地決	労判948-83	北陸大学事件・・・・・・・・・ 178、181、183
10.4	東京高判	労判949-20	住友重機械工業事件・・・・・・・・・・・・・・・ 110
10.24	福岡地判	労判956-44	ハヤシ（くも膜下出血死）事件・・・・・・・ 144

〈平成20年〉

3.24	東京地判	労判963-47	全日本空輸事件・・・・・・・・・・・・・・・・・・ 49

判例年月日別索引

5.27	東京地判	労判962-86	フォーシーズンズプレス事件・・・・・・・・・・	44
6.27	東京地判	労判971-46	インターネット総合研究所事件・・・・・・・・	34

〈平成21年〉

2.26	大阪地判	労経速2034-14	T&Dリース事件・・・・・・・・・・・・・・・・・・・	6
4.24	東京地判	労判987-48	Y社事件・・・・・・・・・・・・・・・・・・・・・・	103
5.21	甲府地決	労判985-5	メイコー（仮処分）事件・・・・・・・・・・・	182
6.5	広島高 松江支判	労判990-100	オーク建設事件・・・・・・・・・・・・・・	136
7.7	札幌地決	労判991-163	釜屋電機（仮処分）事件 ・・・・・・・・・・178、182、183、184	
7.23	福井地決	労判984-88	ワークプライズ（仮処分）事件・・・・・・・	178
10.15	東京地判	労判999-54	医療法人財団健和会事件・・・・・・・・・・・・	36
11.4	東京高判	労判996-13	東京都自動車整備振興会事件・・・・・・・・・	210
12.21	大阪地判	労判1003-16	グルメ杵屋事件・・・・・・・・・・・・・・・・・・	136

〈平成22年〉

1.20	大阪地決	労判1002-54	東大阪市環境保全公社（仮処分）事件 ・・・・・・・・・・・・・・・・・177、184	
3.25	最一小判	労判1005-5	サクセスほか（三佳テック）事件・・・・・・・	64
4.23	大阪地判	労判1009-31	NTT西日本ほか（全社員販売等）事件・・	45
5.25	最三小判	労判1018-5	小野リース事件・・・・・・・・・・・・・・・・・・・	168

〈平成23年〉

2.9	東京地判	労判1052-89	国（在日米軍従業員・解雇）事件・・・・・・・・	4
2.21	東京地決	労判1030-72	セネック事件・・・・・・・・・・・・・177、183	
9.9	東京地判	労判1038-53	十象舎事件・・・・・・・・・・・・・・・・・・・	44
12.27	東京地判	労判1044-5	HSBCサービシース・ジャパン・リミ テッド事件・・・・・・・・・・・・・・・・・・・・・	45

〈平成24年〉

2.10	大阪高判	労判1045-5	日本基礎技術事件・・・・・・・・・・・・・・・・・	37
3.9	東京地判	労判1050-68	ザ・ウィンザー・ホテルズインターナ ショナル（自然退職）事件・・・・・・・・・・・	99
4.27	最二小判	労判1055-5	日本ヒューレット・パッカード事件・・ 4、89	
6.11	東京地判	判時220-106	みづほ事件・・・・・・・・・・・・・・・・・・・・・	68
9.7	前橋地判	労判1062-32	萬屋建設事件・・・・・・・・・・・・・・・・・・・	45
11.27	東京地判	労判1063-87	コロプラスト事件・・・・・・・・・・・・・・・・・	56
11.29	大阪高判	労判1065-5	国・大阪労働局長事件・・・・・・・・・・・・・	26

〈平成25年〉

1.18	大阪地判	労判1079-165	北港観光バス事件・・・・・・・・・・・・・・・・	119
2.14	最判	最高裁HP	・・・・・・・・・・・・・・・・・・・・・・・・・・・	165
5.22	東京地判	労判1095-63	ヒロセ電機事件・・・・・・・・・・・・・・・・・	45
6.19	大阪高決	労判1077-5	ニチアス（石綿曝露）事件・・・・・・・・・・	25

判例年月日別索引

| 11.21 | 東京高判 | 労判1086-52 | オリエンタルモーター事件‥‥‥‥‥ 46 |

〈平成26年〉

3.24	最二小判	労判1094-22	東芝（うつ病・解雇）事件‥‥‥‥‥ 4
7.8	大阪高決	労判1094-89	労働審判申立却下決定に対する抗告事件 ‥‥‥‥‥‥‥‥‥ 156
10.23	最一小判	労判1100-5	広島中央保健生協（C生協病院）事件‥‥ 96

〈平成27年〉

| 2.26 | 最判 | 労判1109-5 | L館事件‥‥‥‥‥‥‥‥‥ 103 |
| 11.27 | 横浜地決 | 労判1151-70 | コンチネンタル・オートモーティブ（解雇・仮処分）事件‥‥‥‥177、181 |

〈平成28年〉

4.19	福岡地小倉支判	労判1140-39	ツクイ事件‥‥‥‥‥‥‥‥ 95
5.19	東京高判	LEX/DB	学校法人関東学院事件‥‥‥‥‥ 6
7.7	東京高決	労判1151-60	コンチネンタル・オートモーティブ（解雇・仮処分）事件‥‥177、181、182
9.7	東京高決	労判1154-48	学校法人常葉学園（短大准教授・保全抗告）事件‥‥‥‥‥‥178
11.16	東京地判	労経速2299-12	Y社事件‥‥‥‥‥‥‥‥‥ 104

〈平成29年〉

| 2.21 | 長崎地判 | 労判1165-65 | NPOほか事件‥‥‥‥‥‥‥ 6 |
| 4.19 | 東京地判 | 労判1166-82 | 日本コクレア事件‥‥‥‥‥‥ 165 |

〈平成30年〉

3.28	東京地立川支判	労経速2363-9	甲社事件‥‥‥‥‥‥‥‥‥ 6
6.1	最判	労判1179-20	ハマキュウレックス事件‥‥‥‥‥ 111
6.1	最判	労判1179-34	長澤運輸事件‥‥‥‥‥‥‥‥ 111

●本書に掲載の各書式記載例につきましては、下記 URL の弊社ホームページからワードデータをダウンロードすることができます。URL http://soko-sha.com/
●電子版につきましては、コンテン堂より販売しております。ご購入の際は、下記の URL にアクセスしてください。URL https://contendo.jp/

労働事件
―立証と証拠収集―（改訂版）

平成27年1月5日　初版第1刷発行
令和元年7月1日　改訂版初版第1刷発行

編　集　ロア・ユナイテッド法律事務所

発行者　株式会社 創耕舎

発行所　株式会社 創耕舎

〒105-0003　東京都港区西新橋3-13-3
ユニゾ西新橋三丁目ビル5F
TEL　03－6684－7220
FAX　03－6402－3892
URL　http://soko-sha.com/

〈検印省略〉

©2019 Printed in Japan　印刷・製本　モリモト印刷株式会社
・定価はカバーに表示してあります。
・落丁・乱丁はお取り替えいたします。

ISBN978-4-908621-08-6〈C3032〉